新零售系列教材

NEW RETAILING MANAGEMENT

商业伦理学

主 编◎刘 欣　张广存

复旦大学出版社

新零售系列教材编委会

主　编　焦　玥

编　委　（按姓氏笔画排序，排名不分先后）

吕　洁　冯　睿　刘　欣　张广存　李　清

吴培培　殷延海　高　振　曹　静

Preface 序

新零售时代已经到来，这是以人为中心的"线上线下一体化"的全渠道新零售。随着消费升级的变化，消费者的购物方式和消费理念正在发生改变。面对消费者的多元化需求、信息技术的发展以及经营环境的变化，零售企业要对经营理念和运营方式进行调整，对提供的产品和服务进行升级，利用大数据对用户行为进行分析，创新精准营销和体验营销，搭建智慧物流体系，这对零售企业提出了更多新挑战。

上海商学院建设有全国最早的连锁经营管理本科专业，于2017年新设了教育部首个零售业管理专业，工商管理专业在2019年成为国家级一流本科专业建设点，在零售方向的专业教学上始终处于领先地位。工商管理专业基于一流本科专业和一流学科建设，结合新商科、新需求、新模式、新技术发展，致力于培养具有互联网思维、创新创业能力、国际化视野的现代商业与商务管理人才，以满足上海"五个中心"和"四大品牌"建设及我国商业的新发展对高素质应用型商科人才的需求。

为实现以上人才培养的目标，专业定期更新课程体系，将行业前沿适时融入课程内容。经过长期的积累，形成了新零售系列教材，涵盖了零售基本理论、新零售管理理论、数字营销、智慧物流、商业数据分析、市场调查、商业伦理、组织行为等方面。新零售系列教材特色鲜明，内容覆盖新零售的方方面面，体现了教学内容的理论性、行业发展的前沿性和管理实践的应用性。

新零售系列教材适用于零售管理、企业管理、工商管理等经济管理类专业的本科生，也适用于对新零售感兴趣的企业和研究人员。

Contents 目录

第一章　道德、伦理与商业伦理
- 1　学习要点
- 1　第一节　法律、道德、伦理和商业伦理
- 5　第二节　商业伦理问题产生的原因
- 14　第三节　企业履行商业伦理责任的意义
- 16　本章小结　复习思考题

第二章　商业伦理学研究内容
- 17　学习要点
- 17　第一节　商业伦理学的形成与发展
- 25　第二节　东西方商业伦理研究
- 28　第三节　商业伦理学的研究框架
- 35　本章小结　复习思考题

第三章　商业伦理学研究工具
- 36　学习要点
- 36　第一节　利己主义和功利主义
- 40　第二节　康德的义务论
- 43　第三节　公正论、美德论和关怀论
- 49　第四节　伦理决策模型
- 52　本章小结　复习思考题

第四章　公司治理中的伦理问题及道德责任
- 53　学习要点
- 53　第一节　公司治理
- 58　第二节　股东的伦理问题
- 60　第三节　董事会和监事会的伦理责任

63	第四节　监事会的伦理问题
65	第五节　经理层的伦理责任
69	本章小结　复习思考题

第五章　员工管理的伦理问题

70	学习要点
70	第一节　员工管理的主要内容及伦理问题
73	第二节　雇佣关系中的伦理问题
78	第三节　薪酬设计与培训的伦理问题
81	第四节　工作安全与工作压力的伦理问题
85	第五节　特殊群体的伦理问题
88	第六节　员工对企业的伦理责任
94	本章小结　复习思考题

第六章　产品和服务的伦理问题

95	学习要点
95	第一节　市场交易的伦理原则
97	第二节　产品质量安全的伦理问题
105	第三节　产品设计的伦理问题
107	第四节　产品包装的伦理问题
108	第五节　产品制造的伦理问题
111	第六节　服务的伦理问题
114	本章小结　复习思考题

第七章　市场营销的伦理问题

115	学习要点
115	第一节　市场营销及伦理问题
117	第二节　产品定价的伦理问题
122	第三节　推销人员的伦理问题
123	第四节　广告的伦理问题
131	第五节　营销渠道的伦理问题
132	第六节　消费者隐私保护
134	本章小结　复习思考题

第八章　市场竞争中的伦理问题

- *136*　学习要点
- *136*　第一节　市场竞争和垄断
- *142*　第二节　市场竞争中的伦理问题
- *146*　第三节　价格竞争与非价格竞争的伦理问题
- *150*　本章小结　复习思考题

第九章　财务管理的伦理问题

- *151*　学习要点
- *151*　第一节　会计从业人员的职业道德
- *154*　第二节　财务管理活动中的伦理问题
- *160*　第三节　信息披露的伦理责任
- *163*　第四节　融资的伦理问题
- *165*　第五节　财务管理伦理问题的解决对策
- *166*　本章小结　复习思考题

第十章　环境保护的伦理问题

- *167*　学习要点
- *167*　第一节　环境污染与资源浪费问题
- *171*　第二节　污染转移的伦理问题
- *173*　第三节　企业环境保护举措
- *179*　第四节　环境治理的制度及措施
- *181*　本章小结　复习思考题

第十一章　跨国经营的伦理问题

- *182*　学习要点
- *182*　第一节　伦理文化冲突
- *184*　第二节　跨国经营的典型伦理问题
- *196*　第三节　跨国经营伦理问题的应对措施
- *197*　本章小结　复习思考题

第十二章 企业社会责任

- 198 学习要点
- 198 第一节 企业社会责任观的演进
- 204 第二节 企业社会责任的模型
- 207 第三节 企业社会责任标准
- 210 第四节 企业社会责任报告
- 213 第五节 中国企业的社会责任表现
- 216 第六节 驱动企业承担社会责任的动力
- 218 本章小结　复习思考题

参考文献

第一章 道德、伦理与商业伦理

学习要点

- 法律、道德和伦理的关系
- 商业伦理的内涵、功能和特点
- 个人道德认知发展阶段
- 个体伦理决策过程
- 商业伦理问题产生的原因
- 企业履行商业伦理责任的意义

第一节 法律、道德、伦理和商业伦理

一、法律、道德和伦理的关系

法律是社会规则的一种,通常是指由社会认可、国家确认、立法部门制定规范的行为规则,并由国家强制力(如军队、警察、法庭、监狱等)保证实施的,以规定当事人权利和义务为内容的,具有普遍约束力的一种特殊行为规范。

伦理和法律之间是相互依赖、相辅相成的。法律的制定和执行都依赖伦理,法律的制定和完善必须根据社会的伦理理念,不然就难以让人们自律执行。法律是维系伦理的有力工具,社会成员遵守伦理规范是维护社会正常运作的前提条件。伦理规范要靠法律强制手段使之制度化、法制化,才能对违反伦理规范的人产生震慑,否则仅仅依靠社会舆论和习俗,难以保证伦理规范为所有人遵守。对于需要破除旧的伦理观念,推行新的伦理观念,往往也需要法律法规来推动。

需要明确的是,法律不能取代伦理。有人认为政府应该把所有伦理规范都纳入法律的

范畴,这样既可以发挥伦理道德的社会舆论带来的自律作用,又可以发挥法律的强制性的他律作用。但是,这种想法是不切实际的。

第一,如果试图让法律取代伦理,则会导致法律规范过于复杂,极大地提高了法治的成本,而且法律也往往做不到完善,法律不可能考虑到所有的新情况、新问题。

第二,即使法律足够完善,其操作性也会有困难,法律可以阻止有危害性的行为发生,但是对于鼓励良好的行为,在操作时却存在着很大困难。而且过分详细的法律会导致组织缺乏灵活性和创新性。

违法行为一定是不道德的,然而生活中很多不道德的行为不一定违法。法律只针对表面的违法行为,对于法律管不到的不良行为和心灵,唯有依靠道德方能从根本上加以自律和监管。做到标本兼治。因此,如果没有伦理道德的约束,仅仅依靠法律来规范个人、群体以及组织的行为是很难取得良好的效果的。

伦理指全社会关于对与错的普遍认知,是关于人与人之间关系的一系列相关基本原则。每个人对于伦理的理解是不一样的,并且随着时代的发展,伦理的含义也在不断变化。道德是伦理学研究的对象,伦理学是研究道德的科学,道德和利益的关系问题是伦理学的基本范畴,它反映了人类道德生活领域中最简单、最普遍、最根本的事实。

表 1.1　伦理和道德的区别

	本质	评价尺度	具体表现	本义	对应的英文
伦理	外在的规则	应当、不应当	社会规范、习俗	人与人之间相处的规则	ethics
道德	内在的规范	善、恶	个人品质、行为	个人内在境界的差异	morality

伦理学所要研究的一系列问题都是从道德和利益的关系问题开始的,并且围绕着它展开、解决。道德和利益的关系问题内含以下两个层次的内容:

一是道德与经济利益的关系。是道德决定经济利益,还是经济利益决定道德?对这个问题的不同回答决定着对道德起源、本质、作用和发展规律等一系列问题的不同见解,从而形成了伦理学的不同流派。

二是整体利益与个体利益的关系。是整体利益服从个体利益,还是个体利益服从整体利益?对这个问题的不同回答,既决定着各种道德体系的性质和道德规范系统的内容,也决定着道德行为选择、道德评价和道德品质形成的途径。

二、商业伦理的内涵、功能和特点

(一)商业伦理的内涵

商业伦理是指商业主体在从事商业活动中处理相互关系的行为规范和准则,商业伦理研究的是商业活动中各种行为的伦理道德问题,并讨论商业组织应该遵守什么样的道德标准,以及相关道德标准是如何应用于相关组织制度、员工活动等。具体而言,包含以下四个方面:

第一,商业伦理是关于商业组织及其成员行为的规范;

第二,商业伦理是关于商业活动的善与恶、应该与不应该的规范;

第三,商业伦理是关于怎样正确处理商业组织及其成员与利益相关者关系的规范;

第四,商业伦理是通过社会舆论、内心信念和内部规范来起作用的。

商业伦理是一个非常复杂的问题,而商业伦理决策也并不是非黑即白那么简单。现实生活中经常遇到伦理困境,其中存在一个灰色地带,必须三思而后行。与个人伦理观类似,人们对于企业行为是否合乎伦理的看法和感知也是不一样的。例如,关于企业高管的福利补偿问题,有些人认为应该给他们提供高额的福利,这符合供给规律,非常公平;另一些人则认为与低级员工的工资相比,这些高额福利已经超出了正常范围。

(二)商业伦理的功能

商业伦理有以下四个功能:

第一,导向功能。商业伦理具有将获取利益的行为与人的协调发展、社会整体利益的进步以及可持续发展等价值导向协调的功效。企业决策中如果缺乏商业伦理,人们就很可能因为追求自身的经济利益而忽视社会利益、环境保护以及侵害他人的权益等。重视商业伦理的企业则会不断地应用社会标准来规范自己的行为,用社会道德标准对经营决策的各个方面进行衡量和决定取舍,可以实现企业活动的经济效益、社会效益和生态环境保护的有机统一。

第二,凝聚功能。商业伦理可以将企业员工的需求和期望整合,让员工从内心中感受到组织的温暖,进而将自身利益与组织的发展紧密地联系在一起。当管理者具有较好的伦理素质时,他将更具人格魅力,这种人格魅力可以赢得员工的尊重,让员工心服口服,从而有效地降低监督管理成本。

第三,规范功能。和硬性的规章制度相比,软性商业伦理可以将规范转变为员工的信仰,让员工按照伦理要求进行自我约束、自我规范和自我评价。通过商业伦理将行为规范内化,还可以让员工在遵守伦理规范的过程中产生自豪感和满足感。

第四,激励功能。管理心理学认为,人们对自己行为的社会意义认识得越清楚,工作就越有勇气和信心。以前的企业管理单纯地强调物质激励的有效性,忽视了物质激励的负面性,导致人们畸形追求物质利益以及物欲的恶性膨胀。商业伦理为企业员工提供了新的精神追求和人格提升,使员工素质不断提升,并且激发出强大的精神力量和工作热情,进而达到良好的管理绩效。

(三)商业伦理的特点

1. 伦理作为社会意识形态的一般特点

(1)主观性和客观性的辩证统一

伦理的主观性表现在:它不但是人们认识的产物,也是人们提出来的调整自身相互关系的规范、准则,而且只有化作人们的内心信念,深入人们的意识之中,才能指导人们的行为,产生实际的作用。伦理的客观性表现在:人们需要用伦理来调整相互间的关系,这是因为人们调整相互间的关系必须以一定关系的存在为前提,而这些关系的存在归根结底是由社会物质生活条件决定的。一定时代的生产关系,只能产生与之相适应并化作人们内心理念的伦理原则和规范。伦理有其主观的方面,但它的产生和发展都有其客观的社会经济基础,它的内容是一定的社会经济关系对人们提出的客观要求的反映。所以,形式的主观性和内容的客观性的辩证统一是伦理的重要特点。

(2) 现实性和理想性的辩证统一

伦理的理想性是指伦理不是对现实的消极反映,而是在人们的社会实践基础上对现实的自觉的、能动的反映,它总是包含着一些高于现实的要求,反映一定社会或阶级对于人们之间关系的理想,为人们提供应当追求的伦理典范和完美人格。伦理的现实性,是指它从客观的现实中概括出来,反过来又指导现实生活,成为人们实际遵循的行为准则。一种伦理原则,只有当它对人们的经济地位中引申出来的道德关系进行概括和总结,并符合处在这种经济地位上的那部分社会成员或集团的利益、愿望和要求时,才能为这部分社会成员或集团所接受,成为他们用以调整相互间关系的行为准则。否则,它就不可能为人们所接受和践行,就会变成毫无意义的、僵死的东西,其理想性也就消失了。

(3) 在阶级社会中,伦理有鲜明的阶级性,同时又存在某些全民性的因素

伦理的阶级性表现在:不同的阶级都是从自己实际所处的经济地位中形成本阶级特有的道德原则和规范,并以此作为评价人们行为善恶的标准;不同阶级的伦理道德都各自反映了本阶级的利益、愿望和要求;不同的阶级都是以自己的道德作为工具,来维护本阶级的利益的。伦理的全民性因素是指人类有着某些最起码的、最简单的共同生活规则。这种伦理的全民性或全人类性因素,是由社会的经济状况决定的。当然,在阶级社会中,伦理的阶级性始终处于支配地位,伦理的全民性要受到阶级性的制约。

2. 伦理区别于其他社会意识形态的主要特点

(1) 伦理具有特殊的规范性

与社会生活中其他行为规范形式相比,伦理有着特殊的特点。它以调整个人同他人、个人同社会的利害关系为内容,具有利他性的特点,伦理行为规范是依靠人们的内在理念来维持的,其约束力主要来自人们道德的自觉性,起到引导人们"择其善者而从之,其不善者而改之"的教育作用。

(2) 伦理具有广泛的渗透性

伦理广泛地渗透到社会生活的各个领域,调整着人们相互之间的关系。社会上的一切经济活动,都在接受道德的评价。当进步的道德舆论支持某一经济活动的时候,说明这一经济活动是具有生命力的。

(3) 伦理具有稳定性

伦理与政治、法律等社会意识形态相比,其变化的速度更慢一些,具有更大的稳定性。道德一经形成,就同社会风俗习惯、民族文化传统结合在一起,变成人们的内心信念和心理上的特殊情感,不容易改变。

(4) 伦理具有显著的践行性

践行性是指伦理必须实现由动机到行为的转化,使之从意识形态转化为现实活动。伦理同人们的一切行为联系在一起,要求人们在任何条件下都用它来指导自己的行为。伦理

若不指导人们的实践活动和具体行为,就失去了存在的意义。

3. 商业伦理的基本特征

(1) 功利性

商业伦理的功利性包括物质方面和精神方面。例如,经商就是为了赚钱,效益与效率原则是商业伦理的重要原则;又如,商业是最广泛、最直接与消费者打交道的行业,是一种中介行业,其本质是服务,其工作的出发点和归宿点都是服务。这两个方面的要求构成商业伦理的功利性特点。这里有一个短期功利与长远功利的统一问题,对两者关系的合理处理,需要物质功利和精神功利的统一。

(2) 特殊性

商业作为一种专门从事交换的行业,必须有其独特的行为规范,比如,诚信经营、义利结合、公平竞争等都是商业伦理自身的特殊要求。但专用性也有规范性,即无论经济领域内的哪种职业伦理,都要以国家利益、企业利益和他人利益为重,不能出格,也必须符合政策规范、法纪规范的要求,商业伦理的特殊性必须体现出这种要求。

(3) 相对稳定性

如前所述,伦理与一般社会意识形态相比,具有更大的稳定性,但商业伦理的稳定性是相对的。我们在论述不同历史时期商业伦理的特征时发现,无论是中国还是外国,几千年来商业伦理现象的方向没有变化,即公平竞争、诚信经营、义利结合,但在不同的社会制度下、不同的经济体制下、不同的文化背景下,商业伦理的基本规范又有不小的差异,特别是理想的商业伦理和现实的商业伦理差异更大。

(4) 超前性

前面谈到,伦理具有理想性与现实性统一的特点,往往具有超出常人水准的先进属性,其价值观往往蕴含着某种高于现实生活的理想成分,这就是伦理的超前性。商业伦理也具有这种特点。比如,我们通常所要求的"买卖公平,童叟无欺""公平竞争,等价交换""商业经营一切以消费者为中心",说起来容易,做起来难。现实生活中,有些企业和商人的物质利益动机往往占了上风。

(5) 滞后性

滞后性是指商业伦理往往带有一些传统的惰性和体制习惯性,这表现为虽然外界环境和条件发生变化,不合时宜的伦理观念还在发挥作用,新的伦理观念发挥作用遇到阻力。例如,现在还有很多人认为,分配不能搞平均主义,也不能拉大收入差距。伦理的滞后性是相对于经济发展而言的。滞后的道德往往是旧的经济关系的产物,新的经济关系不是它的生成条件。

第二节　商业伦理问题产生的原因

为了防止不道德的商业行为,商业伦理分析必须对不道德的商业活动的原因进行分析,为道德评价奠定基础。

一、个人道德认知的发展阶段

美国心理学家柯尔伯格（Kohlberg）提出了著名的三种水平六个阶段道德认知发展理论，是伦理判断中最重要的理论之一。

柯尔伯格的道德发展阶段论认为，道德发展经过前习俗、习俗和后习俗三种水平。

在前习俗层次，只有当某一行为有助于一个人避免惩罚并能产生快乐和满足时，才认为该行为是"好"的。儿童和认识封闭的人通常属于这个层面，他们认为诸如真理、公平、互惠、共享、忠诚和正义等道德标准是遥不可及的，追求快乐才是"正确的"的行为。

在习俗层次，"好"的行为与"可接受"的行为一致，自身行为应使他人快乐。刚成年的人通常属于这一层次。

在后习俗层次，成熟的个体能够主动识别整合道德标准后作出道德判断，他们视普适性道德规范高于法律条文。值得注意的是，道德完善是一个永无止境的过程。不经深思熟虑和不断探索是难以企及的。

每种层次水平又分为两个阶段，共6个阶段。

第一个阶段指以惩罚和服从为价值取向的阶段，在这个阶段，人们判断对错的依据是掌权者制定的规则。这个阶段的基本原理就是根据权威的期望规范自己的行为，从而避免受到惩罚。

第二个阶段指以个人的功利主义目的为价值取向的阶段。在这个阶段，人们的行为将从满足自身利益最大化出发。人们的决策不再以服从权威为基本原则，而是根据自身利益作出决定。

第三个阶段指以他人期望为价值取向的阶段。在这一阶段中，人们会根据他人或同伴的期望来判断事物的对错。人们不再仅仅考虑个人利益，而是会顾及自身行为对他人产生的影响。

第四个阶段指以社会秩序与法律为价值取向的阶段。这一阶段，个人的道德判断趋向于考虑自身行为是否尊重法律以及政策。决策者判断事物对错的依据是该行为是否违反了法律法规。

第五个阶段指以原则为价值取向的阶段。人们根据对错的伦理原则进行决策，并且会考虑决策对社会是否有益。在这一阶段，人们会考虑自身行为对社会造成的影响，并且自身行为是否符合基本的社会期望。

第六个阶段指以普遍伦理原则为价值取向的阶段。在这一阶段，决策者会根据大众遵循的普遍伦理原则判断一种行为的对错，正义才是关键，它超越了文化、国家、宗教认定的所谓"对"或"错"。

各阶段道德认知的次序变化很大，从以自我为中心到以公司为中心，从提升自我利益到提升公共利益，并不是所有人都能达到最高阶段。根据经验表明，很少有人能够超越第三个阶段，只有极少数人能达到第六个阶段，大部分人处于第二个层次的第四个阶段，他们被束缚于遵守社会准则和法律的阶段。随着人们逐渐成熟并接受伦理培训，他们的道德水平会在这六个阶段中慢慢进步。每进入一个更高阶段，人们判断事物道德含义的水平就越高。

尽管 Kohlberg 的理论十分流行，但外界对其还是有不少批评。批评者认为人们的道德水平并不一定严格地按照这六个阶段发展，另外，有些人也批评了 Kohlberg 收集数据的方法，认为他研究的基本数据都是来源于自我报告的数据。由于调查对象可能不会透露自己的真实信息，因此，自我报告的数据可能不太准确。在某些情况下，调查对象可能会夸大信息，或者为了迎合调查人的期望而给出相应的信息，这种情况下收集的数据存在缺陷。另外，Kohlberg 研究此理论时，其研究对象仅局限于男性，这个理论是否同样适用于女性也受到质疑。

Kohlberg 的学生 Rest 在其理论的基础上进行了改进，Rest 等人把 Kohlberg 的六个阶段分成三个层次，把每两个阶段整合成一个层次。在前习俗水平（Pre-conventional Level）中（阶段一和阶段二），个人行为决策取决于奖励或惩罚。在习俗水平（Conventional Level）中（阶段三和阶段四），个人根据来自家人、朋友、伙伴以及社会的外部原则和规范决定自己的行为。在后习俗水平（Post-conventional Level）中（阶段五和阶段六），个人行为遵循普遍的原则和价值观。个人的道德认知发展水平越高，其面临的道德选择就越少，道德培训可以帮助人们进入更高水平的道德认知阶段（见表 1.2）。

表 1.2　Kohlberg 的道德认知发展理论和 Rest 的概念模型以及案例

Kohlberg(1969)	Rest(1986)	案　例
阶段一：以惩罚和服从为价值取向——为了避免惩罚，按规则行事	水平一：前习俗水平——强调自我	不从事贿赂行为，因为担心被老板发现后会受到惩罚
阶段二：以个人的功利主义目的为价值取向——你帮我，我帮你		从事贿赂行为，因为能获取个人利益
阶段三：以他人期望为价值取向——为了取悦他人或社会决定自己的行为	水平二：习俗水平——强调人际关系和他人利益	不从事贿赂行为，因为这种行为可能会危及公司利益
阶段四：以社会秩序与法律为价值取向——遵守法律法规		不从事贿赂行为，因为这种行为有违公司行为准则
阶段五：以原则为价值取向——根据对错的伦理原则行事	水平三：后习俗水平——强调普遍的原则和法规	不从事贿赂行为，因为这种行为违反了当地的文化规范
阶段六：以普遍伦理原则为价值取向——遵守普遍道德原则		不从事贿赂行为，因为这种行为违反了普遍伦理原则

二、个体伦理决策

(一)个体伦理决策

个体伦理决策是指决策者在作出对他人产生影响的决策过程中,对涉及正义、权利等伦理道德因素的考量。所有处于组织结构中不同层次的个体都会面临很多涉及伦理的决策,或者具有伦理的含义。例如,普通员工在目睹到同事在工作场所中的不伦理行为之后,面临着揭发还是装作不知道的选择;中层管理人员会在上级制定的生产指标与产品质量之间作出艰难抉择;高层管理人员在公司因产品质量问题而陷入信任危机之时,承受着巨大的压力化解这份危机。所有这一切都会涉及伦理决策问题,而这一问题是否得到妥当处理,也会关系到公司以及个人的前途与命运。

(二)影响个体伦理决策的因素

个人作为决策的主体,其自身特征对伦理决策起着毋庸置疑的影响。这些特征包括对伦理学知识的掌握程度、个人道德发展阶段和价值观、个体活动的外部环境等,都会影响个体在财经活动中如何作出自己的伦理抉择。除了根据道德认知发展水平,秉承理想主义(Idealism)还是相对主义(Relativism)的道德哲学也会影响个人的道德决策。

1. 了解及掌握伦理学知识的程度

一方面,在很多时候,决策者对自身究竟持有何种道德哲学并不十分明确,往往是几种道德哲学在脑中相互纠缠,一旦遇到现实中的伦理问题,通常不知道该如何解决。对道德哲学知识的掌握,会在一定程度上有助于决策者分清究竟何种道德哲学在何种情境下占了上风,进而在面对道德两难问题时就会从容解决。另一方面,持不同道德哲学观点的决策者在同一伦理情境下极有可能作出相反的决策。例如,某项伦理决策会侵犯少数几个人的权利,但却会给大多数人带来极高的福利,持目的论的决策者肯定会赞成这一决策,而持权利论的决策者却有可能反对这一决策。

2. 个人道德发展阶段和价值观

个人道德判断能力的高低是影响道德行为的关键因素之一,而道德推理能力的高低又决定着个人道德判断的能力。个人道德认知发展阶段越高,越有可能作出正确的决策。个人的行为和态度都植根于决策者的个人价值观系统,价值观是一种持久的信念,它具有引导个体、帮助个体解决冲突以及激励个体,从而达成自我实现等功能。一般可将其分为两类:目的性价值观(反映个人对于其一生中想要达成的最后目标偏好)和工具性价值观(反映用来达成预定目标的方法)。决策者个人秉持的价值观直接对决策伦理产生重大影响。

3. 外部环境

合理的组织结构和健康的组织文化都会为个体作出正确、合乎道德的伦理决策提供支持。前者可以对个体道德行为起到明确的指导、评价、奖惩的作用,从而约束个体的道德行为。后者的内容和力量也会影响道德行为,具有高道德水准的组织文化,是一种高风险承受力、高度控制、对冲突高度宽容的文化。处于这种文化中的员工,将被鼓励进取和创新,明确不道德的行为会被揭露,并对他们认为不现实的或不理想的期望自由地提出公开挑战。组织文化建设对道德的影响主要表现在其内容制定和执行力度上,一个组织若能拥有健康的和较高的道德标准文化,这种文化的向心力和凝聚力必然对其中的每个人的行为具有很强的控制能力。在一个较弱的组织文化中,即使人们具有正确的道德标准,在遇到矛盾和冲突的时候也难以坚持原有的道德标准,从而导致员工的不道德行为。

4. 理想主义和相对主义

理想主义指个人在作决策时会最小化对他人的伤害并最大化对他人的益处。个人的理想化程度越高,就会越关注他人的利益,越注意减少对他人的伤害。相对主义则指个人在作决策时无条件地遵循普遍原则并且注重伦理后果的程度。相对主义程度最高的人认为,不存在必须遵循的普遍原则、法规及规范。

相对主义程度高的人更可能在工作中作出非伦理性的决策。这表明这些人更容易利用现实状况来为自己的非伦理决策辩护。理想主义程度越高,个人在工作中作出非伦理性决策的可能性越小,同时,理想主义程度越高,越容易认识到自身行为对他人产生的负面影响,非伦理行为的可能性更低。

(三) 托马斯·琼斯的组织伦理决策模型

1. 问题权变模型

托马斯·琼斯在1991年提出问题权变模型。他注意到此前的所有模型虽然都为我们理解伦理决策作了不少贡献,但它们都有一个共同缺陷,那就是它们都仅仅只是从决策者的个人特征、道德素质或者决策的环境因素着手,而没有提到道德问题本身的特征对伦理决策过程的影响。按琼斯的理解,如果道德问题自身的特征不重要,那么,对于所有的道德问题,个体的决策过程都将是相同的,但事实并非如此。基于此,琼斯引入道德强度(Moral Intensity)概念,将其界定为特定形势下与问题相关的道德紧迫程度,以此来深化人们对伦理决策过程的理解。琼斯评估个人行为中的道德强度或伦理性质的基本因素包括以下六项:

(1) 结果大小(Magnitude of Consequences),即非伦理行为可能造成的伤害程度;
(2) 社会舆论(Social Consensus),即社会对某行为是否道德的认同程度;
(3) 效应可能性(Probability of Effect),即该行为造成伤害的可能性;
(4) 紧迫性(Temporal Immediacy),即该行为与行为结果之间的时间跨度;
(5) 亲密性(Proximity),即与行为受害者在心理或文化上的亲密度;
(6) 效应集中性(Concentration of Effect),即受该行为造成伤害的人数。

琼斯认为,当决策者面临的道德问题的结果较大、社会舆论关注度高、效应可能性大、紧迫性高、与受害者的亲密程度大、效应集中度高时,问题的道德强度就高,就会唤起决策者的道德自觉。道德强度对伦理决策过程(认识道德问题、做道德判断、建立道德意向以及从事道德行为)的每一环节都有直接的影响。而组织因素只是对决策过程的后两个阶段建立道德意向与从事道德行为有直接的影响。

企业可以采取必要的措施促进道德行为。首先,培训员工识别问题的道德含义对企业来说十分关键。通过培训,员工能够了解自身行为可能造成的伤害(结果大小),或意识到潜在受害人与他们的亲密关系(亲密性)。其次,企业可以重点强调某些道德问题,使之形成一种规范,提醒员工此类行为是错误的。

2. 道德认可模型

琼斯和瑞安认为,现存的模型都无法解释道德判断与实际的道德行为之间的不一致。于是,在现有的道德哲学与社会心理学理论的基础上,他们于1997年构造一个道德认可(Moral Approbation)概念,道德认可被界定为自己或别人的道德认同。在这一模型中,当道德行为者认识到道德问题,进入道德判断阶段,在建立道德行为意识之前,还要经过一系列的环节,对于行为者而言,这些环节的发生可能只是下意识的,仅仅是通过诸如忧虑或者快乐之类的情感反应实现的。

在做道德判断时,行为者会通过后果的严重程度、道德确信度、参与(合谋)程度与受强迫程度来确定他要承担的道德责任的程度,然后比较预期的行为与所要承担的道德责任程度,衡量行为能获得多大程度的道德认可。个体总是希望被他人,尤其是与自己有关系的人认为是有道德的,个体的哲学价值观、宗教信仰、社会情况、认知发展状况甚至生物学特征等因素,使得个体动机被看作是道德的。当预期的道德认可程度超过了道德行为人的心理门槛,道德行为意向可能会如期建立;反之,行为者就必须重新思考行为过程,继续通过道德认可循环,直到能够通过行为者的心理门槛。根据这一模型,当行为风险高、行为的不道德性确定、需要决策者的密切参与,并且行为的外在压力低时,人们感到道德责任大,行为倾向于合乎伦理,因为每一个人都希望得到别人的道德认同,希望被看作是一个有道德的人。

3. 对托马斯·琼斯的组织伦理决策理论的评价

首先,琼斯的伦理决策研究可谓独辟蹊径,他没有从人们惯常的角度出发,去研究诸如决策者个人的个性特征、价值观、道德素质等因素,也没有研究组织文化、组织结构等组织因素,而是从决策问题本身入手去研究组织伦理决策,很好地解释了为什么同一个人、在同一个组织中、面对着不同的道德问题在进行伦理决策时会表现得如此不一致:有时决策伦理质量很高,有时则完全不合乎伦理。这一模型虽然不可能为组织的伦理决策提供实际的指导,但它从构成问题的道德强度的六个变量出发,为我们理解组织中的伦理决策问题提供了一个全新的角度。

其次,琼斯和瑞安的道德认可模型很好地解释了决策者的道德判断与道德行为之间的不一致。人们通常把不道德的决策归因于决策者个人的道德素质与道德认知能力的欠缺,或者是决策的环境因素,以为只要提高了决策者的道德素质,改进了决策环境的伦理氛围,就能够改进决策的伦理质量。这样的研究当然是必要的,但它无法面对这样的事实:一个不合乎伦理的决策,有时并不是由于决策者的道德认识和道德判断的问题,他清楚地知道这样做是不合乎伦理的,但这并不影响他作出决策。这一模型很好地解释了这一事实,有助于我们更好地理解组织成员的道德心理,提高我们预测他们的实际道德行为的能力,同时,它也提醒我们关注在组织中个体的伦理决策下,组织应当扮演的角色,这对于我们理解组织伦理决策,改进伦理决策质量有着重要的意义。

当然,该理论也有局限。首先,该伦理决策模型并不告诉决策者当面临一个道德困境时应该如何决策,只是解释了决策者实际上做了什么。这种决策行为可能是合乎伦理的,也可能是有违伦理的,因此称作伦理决策模型也许是不恰当的。其次,在问题权变模型中,决定问题的道德强度的六个变量各自与问题的道德强度的关系,以及它们对伦理决策过程的各个阶段,即认识道德问题、做道德判断、建立道德意向以及从事道德行为到底有着怎样的影响,都需要大量的实证研究来验证。再次,托马斯·琼斯在进行伦理决策研究中所依据的伦理原则几乎完全是后果主义的,而对规范伦理学研究所提供的大量工具视而不见,似乎驱动决策者进行伦理决策的力量只有行为的后果以及由此引起的责任。另外,托马斯·琼斯在分析人的行为时所依据的依旧是理性经济人的假设,而忽视了人性的丰富性,因此使得他对人的行为的分析与解释略显片面。

三、个人理性、集体理性与囚徒困境

个人利益和集体利益、个体伦理与组织伦理时常会发生冲突。一方面,个人价值观与组织价值观会出现冲突,例如,一个相信绝对公平的员工在一个完全以绩效为导向的组织中,将会面临非常严重的挫折感,无论他是否能在这个组织中获得良好的收益,一个正直诚实的人在一个造假成风的机构中也将面临困境。另一方面,专业伦理和组织伦理会出现冲突,专业伦理强调职业操守,而组织伦理要求员工忠诚,当两者存在矛盾时,坚持个人价值观往往面临利益损失,甚至受到企业的报复,最终导致个人价值观被迫屈从组织整体伦理。

囚徒困境理论揭示了一个事实,即个人最佳选择并非团体最佳选择。囚徒困境使得德行收益与德行成本不一致,非德行者比德行者获得更高的收益。就德行者而言,如果在德行成本与德行收益的理性选择中找不到充分的根据,就会弃善从恶。久而久之,道德环境只会越来越坏,最终导致道德的无序状态,反德行的盛行也就不足为怪了。

囚徒困境反映了个人理性与集体理性的矛盾。经济人的个人理性驱使个人围绕个人利益最大化这一目标而行动,但导致了集体利益的最小化(其实质也是个人利益的最小化);理性的个人加在一起,却组成了非理性的集体、非理性的社会;个人的理性导致了集体的非理性。但是在以下三种情况下两者也可以统一起来。

第一,多次重复博弈可以实现个人理性和集体理性的统一。经过多次重复博弈,自利的个人追求的并不是在某一次博弈中期望的收益最大,而是在多次重复博弈中期望的收益的总和为最大;人们从追求自己的短期利益最大化的目标转变到追求长期利益最大化的目标,再转变到追求共同利益最大化的目标。这样,个人理性和集体理性实现了统一。在重复的囚徒困境中,博弈被反复地进行,因而每个参与者都有机会去"惩罚"另一个参与者前一回合的不合作行为。这时,合作可能会作为均衡的结果出现,欺骗的动机可能因会受到惩罚的威胁而得到克服,从而可能导向一个较好的、合作的结果。作为反复接近无限的数量,纳什均衡趋向于帕累托最优。

第二,当外部环境压力凸显集体的重要性时,可以实现个人理性和集体理性的统一。外部环境的威胁,使得集体成员之间的依存关系相当紧密,个人利益和集体的共同利益高度统一,理性的个人如果不相互合作,会导致集体所有成员(包括其本人)的失利。有此情况下,

个人理性和集体理性就会走向统一。

第三，引入人工博弈规则，使得理性的个人有追求德行的动力和外部约束，可以实现个人理性和集体理性的统一。如果一种制度安排不能满足个人私利、个人理性的话，就不能贯彻下去，所以，解决个人理性与集体理性之间冲突的办法不是否认个人理性，而是设计一种机制，在满足个人理性的前提下达到集体理性，在满足个人私利的同时实现集体的公利。

如果只是一味地追求个人利益最大化，而不惜以损害他人、社会的合理利益为代价，则只能是一损俱损，因而，必须对商业行为主体追求个人利益要加以约束和规范，以避免自利本性与社会原则相互冲突而对社会发展造成不利影响，个人在追求自己利益的时候，必须要与"义"相一致，即获利的方法要正当，逐利的行为要符合公平，并力求实现组织、社会和个人利益的平衡。

四、商业道德冲突

商业道德冲突是指商业从业人员在面临某种道德境遇时，往往会依据不同的道德原则或规范，作出不同的选择。商业从业人员所面临的道德冲突，主要是所承担的社会角色义务的冲突。

个体在社会中总是处于一定的地位，充当一定的社会角色，并相应地承担一定的义务。个人所承担的社会角色的复杂性与多样性在某种情况下会引起道德义务的冲突。当行为者遵守某种道德原则或规范时，就会背离其他道德原则或规范；当行为者实现某种道德价值时，就可能牺牲其他道德价值，从社会角色的角度来说，价值冲突通常有以下三种形式：

(1) 个人身兼多种社会角色而形成的不同的商业角色义务间的冲突；

(2) 由于个人角色改变而形成的新旧角色所承担的义务之间的冲突；

(3) 社会对同一角色的期待或要求不一致，引起该角色内心的矛盾。

一个商业从业人员可能既是业务管理人员，又是单位工会负责人；既是在岗从业人员，也是在职攻读学位的学员；既是丈夫或妻子，也是父亲或母亲，还是儿子或女儿。同时集几种角色于一身，在特定时间内同时履行所有这些角色的义务，往往十分困难，从而造成其义务之间的冲突。

不同时期的商业道德准则之间也会存在冲突。

(一) 义与利的冲突

中国先秦诸子百家就开始了义利之辩，法家提出了"贵利轻义"的主张，管子的名言"仓廪实而知礼节，衣食足而知荣辱"一直为人所熟知；道家则以既超道义又超功利的态度来看待义利的关系；儒家"重义轻利"的思想对后世的影响最大。今天的伦理冲突，尽管形式更为多样化，但本质上仍然是重"义"与重"利"两种商业道德的冲突。一方面，人们在心理上对"唯利是图"的言行十分反感；另一方面，在商业经济活动中，无情的竞争又迫使人们不得不将经济效益置于最高位置。这种冲突的后果是使人们认识到，只讲"利"而"忘义"是不行的，利益的取得不能脱离一定的合理的道德准则和规范。

（二）公与私的冲突

公而忘私是一种充满理想主义色彩的道德境界，它是依靠人的思想觉悟来保证的。社会主义市场经济的重要原则就是竞争，而竞争的结果自然就是差别，必要的贫富差别也就必然存在。在社会主义市场经济条件下，个人利益和私人财产权利受到社会的尊重与法律的保护。同样，在社会主义市场经济条件下，鼓励所有商业活动者合法经营，发挥其最大积极性和才干，创造尽可能多的财富。只要不犯法，就无须强迫他们一心为公。随着社会经济体制的转轨，公与私这两种道德体系的冲突自然反映到商业道德中来，一些人不能正确处理公与私的关系，由思想上的迷茫逐渐走向行为上的极端。

在社会主义市场经济条件下，公与私的冲突有两类表现。一是忽视国家和集体利益，由原来的"公"字当头变为"私"字领先，逐渐演变成损公肥私；或者借"公"字之名，化"大公"为"小公"，以取得小集团利益。像商业活动中各种不正当的回扣、行贿受贿等就是这种冲突的产物。二是一些人利用人们对公的信任，以官商形式谋取私利。这两种表现均是滥用市场经济条件下的个人权利，是对商业道德的挑战。

（三）公平竞争与等级秩序的冲突

在与自然经济相适应的小农经济条件下，商业观念本能地排斥平等和公平竞争，中小商人尤其是小商人地位低下，商人与官僚相勾结，商人之间互相攀比后台大小。社会主义市场经济提倡公平竞争，鼓励商业活动者通过智慧、勤劳等合理途径去竞争，优胜劣汰，反对各种不公平行为。

在经济体制转轨时期，随着经济的发展，公平竞争的道德观念日益深入人心，但等级观念还没有完全消失，所以必然形成冲突。这类冲突主要表现在：成立各种翻牌公司，一些人利用原有的行政权力，以官商形式与同行进行不平等竞争；一些商业活动者以各种形式将自己的公司挂靠在上级主管部门名下，以制造不平等条件，达到谋取不正当利益的目的；在商业活动中，以权谋私者通过各种渠道来干涉各种经济活动，参与利益分配。

五、市场经济的失灵

（一）过分追求利润最大化

自利动机是许多社会科学中所谓"理性人"假设的主要内容，也是为许多经验所证实的一种普遍现象。在经济管理领域中，这种自利动机就表现为对利润最大化的追求。尽管自利动机或利润最大化的追求本身是价值中立的，但事实表明，一旦对利润最大化的追求成了商业活动的最终目的，那么它就必定不受制约，侵害他人的权益成为不道德的行为。

因此，利润最大化原则虽然其本身无可厚非，甚至是个人发展和社会进步的主要动力之一。但是在现实中，不择手段地追求利润最大化，甚至是过分追求利润最大化，都会成为道德败坏的内在原因。

（二）信息不对称

信息不对称是道德败坏行为的一个主要外在因素。广义地说，信息不对称是指人们不可能掌握有关事项的所有信息，即人们不可能无所不知。狭义地说，信息不对称是指每个人对有关事项所掌握的信息不可能是一样的。例如,签订委托合同之前,委托人对代理人品质的好坏和能力高下的了解总不如代理人自己知道的清楚。在签订委托合同之后,委托人对代理人所采取的手段和努力程度的了解也不如代理人自己知道的清楚,如此等等。信息不对称是一种普遍现象,但从伦理上讲,信息不对称的情况加上不道德的行为动机就会产生不道德的行为。例如,信息不对称很容易造成商业欺骗和窃取,形成现代企业理论的逆向选择和道德风险等。

(三) 垄断

广义地讲,垄断是指现实中与完全竞争对立的现象,因此,它包括狭义的排除竞争的垄断,以及由于各种原因暂时形成的垄断,如厂商由于技术创新在市场上暂时形成的对某种产品的垄断。排除竞争的垄断又可分为自然的垄断和人为的垄断,前者是指由于经济效率的原因形成的垄断,如邮政、水电等公用事业的垄断,后者是指由于政府特许形成的垄断。从伦理学的角度来说,凡是排除竞争的垄断现象,都有可能造成道德败坏行为的原因。垄断剥夺了消费者的选择,抑制了有效竞争,易实现价格共谋,从而榨取所谓的消费者剩余,导致窃取现象的出现。任何权力如果缺乏监督和制约,都会形成某种商业活动中权钱交易或贿赂的制度因素。

(四) 权利与责任的不对称

造成不道德行为的另一重要的制度因素是权利与责任的不对称,即一个人不必去为其决策承担某种后果,无论利弊。在经济领域,由于信息不对称的不完全和不确定性的存在,任何决策都有可能带来某种利益,但也可能带来某种损失,也就是所谓的机遇与风险并存。在自利动机的前提下,如果一个人无须为其决策承担某种后果,他就会做事情不负责任;如果做事情好处是别人的,坏处是自己的,他就会偷懒或磨洋工;如果做事情好处是自己的,坏处是别人的,他就会不顾一切地去投机,让别人去品尝冒险的后果。显然,权力与责任的不对称是许多不道德行为形成的制度因素。

第三节　企业履行商业伦理责任的意义

伦理型公司会更加关注员工、客户、供应商等群体的需求,可以提高创新能力,提升企业的核心竞争力。正确的价值观有助于发现不符合商业伦理的行为,帮助企业与主要参与者建立新的合作关系,获取竞争优势。

一、员工更易产生认同感,激发工作积极性

首先,认同企业伦理的员工在工作时会更有动力,表现出一种积极的心态。相应地,若企业拥有浓厚的伦理氛围,其员工更易产生认同感,也因此更能激发积极性。其次,由于价值观具有兼容性,在富有高度伦理价值观的企业中,员工对公司的使命感也会更强,为公司带来额外利益。如果员工认为自己的经理具有良好的伦理品质,员工对其工作和生活的满

意度也会更高；如果员工发现自己的经理非常正直诚实，工作效率就越高。因此，企业伦理观越强，员工的工作积极性、使命感和工作表现就越好。

二、赢得客户信任

伦理活动还有利于提高客户的信任感和满意度，为企业带来效益，消费者都期望企业具有伦理品质，认真履行社会责任的企业，消费者会对其产生正面评价，也会更愿意购买公司产品。对于违反伦理经营的企业，客户也会对其进行惩罚。此外，企业还能通过良好的伦理形象提升顾客的信任度，进而提升市场份额。

三、受到投资者的青睐

越来越多的伦理型企业受到投资者的青睐。商业伦理和企业社会责任意味着企业在运行时已将利益相关者的诉求考虑在其中，这正是投资者所看重的。相比之下，非伦理行为只会给公司带来灾难，因为一旦投资者发现任何有关伦理丑闻的苗头或迹象，很可能会卖掉股份，从而影响公司的市场价值。

四、树立良好的公众形象

消费者对于形象良好的企业及其产品总会优先考虑使用，一般而言，知名度高、企业形象良好的企业具有更优秀的销售业绩。即便公众形象好的企业出现运营错误，往往能比其他企业得到社会公众更多的谅解，从而减轻社会舆论对企业的压力。

五、合作愉快的供应商

良好的供应商合作伙伴关系能够给企业带来更大的利益，包括：缩短供应商的供应周期，提高供应的灵活性；降低企业的原材料，零部件的库存水平；降低管理费用，加快资金周转；提高原材料，零部件的质量；加强与供应商沟通，改善订单的处理过程，提高材料需求的准确度；共享供应商的技术与革新成果，加快产品开发的速度，缩短产品的开发周期；与供应商共享管理经验，推动企业整体管理水平的提高。

六、实现可持续发展

我国某些企业盲目追求经济增长，忽略了对环境的保护，对资源的利用多采用掠夺式开采方式。缺乏环保意识、只注重局部利益，将使人类的生存和生态平衡受到威胁。伴随人们对可持续发展呼声的增高和人们环保意识的觉醒，世界各国纷纷出台环境保护法规和环境保护认证标准作为新时期的贸易壁垒形式。粗放的经营行为在给环境和资源造成严重破坏的同时，也为我国企业参与世界高质量国际贸易设置了难以逾越的障碍。我国企业应该自觉地保护环境、资源和生态，既要重视经济效益，又要重视社会效益和生态效益，满足现代消费者追求绿色产品的要求，提高企业产品的生态含量，树立良好的企业形象，积极转变生产经营方式，满足国际绿色贸易标准，提升企业持续发展的潜力。

本章小结

本章首先辨析了法律、道德、伦理和商业伦理概念的异同,阐述了商业伦理的内涵、功能和特点,深入探讨了个人道德认知发展的六阶段、个体伦理决策过程、个人理性和集体理性的冲突以及市场经济的失灵问题,最后讨论了企业履行商业伦理责任对企业竞争优势的重大意义。

复习思考题

1. 法律、道德和伦理有什么区别?
2. 产生商业伦理问题的根源是什么?
3. 简述商业伦理的内涵及意义。

第二章 商业伦理学研究内容

 学习要点

- 商业伦理学的形成与发展
- 中国商业伦理学的发展历程
- 东西方商业伦理学的异同
- 商业伦理学的主要研究内容和方法
- 利益相关者分析与伦理思维

第一节 商业伦理学的形成与发展

商业伦理的形成与发展建立在人类伦理观念历史演变的基础之上,它也是不同国家政治、经济、文化等综合因素的反映,立足于不同时期人们对商业世界活动及其后果的认知和要求,并随之发生变化。因此,商业伦理研究关注的核心问题是随着商业活动所产生的伦理问题的变化而处于不断的变化之中的。

一、商业伦理学的兴起

商业伦理学的兴起要追溯到 20 世纪 50 年代。20 世纪 50 年代末 60 年代初,美国出现一系列企业伦理道德缺失带来的经营丑闻,迫使政界和学界开始重视商业伦理问题。

1962 年,美国政府公布了一个报告——《对企业伦理及相应行动的声明》,这表明政府开始正式关注这方面的问题。同年,威廉·洛德(William Lord)在美国商学院联合会发起有关开设《企业伦理学》课程必要性的调查。1963 年,加瑞特(T. M. Garrett)等人编写了《企业伦理案例》。1968 年,沃尔顿(C. Walton)在《公司的社会责任》一书中倡导公司之间的竞争要以道德目的为本。这表明学术界也开始关注企业伦理问题,但是,此时人们并没有真正地重视商业伦理问题,学术界还在热烈探讨"利润先于伦理"与"伦理先于利润"这两个命题哪个更有道理。直到号称美国史上最早且最大的汽车召回事件——福特公司的Pinto车召回事件的爆发。

案例2-1　福特公司Pinto车召回事件

20世纪70年代初,福特公司的热销品牌Pinto车发生多起车毁人亡事故,但由于缺乏证明汽车存在系统性问题的证据,公司汽车召回委员会投票决定不予召回。

一年以后,他们得到了部分相关证据表明油箱的设计存在问题。油箱置于车后方,而后车轴与后保险杠之间只给油箱留有约0.3米的缓冲空间,后车轴上还安装有向外凸出的轮缘和一大排螺栓头。追尾冲撞试验表明,只要后面的车辆以每小时34公里的速度撞上来,油箱就可能向前移动,造成油箱漏油,遇到火花就可能将汽车化为灰烬。但是他们决定不采取行动。他们的逻辑是:Pinto是福特首部推出的价格低于2 000美元的微型轿车,安全性不是卖点,油箱设计没有违反安全法令,并且公司还对减少汽车油箱起火的可能性进行了损益比较。Mother Jones杂志的记者马克获得了一份福特公司的成本效益分析材料。这份材料比较了召回所有油箱装在汽车尾部的汽车所需的成本以及赔偿由于此类缺陷造成伤亡所需支付的费用。如果对汽车召回修理改进,成本如下所示。

预计销售量为1 100万辆车和150万辆轻型货车。召回单位成本:每辆车11美元,每辆货车11美元。总成本:11 000 000×11+1 500 000×11=13 750万美元。预计避免2 100辆汽车被烧,180人严重烧伤,180人烧死。事故赔偿单位成本:每烧死一人200 000美元,每烧伤一人67 000美元,每烧一辆车700美元。总收益(避免发生的事故赔偿成本):180×200 000+180×67 000+2 100×700=4 953万美元。

福特公司被一系列公开发表的言论指责其为了谋取利益无情地以牺牲人的生命为代价。

虽然事后福特公司斥巨资召回,并最终于1980年停止生产Pinto汽车,但人们对福特公司的信任危机却持续了很久。加利福尼亚州的一个陪审团判决福特公司为Pinto汽车的受害人遭受的痛苦赔偿1.25亿美元,这在当时是个闻所未闻的天文数字。

案例来源:曼纽尔·G. 贝拉斯克斯. 商业伦理概念与案例(第7版)[M]. 刘刚,程熙镕译,中国人民大学出版社,2013.

福特公司的Pinto车召回事件使得人们真正开始认真深入地反思商业伦理问题。1974年11月,美国堪萨斯大学召开了第一届商业伦理学讨论会,这次会议不仅深化了此前人们对商业伦理问题的认识,而且标志着商业伦理学研究组织的正式确立。

20世纪70年代,随着日本经济的腾飞,学术界开始关注日本企业的经营模式,日本人把日本传统的伦理观念融入企业经营活动之中,使伦理道德成为日本企业调节企业内外关系、处理利益冲突的主要手段,从而在激烈的国际竞争中取得了很大的优势,这对美国企业界、学术界都产生了巨大的冲击。美国人开始更加深刻地反思伦理道德对企业经营和整个经济发展的作用和价值。

20世纪80年代,商业伦理学开始进入大学的课堂,并且很快成为高校管理学专业的核心课程,而且还向市场营销学、战略管理学、组织行为学、会计学等课程渗透。从2003年起,在《商业周刊》对商学院的排名中,新增了对商业道德的评价。

与此同时,一些关于商业伦理的国家标准以及国际标准纷纷出台,比较有名的有《SA8000社会责任标准》《ISO26000社会责任指南》等。这些商业伦理规范已经在世界许多著名的企业得到广泛应用,许多企业或商业机构都设立了伦理委员会和负责处理商业伦理问题的经理。

改革开放以来相当长的一段时间内,中国社会对经济建设的关注度较高,伦理道德的建设与发展受到忽视。部分人为了个人私欲和金钱不择手段,引发了食品安全问题、贪污腐败问题、环境污染问题等诸多社会问题,这些被认为是改革发展过程中必须付出的代价,是不可避免的,没有引起足够的重视。2008年中国奶制品行业的"三聚氰胺事件",让人们不得不面对中国食品质量滑坡的现实,也激发了对商业伦理的新一轮重视。

案例2-2 "三聚氰胺事件"

2008年之前,虽然发生过许多食品安全问题,但是如此大规模的、涉及整个行业的食品安全问题,却从未有过。而且这次食品安全事件的受害者居然是最无辜和最为人们关心爱护的婴儿。

事件的起因是很多食用三鹿集团生产的奶粉的婴儿被发现患有肾结石,随后在其奶粉中发现化工原料——三聚氧胺。三鹿是中国名牌、中国驰名商标、国家免检产品。自称产品经过"1 100多道检测",是"2 000万妈妈的选择",但2 000万妈妈选择的不是健康而是疾病和恐惧。

其实,早在2008年3月,三鹿公司就接到了消费者投诉,但是他们装模作样地查了一下,就声称送测的样本未发现问题,凭借消费者对他们的信任和驰名商品的光环,他们把负面的声音打压了下去。到了2008年,消费者开始向相关组织投诉,在外界的压力下,三鹿公司不得不向有关部门说明问题,但在2008年8月,三鹿公司的结论却是查明不法奶农掺入三聚氰胺,他们采取的行动是给受害者一笔封口费,对媒体进行公关,要求媒体不予报道,同时,对以前自己生产的产品进行秘密召回。直到9月11日晚上三鹿面对无可抵赖的证据时,才承认自己的奶粉有问题,但它仍然辩解称只是自己的奶粉受到污染。

> 根据公布的数字,截至2008年9月21日,因使用婴幼儿奶粉而接受门诊治疗咨询且已康复的婴幼儿累计39 965人,正在住院的有12 892人,此前已治愈出院的有1 579人,死亡4人,另截至2008年9月25日,中国香港有5人、中国澳门有1人确诊患病。事件引起各国的高度关注和对乳制品安全的担忧。中国国家质检总局公布国内的乳制品厂家生产的婴幼儿奶粉的三聚氰胺检验报告后,事件迅速恶化,包括伊利、蒙牛、光明、圣元及雅士利在内的多个厂家的奶粉都检出三聚氰胺。该事件亦重创中国制造的商品信誉,多个国家禁止了中国乳制品进口。几年后,在中央电视台《每周质量报告》调查中,仍有7成中国民众不敢买国产奶粉。
>
> 案例来源:刘爱军等.商业伦理学[M].机械工业出版社,2021.

在"三聚氰胺事件"之后,中国学术界开始重视商业伦理问题,本来不受重视的商业伦理课程在高校中变得越来越受关注,越来越多的高校和相关专业开始把商业伦理课程作为大学生、研究生的必修课程。

二、资本主义社会商业伦理的发展历程

资本主义国家的市场经济相继经历了由自由放任的市场经济阶段到政府干预的市场经济阶段,这两个阶段的区别主要是政府对经济的干预程度不同。借用美国经济学家博恩斯坦在《比较经济制度》中的描述,资本主义市场经济的主要特征可概括为如下三点:(1)生产资料的私人所有制和占有生产资料的私人企业;(2)经济利润作为生产决策的指导力量而居于支配地位;(3)依靠市场和价格配置资源和分配产品。美国经济学家汤普逊也认为:"市场经济最重要的特征是:经济资源和生产资料私人所有制;个人选择自由;竞争、利润动机以及市场需求和供给条件所决定的价格"。

资本主义商业伦理思想经历了由最初的对追求个人利益合理性的辩护,发展到强调个人利益与公共利益相结合,再到强调社会的整体利益,提出应注重主体德行与客观法则的统一,并以此作为个人品德的衡量标准的不断演变发展的历程。在不同的资本主义国家,由于其经济、政治、文化等因素的综合作用,所采取的市场经济模式也存在着一定的差异。资本主义社会商业伦理体系与资本主义国家市场经济相呼应,随着资本主义经济发展而不断地丰富和完善。

资本主义社会商业伦理主张个性自由、平等,在强调追求个人利益的合理性的同时,提出了应遵循主体道德与客观现实相统一的准则,以寻求个人和社会利益协调一致的伦理精神为核心。资本主义社会商业伦理对追求个人利益的合理化,使人性的贪婪、自私自利在经济社会不断地膨胀发酵,功利主义、拜金主义、利己主义开始不断蔓延,从而引发了一系列因道德沦丧而出现的腐败、欺诈、假冒伪劣频繁充斥社会的现象。人们逐渐认识到崇尚伦理,追求真善、回归道德本源、个人利益服从社会整体利益的重要性。

西方企业伦理的发展可以分为以下四个阶段。

(1) 20世纪二三十年代。一些公司开始树立人性化的企业形象,把某种道德秩序带入商业中,并开始努力发展商业伦理主义,通过雇员福利计划、社会贡献和树立形象运动来得到社会的认可。

(2) 20世纪五六十年代,公司的社会责任受到广泛的关注。学者、经理及记者等纷纷参与讨论,1953年,美国新泽西州最高法院通过法律,认为"需要公司承认对社会及个人的责任,因为它们也是社会的成员"。

(3) 20世纪60年代末70年代初,公司道德评判走向公众区域。一些公司忽视了消费者的安全,无视民众权利、污染环境、贿赂政府官员、错误诱导投资者等道德败坏行为时有发生,引起公众的强烈批判。

(4) 从20世纪70年代末开始,公司伦理进入自律阶段。许多美国及跨国公司制订了伦理计划,同时,一些公司采取行动来提高从业人员的身体健康、安全及环境条件。

三、社会主义的商业伦理观

(一) 马克思主义的商业伦理学

马克思主义倡导的商业伦理以追求大众的"各尽所能、各取所需",利益共享,共同富裕,平等、公正,从而实现人类自身的彻底解放,达到真正的自由。自19世纪50年代起,马克思主义的伦理学说逐渐实现了向社会实践的转化,并提出了"人的自由全面发展"的伦理价值的终极关怀,马克思在《资本论》中揭示了资本主义的本质是追求剩余价值和利润的最大化。他指出,在私人所有制的资本主义架构下,私人手中所积累的财富形成资本,资本家靠资本雇用劳动力,组织各种资源进行生产,并以无偿占有剩余价值的方式来发财致富,传统的商人借由转手买卖赚取商品的差价,劳动力已成为一种消耗性的日用品。资本主义最大的缺陷在于资本家为了追求生产力与利润的最大化,资本主义社会私有制下的阶级矛盾具有不可调和性,无产阶级将因为自身的解放,逐渐取代资产阶级成为主角,带动国家经济的发展。

马克思主义的伦理学实现了伦理思想史上的革命性变革,是在反对资产阶级的斗争实践中形成的,反映了无产阶级斗争需要和利益,是无产阶级关于人和人之间道德关系的理论概括,马克思主义伦理学不仅结束了"旧的伦理思想以抽象的人性或神性来研究人类道德的神话",而且"抛弃了旧的伦理思想割裂主观与客观关系的错谬",从而使伦理学真正成为一门与生活实践密切联系的科学。马克思主义的商业伦理以服务于广大无产阶级劳动人民为特点,从内容上和形式上都是广大劳动人民改造社会和自身的精神武器,这从根本上彻底改变了以往一贯的社会意识形态服务于上层建筑的惯例,从而具有极大的历史颠覆性。

(二) 中国特色社会主义的伦理学

习近平总书记提出,要着力构建体现中国特色、中国风格和中国气派的中国特色哲学社会科学。中国特色社会主义的伦理学是具有中国特色、问题导向和中国经验的当代伦理学新范式,它有别于传统的马克思主义伦理学,也不是中国传统伦理学的当代延续,更不是西方伦理学的中国化。中国特色社会主义伦理学必须在继承马克思主义伦理学及其中国化成果的伦理资源基础上,对中西伦理文化资源进行有机整合。

如何传承马克思主义的伦理学是中国特色社会主义的伦理学建设要廓清的理论前提问题,马克思主义的伦理学与以往伦理学最大的不同就在于辩证唯物主义和历史唯物主义基本原理的运用,从而将伦理学建立在科学基础之上。中国特色社会主义伦理学的提出,正是基于对马克思主义伦理学精神实质的充分把握,分析当今社会道德矛盾和发展规律,关注社会生活中"现实的人",将事实与价值、科学认知与价值评价相结合。

中国几千年积累的伦理资源、道德智慧、极具特色的伦理道德思想体系,是中国特色社会主义伦理学的文化之根。中国特色社会主义的伦理学是植根于中国道德土壤的伦理学,体现中国特色,承续中华民族伟大的道德传统。中国特色社会主义的伦理学就是要立足国情,关注国际问题,聚焦人民群众普遍关注的社会热点问题,如经济建设中的效率与公平问题、政治建设中的民主与法制问题、文化建设中的先进文化与大众文化问题、社会建设中的和谐与民生问题等,为新时代实现中华民族伟大复兴注入伦理动力。

四、中国商业伦理的发展历程

(一) 中国传统文化的伦理特色

中国社会要建立一种为人们普遍接受、积极向上的商业伦理规范,离不开中国传统文化的支撑。中国素以"文明古国"和"礼仪之邦"著称于世,有着极为丰富的伦理思想遗产。中国传统文化的核心内容是政治伦理和个人道德,展开来说就是"修身、齐家、治国、平天下"。"修身"的核心内容就是要讨论如何提高自己的道德水平,以达到更高境界的道德人格,如君子、圣贤等;"齐家"和"治国"就是要在一个组织内建立一种内部和谐,并能够推动组织不断发展的伦理秩序;"平天下"就是要建立一个社会的伦理秩序。"修身""齐家"的目标是为了"治国""平天下";"治国""平天下"的基本目标就是消除礼崩乐坏的乱世,建立一个崇尚道德和仁义等德行的社会,最终达到大同社会的理想。

(二) 中国传统伦理思想的发展历程

1. 产生阶段

在甲骨文中,考古学家就发现了伦理道德的概念,这说明中国伦理思想的起源至少可以上溯到远古时代。西周初年,周公姬旦提出了以"敬德保民"为核心的伦理思想,同时也有了"孝""悌""敬"等道德规范或范畴,强调道德的社会作用,从而为中国伦理思想的发展奠定了基础。

春秋战国时期,在伦理思想上出现了百家争鸣的局面。由孔子创立,经孟子、荀子等人发展和完善的儒家伦理思想是中国传统伦理思想的主流。除此以外,还有以墨子为代表的墨家所提出的墨家伦理思想,强调兼爱非攻;以老子和庄子为代表的道家伦理思想,强调返璞归真;而以商鞅、韩非等人为代表的法家,认为人和人之间都是一种利益关系,否认道德的社会作用,提出了一种以利益和暴力为基础的社会伦理秩序。纵观整个先秦伦理思想,涉及道德的起源、人性的善恶、道德的最高原则、道德评价的标准以及道德与利益的关系等一系列伦理学的重要问题,它是中国古代伦理思想发展的一个高峰。后来出现的各种伦理学说,几乎都可以从这一时期的伦理思想中找到理论原型或思想渊源。

2. 发展与演变阶段

这一阶段从秦汉到1840年鸦片战争,长达2 000余年。这个时期是中国传统伦理思想进一步发展、演化和系统化的时期,儒家伦理思想逐步超越了其他诸子的伦理思想,成为中国社会的主流伦理思想。这个时期大体上又可以分为以下五个阶段。

第一阶段是汉朝时期。董仲舒提出天人感应说,并将其运用到社会伦理道德中,使得这一时期占主要地位的伦理思想带上神学目的论的色彩;"三纲五常"逐渐成为中国社会中最高道德原则和规范,"孝""忠"等封建道德得到进一步强化,甚至提出了"以孝治天下"的政治主张。

第二阶段是魏晋时期。这个时期社会动荡,战争频繁,国家长期分裂,再加上佛教的传入和玄学的盛行,使以儒学为正统的道德观念发生了动摇。享乐主义的思想也在这一时期泛滥起来,在统治者和知识分子中出现了一批追求人生享受和奢侈生活的群体。

第三个阶段是隋唐时期。在伦理思想上,表现为儒、道、佛三家争短长、相互吸收和逐渐融合。儒家思想家吸收了佛教有关自我修养等方面的内容,进一步丰富儒家的伦理思想,巩固它在封建社会中的正统地位。

第四阶段是宋明时期。自宋代开始,中国封建社会由盛转衰,社会矛盾日趋激化,统治者为了加强统治,不断加强专制。以程颢、程颐、朱熹为代表的程朱学派,建立了一套以理为最高范畴的伦理思想体系。以陆象山、王阳明为代表的陆王学派,则吸收佛教思想,建立起以"致良知"和"知行合一"为主要内容的"心学"伦理思想体系。这是中国传统伦理思想走向巅峰,达到成熟的时期。

第五个阶段是清朝和民国时期。清朝统治者在稳定政局之后不久,就开始推行"文字狱",禁锢思想家的思想,迫使清代的思想家不得不从关注现实生活转向关注纯学术的内容,乾嘉学派开始流行。清代的学者花费了大量的精力研究考据,不敢过多关注现实政治和社会伦理问题,没有了源头活水,中国传统伦理思想开始走向僵化并日益衰弱。

中国近代商业发展极其曲折,要忍受"三座大山"的压迫,在夹缝中求生存。在内忧外患面前,近代中国商人展现出崇高的民族气节,以维护民族利益为先,齐力抵抗帝国主义的入侵。中国近代商业伦理贯彻"义在利先,仗义疏财,扶危济困,造福社会"的高尚伦理情操,讲求诚信、勤俭重德,以"博爱""团结互助""以和为贵"作为道德原则和规范,这为近代艰难生存的中国商人抱团取暖、共渡难关提供了巨大的能量。

3. 成熟阶段

在中国社会经济发展由计划经济向市场经济过渡的发展阶段,新时代的中国特色商业伦理文化随之形成,与中国传统儒商伦理有机地结合,强调个人利益与社会利益和谐共存的商业伦理核心思想。

(1) 新时代"以仁为本"的精神

在中国古代,儒家的仁被视为"众善之源,百行之本",受到高度重视。重仁爱是中国传统道德的重要特色。仁的观念在春秋时代渐渐流行。孔子首次对仁作了理论阐发,将仁视为最高道德,开创了儒家的仁学。仁的流行和孔子仁学的出现,可以看作是春秋时代一种新的伦理思潮。一切正当行为都是仁的表现,也发端于仁,可见,仁是中国最高的道德原则和道德规范。因此,商人只有践行这种仁,才能纵横商场,走向世界。

习近平总书记指出:"中国人历来'以至诚为道,以至仁为德''仁者,以天地万物为一体'。中国一贯主张,世界各国共同努力,建立平等相待、互商互谅的伙伴关系,公道正义、共建共享的安全格局,开放创新、包容互惠的发展前景,和而不同、兼收并蓄的文明交流,尊崇自然、绿色发展的生态体系。"中国企业家应该弘扬新时代"以仁为本"的精神,将仁应用于企业管理实践,使中国商业文化中的仁爱思想远播至世界每一个角落。

(2) 新时代"以义制利"的精神

中国古人常讲:"不义之财,非吾有也。不孝之子,非吾子也。"在中国传统文化中,孝乃百善之首,此处与义并列,可见,义之重要性不言而喻。孟子还将义列为"四端"之一。其言曰:"恻隐之心,仁之端也;羞恶之心,义之端也;辞让之心,礼之端也;是非之心,智之端也。"不仅如此,儒家还将最高道德准则仁与义合称,进而使得仁义成为中国传统道德的代名词。

在追逐自身利益最大化的同时,还需具备"以义制利"的商业精神。历代以来,中华民族的"以义制利"精神激起了广大国民热心公益、乐善好施、爱国济民、捐金救国的热情,形成了中华民族优秀的商业道德。

在新时代激烈的市场竞争中,践行"以义制利"的精神,有助于树立正确的义利观、反对商业欺诈、反对商业贿赂、禁止侵犯商业秘密以及反对商业歧视,避免同质化、恶性商业竞争。中国绝大多数企业家继承了中华民族传统的"以义制利"精神,兢兢业业地工作,为祖国的强大作出了杰出的贡献。然而也存在部分企业家为了获取超额利润,不惜触碰法律和道德的底线,采取一些不义的谋财手段,如商业欺诈、商业贿赂、侵犯商业秘密以及商业歧视等。

(3) 新时代"礼以行义"的精神

在中国传统文化中,礼法是一个特定的范畴。礼指的是制约人们行为的非强制性道德准则,法则是由权力机关制定并用于约束人们行为的强制性规则。一般来说,在治理理念和模式上,表现为礼治与法治两种不同的治国理念所形成的治理模式互构。中国古代治国思想大体可分为礼、法两个源头,表现为以儒家为代表的"礼乐之治"和以法家为代表的"以法治政"。"礼乐之治"讲德治,主张依靠道德的力量,崇尚有规矩、讲秩序、重伦常、崇道理的和谐宽容的国家境界,礼是人们最根本的行为规范。

新时代的市场经济必须履行这种礼,根据"礼以行义"的哲学意义,遵守市场规则,弘扬契约精神,尊重道德约束。

(4) 新时代"诚实守信"的精神

在中国传统文化中,诚信是最为基本的道德规范。在新时代中国特色社会主义思想指引下,中国优秀企业家们弘扬中华诚实守信的精神,在世界商业舞台上开疆拓土,取得了令世人瞩目的伟大成就。新时代更要旗帜鲜明地弘扬"诚实守信"的精神,诚信经营,建设优秀的企业文化。

（三）儒家的商业思想

儒家思想对中国的商业社会产生了极其深远的影响。以孔孟为代表的儒家思想，确立了以仁为核心的中国伦理规范体系。儒家主张礼治，"道之以德，齐之以礼"，强调道德义务，轻视实际功利，并且提出了仁、义、礼、智、信等道德规范。孔子主张"重义轻利""见利思义"，履行道德义务高于满足个人利益。他认为，"见利思义，见得思义，不义而富且贵，于我如浮云。君子喻于义，小人喻于利"，他教导我们在道义与利益发生矛盾时，不能为了追逐利而放弃道义，放弃道德，这是不可取的。孔子主张为人谦逊，"奢则不孙，俭则固。与其不孙也，宁固"。大意是：一个人奢侈了就得不谦逊，太节俭朴素就显得寒酸。与其显得不谦逊，宁可显得寒酸。孔子主张诚信爱人，"言必信，行必果""己所不欲，勿施于人""恭、宽、信、敏、惠。恭则不侮，宽则得众，信则人任焉，敏则有功，惠则足以使人。"大意是：恭敬、宽厚、信实、勤敏、慈惠。恭敬就不致遭受侮辱，宽厚就会得到大众的拥护，诚实就会得到别人的信任，勤敏就会工作效率高，慈惠就能够凝聚人心而有更多的人追随听从使唤。墨家也强调重义，认为"万事莫贵于义"，认为一切事物没有比正义更可贵的，主张以德治国。孟子崇尚德义，倡导仁爱，"穷则独善其身，达则兼济天下"。先秦伦理思想汇集了忠、孝、仁、爱、信、义等道德规范，随着历史的积淀，凝聚并形成了中国商业伦理的核心内涵。

儒家思想自隋唐时期传入日本以来，备受日本各界的推崇，儒家经典《论语》被日本多数企业家奉为经营圣经。日本著名的管理学家伊藤肇曾指出："日本实业家能够各据一方，使战败后的日本经济迅速复兴，中国儒商文化的影响力，功应居首。"中国儒家商业伦理思想的影响非常深广。

中国传统道德文化不仅强调个人修养和人格完满，更强调对国家社会的责任和奉献，展现了"以天下家国为己任"的社会责任感。历史和实践证明，中国道路是成功的，这种成功不仅仅是经济发展的成功，也是文化价值和伦理道德建设的成功。中国社会正处于转型变革时期，日渐增多的道德问题和道德诉求给伦理学带来了崭新挑战，只有充分挖掘和阐释积淀了几千年的中华文明丰厚的道德文化资源，推进传统道德的现代转型，才能展现大国的伦理责任担当。

第二节 东西方商业伦理研究

一、东西方商业伦理的差异

商业伦理是不能从各民族社会、历史、文化和政治环境中剥离出来的。不同的民族和国家，按照各自的伦理观念来理解商业行为的合理性。经济发达程度不同的国家和民族，会形成不同层次的商业伦理意识与心理。

欧美的个人主义文化在新教伦理中孕育了古典的资本主义商业伦理，特别是这种商业伦理在追求作为资本主义经济秩序两大特征的合理性和效率性时，使经济发展成为可能，并构筑了高程度的文明。随着经济文化水平的提高和民主意识的增强,这种商业伦理受到挑战,人们已不再愿意忍耐缺乏情感的商业行为和经济秩序了,出现了消极的和积极的抵抗。因此,这种商业伦理在资本主义活动中不再是合理的和高效的了。

自20世纪二三十年代始,西方以个人主义文化为基础的商业伦理发展的趋势增加了越来越多的情感因素,东方文化对人的理解则保留了人性中非理性的一面,强调人伦观念及家族式的等级观念,强调以社会和谐为本位的人文精神。东西方文化存在着重大的差异性,具体表现在以下四个方面。

(一)个人本位的竞争观与群体本位的和谐观的差异

西方文化以自我实现为价值取向,以个人利益为根本出发点,强调个人行动的自由、权利、竞争和独立。东方的企业文化往往更加强调个人利益服从群体利益、企业利益服从国家利益,个人的成就由企业和国家共同分享。个人的成就不是看他个人的能力如何出众,而是看个人为企业和国家的公众福利事业作出了多少贡献。它要求的既是人与自然的和谐,也是人与人的和谐。

(二)对待时间的态度上存在差异

西方文化视时间为大自然的固有之物,是环境的一部分,是一个人从生到死有限的资源,所以可以像商品、金钱一样获得和使用,时间在日常生活中起着关键的作用。为了充分利用人生有限的时间,商业活动的每个环节都应制定详细计划,时间被划分成很小的单元,而且严格遵守时间约定。东方文化的时间观则把时间看作无穷尽、无限度的资源,强调事务的完成和人的参与,而不是紧扣死板的时钟。

(三)在雇员与企业合作共事的准则上存在差异

西方企业要求注重法律、注重契约的观念渗透到企业管理的各个方面,合同或企业规则以及既定的工作计划程序和规定具有至高无上的地位。西方文化反映在国际商业管理方面,经常表现为轻视人情和传统习俗,只尊重规则和制度,一切服从合同和计划。东方文化的传统伦理思想注重的则是人伦情谊关系,追求心理上的认同与和谐,对于企业规则和契约,往往认为是由于相互之间缺乏理解和信任而产生的补充约束。

(四)在权利和义务方面存在差异

西方的商业伦理中有一种强烈的个人权利意识,它促使人们在商业活动中经常思考:"我的权利是什么?在合法的范围之内,我能做些什么?"这使得人们对于自我的利益一清二楚。在商业实践中,依据法律的仲裁,被认为具有高度的伦理价值、互相冲突的人际关系是以仲裁和谈判的模式来处理的,欧美社会中律师的作用相当重要。儒家的商业伦理则含有一种强烈的责任意识,它促使人们去思考的主要不是"我的权利",而是自己的责任和义务。在儒家的商业伦理中,明白自己的责任和义务比明白自己的权利重要得多。这种商业伦理特别提倡相互合作,处于这种文化氛围之中,人们习惯于把自己看成一个群体的一分子,在一个特定的群体中寻找自己合适的位置,以完成自我实现,而很少脱离群体,表现出自己独特的动机和行为。在东亚社会,这种商业伦理关系被称为信用社区的体系网络。在这个体系中,集体利益被放在重要的地位。在培养人方面,东亚的商业伦理更重视人格锻炼和人格修养,注重行为的严格和精神的自律,以及在此基础上的自我实现,因此,东亚的企业与西方企业相比,更重视人的作用,在起用新人时,除了考察业绩,更注重考察其人格修养、群体意识和敬业精神等。

在近代引入资本主义企业和经营管理方式的同时,儒家伦理也不可避免地渗入资本主义经营理念,以家族集团意识来破坏或者弥补受个人主义文化支配的经营意识,从而使自身也不断发生着转化,最终越来越能够适应资本主义经济的发展。儒家管理与西方管理文化的差别主要体现在以下三个方面。

第一,管理目标不同。儒商管理遵循儒家"以人为本"的原则,把人当作经营中最根本的、能动的因素,并通过对人在精神上和物质上的关心和激励去调动员工的积极性,提高人的伦理道德素质,在人的素质提高过程中,实现良好的经营业绩。西方的管理则更加关注做事,以提升经营业绩作为管理追求的目标,有重物不重人的倾向。

第二,管理手段不同。西方管理运用的基本手段是运用理性的利益机制,以契约来确立雇主与雇员之间的利益关系,通过利益上的奖与惩来激励和约束员工的行为,使其趋向管理目标。而儒商在运用理性的利益机制的同时,更加注重情感激励、思想发动和精神动员的作用,把伦理与人情作为激励和约束员工行为的重要因素,甚至把利益机制也打上伦理的色彩。运用儒家的重人、重信、重义、重情的精神对员工进行管理,督促其实现管理目标。

第三,管理组织方式不同。儒商的企业管理组织方式是家族式的,其优势是凝聚力强,员工有较强的自觉性和能动性。如果家长是一位优秀的人才,其管理效率高,能更有效地进行调度,更灵活地去适应市场的变化;如果家长不称职,则整个企业就会陷入困境和危机。西方的管理组织方式则基本上是采取契约制和科层制。企业管理采取分工明确,分层负责,各司其职,按绩付酬。员工与企业的关系只是以利益关系为转移的不稳定关系。企业不景气时,靠大肆裁减员工来减少工资支出。员工找到很好的工作单位或薪水更好的职位时,就会跳槽。另外,西方企业严密的分工,使得当某一环节出现问题时,容易造成不同方面和层次的断裂,整体运行受阻。对调动整个组织来适应市场的突变也常不如家长式的企业来得更为灵活。

二、东西方商业伦理的共生

"全球伦理"的口号首先由德国神学家孔汉思于1990年在《全球责任》一书里提出。1993年,世界宗教会议通过了由孔汉思起草的《走向全球伦理宣言》。为使全球宗教伦理走出宗教界的范围。美国神学家列奥纳德·斯维德勒起草了《全球伦理普世宣言》。全球伦理引起广泛讨论。

全球伦理也可称为普遍伦理。这里强调的"普遍"有两方面的含义:其一,针对当前哲学和思想文化领域流行的价值多元论与道德相对主义,强调伦理道德是绝对的,而不是相对的,各种伦理价值是统一的,而不是孤立的、各不相关的;其二,针对全球化所引起的政治、经济、和平发展、环境保护等一系列各国面临的共同问题,强调各国政府和人民都有义务遵守全人类共同的伦理规范和道德准则。

共同的市场必然存在共同的道德价值取向,才能维护全球经济的共同发展。经济一体化的国家必须认真处理本国利益与全球利益的关系问题。一些全球问题的解决,不可能是每个国家、企业、个人追求自利的结果,而只能基于共同的责任感。双赢应该成为调节这一关系的基本伦理规范。双赢的取得,依靠的正是商业伦理所构建的共同伦理价值观、关系准则和行为标准,参与市场的主体在此平台上平等地对话、公平地竞争。经济一体化的深入,要求在全球经济活动中对经济活动参与者具有约束力的共同、基本的行为准则的形成,这单靠市场和法律的力量是无法达到的,伦理道德应当发挥重要的作用。

经济全球化为各民族的经济发展提供了良好的机遇,许多发展中国家从经济全球化浪潮中获得后发优势,欠发达国家的经济也不同程度地受惠于现代科技进步带来的好处。但经济全球化在实现资源全球流动的同时,也不断伴随着经济、政治和文化价值观念的冲突,发展中国家在全球商业伦理的形成和推进过程中,并不享有与西方发达国家平等的话语权,西方发达国家则把符合其利益和标准的全球商业伦理强加给发展中国家。为了发展经济、摆脱贫困,许多贫穷国家有弱化环境意识和生态意识的倾向,它们为了维护自己的生存权,不惜从西方发达国家引入高污染的生产设备,或者以消耗资源来获取暂时的经济利益,却忽视了可持续发展的问题。而西方资本家却往往趁火打劫,大肆掠夺贫穷国家的自然资源,同时将生态破坏和环境污染的危机悄悄地转嫁给这些贫穷国家。这种现象的长期存在,使得一些贫穷国家的经济出现恶性循环。

全球商业伦理的形成很大程度上是按照西方模式推进的,建立符合发展中国家利益的商业伦理则显得困难重重。对于发展中国家和欠发达国家来说,面对西方资本主义精神和商业伦理的冲击,尽管其民族的传统道德和商业伦理将经历失范的痛苦,但绝不会接受全盘西化的商业伦理规范。全球商业伦理的确立和东西方商业伦理文化的共生将成为经济全球化能否把世界各国带向繁荣的关键。

第三节　商业伦理学的研究框架

一、商业伦理学与经济伦理学、哲学和心理学

(一)商业伦理学与经济伦理学

1. 经济伦理学

经济伦理学是经济学和伦理学的交叉学科,属于应用伦理学的范畴,是伦理学理论在经济领域中的实际应用。经济伦理学研究的是经济活动中的道德现象,用道德的眼光看待经济活动,研究人们进行生产、分配、交换和消费行为的道德判断与道德价值,着重解决的问题包括市场经济与道德、公平与效率、竞争与合作、经济发展与生态平衡、贫穷与富裕等伦理问题。

2. 商业伦理学与经济伦理学之间的关系

经济伦理学和商业伦理学都属于应用伦理学的范畴,都是道德哲学在经济领域的应用,

属于交叉学科,其理论基础、研究思路、研究方法基本一致。在西方一些国家,生产、分配、交换、消费的再生产过程都称为商业,因而西方理论中没有经济伦理学这个概念,只有商业伦理学这个概念,从这个意义上说,商业伦理学就是经济伦理学。

经济伦理学的研究范围要比商业伦理学宽泛得多,它着眼于生产、分配、交换、消费,即整个社会再生产的过程;商业伦理学关注的道德问题主要是由商品的交换而引发的,重点研究的是交换劳动产品或商业形式的道德标准,即什么样的交换形式是合乎道德的,什么样的交换制度是公平的。例如,等价交换、买卖公平、诚实守信、货真价实、童叟无欺等,都是商业伦理学关注的道德问题。

（二）商业伦理学与哲学和心理学

商业伦理学与哲学、心理学相互影响、相互渗透、密不可分。

1. 伦理学与哲学的关系

哲学是伦理学的理论基础。一定的世界观、历史观对一定的伦理原则和道德学说有着直接的制约和指导作用。不同的甚至对立的世界观和历史观,也常常导致不同的甚至对立的伦理学说。历史上,伦理思想常常与哲学思想同步发展,道德认识不但要受哲学思想的制约,而且还往往同哲学结合在一起,在有些思想家那里,两者是密不可分、融为一体的。

中国古代没有使用"伦理学"一词,在西方文化中伦理学被认为是关于道德的科学,又称道德学、道德哲学。它以道德现象为研究对象,探讨道德的本质、起源和发展,道德水平同物质生活水平之间的关系,道德的最高原则和道德评价的标准,道德规范体系等一系列问题。从伦理学的发展历史来看,伦理学的研究内容经历了多个哲学发展阶段。

在古希腊罗马时期,苏格拉底和柏拉图都把至善作为伦理学研究的主要内容。亚里士多德认为,伦理学是研究人们的行为及品行的科学,或者说是研究人的道德品性之科学。伊壁鸠鲁认为,伦理学研究的主要问题是人生的目的和生活方式,强调伦理学是研究幸福的科学。与伊壁鸠鲁学派对立的斯多葛学派,从强调义务出发,认为伦理学是研究义务和道德规律的科学。公元前1世纪的古罗马思想家西塞罗,把他的伦理学著作称为《义务论》,并将古希腊的伦理学称为道德哲学,赋予伦理学新的意义。

在近代,人们对伦理学的研究对象有更多不同的理解。比如,有人认为伦理学是研究人生目的的学问;有人认为伦理学是研究善和恶的学问;有人认为伦理学是研究人的行为、道德判断和评价标准,研究道德价值的科学等。所有这些关于伦理学研究对象的看法,都是围绕着道德问题提出的。除了把伦理学看作纯理论抽象的道德哲学的观点外,大多数伦理学家都承认伦理学研究的目的是为寻找和建立一种调整人与人之间的关系、维护社会秩序和培养有道德的人的理论。

伦理学作为哲学的一个分支学科,又有其相对独立的意义。伦理学所研究的是一个特殊的社会现象领域,主要揭示社会道德关系的性质及其发展的规律性,具有作为一门学科存在的性质和价值。

2. 伦理学与心理学的关系

亚里士多德的伦理学学说以形而上学和心理学为基础,心理学则横跨两个领域,其中一个就是从规范伦理学中表现出来,例如,一个人所存在的很难以改变的特质,可以说通过对一个人心理特质的确认就能够在很大程度上反映人的道德发展水平,因为特质虽然是主观的,但它可以在客观行为上发挥作用,主观上进行恰当的心理反应或者社会归因。因此,伦理学研究探讨那些构成个人同一性的核心气质和心理倾向,较全面地把握人的道德本质。心理学和人类学所提供的伦理学思考还要分析社会结构和社会规范,通过影响同一性的这些复杂的方面而影响一个人的行为方式。

很多学科都把道德纳入自己的研究范围。伦理学研究人类社会历史中的全部道德现象,而心理学只研究道德现象的一部分,而且它们着眼的角度也不同。伦理学和心理学都研究人的行为动机,但伦理学主要从道德品质上考察人的心理现象,对心理学特别是社会心理学的研究有一定的帮助;心理学则揭示和提供人的行为动机和性格等心理现象的本质,为伦理学的研究提供必要条件。

二、商业伦理学的研究内容

(一)商业伦理学研究的基本内容

商业伦理学以研究商业企业行为为核心,通过一系列明确的伦理原则和道德规范,约束和调节商业活动主体与利益相关者及环境的关系,以达到企业与社会利益相关者多方共赢。商业伦理学为商业经营者在商业活动中如何贯彻商业伦理,从而有效处理企业所面临的各种内外部利益相关者之间的复杂关系,提供了具体有效的操作原则和行动规范。

商业伦理学的研究内容具体包括以下四个方面:
(1)从宏观层次,对商业秩序及相关制度体系进行道德评价;
(2)从中观层次,研究企业商业活动中的伦理问题;
(3)从微观层次,研究评价商业经营者及其商业经营行为的道德问题;
(4)在经济全球化大背景下,研究跨国公司商业经营活动中的伦理问题。

(二)商业伦理学的研究对象

利益相关者的关系是商业伦理学的研究对象,在商业活动中,企业经营者与利益关系者之间会产生各种复杂的利益矛盾,由此也带来一系列亟待解决的商业伦理问题,主要包括:企业与股东和资本供应者之间的伦理问题;企业与内部员工之间的伦理问题;企业与高级管理人员之间的伦理问题;企业与顾客之间的伦理问题;企业与供应商之间的伦理问题;企业与渠道分销商之间的伦理问题;企业与竞争者之间的伦理问题;企业与政府部门之间的伦理问题;企业与社会公众如新闻媒体之间的伦理问题;企业与社区公众之间的伦理问题;企业与金融公众之间的伦理问题;企业与环保组织之间的伦理问题等。商业伦理研究将围绕企业与利益相关者的利益与伦理矛盾,提出相应的解决方案。

商业伦理学是对商业活动中的各类利益相关者之间的关系和行为,进行伦理分析、道德判断和提出相关规范建议的一门学科。一般来说,商业活动中的主体是企业,就企业来说,其利益相关者有股东、客户、员工、商业伙伴、政府、当地的社区民众等。研究商业伦理学,就是要对这些关系和行为进行分析,作出道德判断,并分析如何在各类组织中进行伦理道德建设等问题。

三、利益相关者分析

（一）利益相关者的概念

Freeman 在《战略管理——利益相关者视角》一书中最先提出了商业伦理和利益相关者管理的概念,利益相关者(Stakeholder)是能够影响一个组织目标的实现或者能够被组织目标过程影响的人。最早提出利益相关者理论是与当时非常流行的股东理论相对应的,Freeman 认为企业管理不能仅追求股东利益,而应更广泛地关注所有利益相关者的需求。

（二）利益相关者的分类以及特征

1. 利益相关者的分类

利益相关者的分类最常见的一种方法是按照首要利益相关者和次要利益相关者进行划分。首要利益相关者(Primary Stakeholder)与公司生存具有直接关系,或者受公司直接影响,或者直接影响公司,如客户、供应商、员工和股东,这些群体与公司有着非常紧密和直接的联系。次要利益相关者(Secondary Stakeholder)与公司之间的关系较为间接,包括媒体、同业公会和特殊利益群体。

正确管理利益相关者包含很多重要内容,其中一个方面就是确定利益相关者的能力。能否充分地认识主要利益相关者对企业的巨大作用,对企业处理两者之间的关系产生很大影响,而这种关系又关乎企业发展。

2. 利益相关者的特征

第一个特征是影响力。利益相关者影响力(Stakeholder Power)指利益相关者向企业施加压力,迫使其进行改变,以满足不同需求的能力。根据 Mitchell、Agle 和 Wood(1997),影响力包括强迫型、功利性或规范型。

(1) 强迫型影响力(Coercive Power):使用武力、暴力或其他强制手段迫使企业顺应或满足利益相关者的要求。

(2) 功利型影响力(Utilitarian Power):使用金融或其他经济手段强迫公司顺应利益相关者的要求,较常见的形式包括投入金钱和采取联合抵抗活动。

(3) 规范型影响力(Normative Power):使用符号或其他资源迫使公司顺应利益相关者要求。联名上书和一些宣传话语都属于规范型影响力。随着互联网的不断发展,公众可以很容易地表达对企业的不满,因此,互联网和社会媒体为规范型影响力发展提供了一个重要渠道。

第二个特征是合法性(Legitimacy)。若公司的行为方式与社会广泛认同的价值观和信念一致,其行为就是合法的。当公司行为合法时,就更容易得到社会的支持。同样,若利益相关者的行动是合理的,且在一定环境下是可接受的,其要求就具有合法性。

第三个特征是紧迫性(Urgency)。这是指企业对于利益相关者需求的满足程度。利益相关者的需求越紧迫,公司就越要迅速处理这些需求。

（三）对利益相关者的管理

第一步：识别利益相关者。

利益相关者管理过程的第一个关键步骤是辨识利益相关者，主要目标是找出相关利益相关者，确定哪些利益相关者具有影响公司的能力。根据利益相关者对企业产生直接影响或间接影响的能力对其进行分类，产生直接影响的是首要利益相关者，产生间接影响的则为次要利益相关者。

第二步：将利益相关者排序。

在确认了有关利益相关者之后，企业就要对这些利益相关者的特征进行评定。任何利益相关者都会对企业产生一定的影响，对于企业来说，利益相关者产生潜在影响的可能性越大，企业就越应优先考虑其需求。利益相关者影响力、合法性、紧迫性的三种特征中，不同的组合都会产生一类利益相关者，会对企业提出一种相应的要求（见图2.1）。

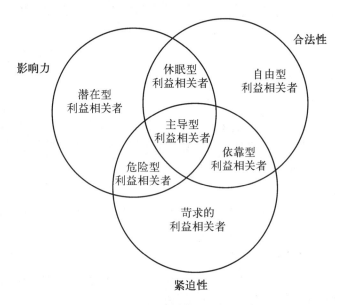

图2.1 不同类型的利益相关者

（1）潜在型利益相关者（Latent Stakeholder）。仅拥有三种特征中的一种，又可分为三种类型。休眠型利益相关者（Dormant Stakeholder）仅拥有影响力，但缺乏合法性和紧迫性，如绿色和平等非政府组织。对于这类利益相关者，企业应该谨慎关注，他们也是有可能获取另外两种特征的，因此必须给予足够的重视。自由型利益相关者（Discretionary Stakeholder）拥有合法性，但缺乏影响力和紧迫性，如红十字会等各种慈善组织。虽然不是每个企业管理者都会投身慈善活动，但有些企业仍会出于战略考虑，参与慈善活动，赢取商誉。迫切型利益相关者（Demanding Stakeholder）仅拥有紧迫性，却缺乏影响力和合法性，建议企业也要谨慎关注该群体，他们对企业经营的关注度会很高。

（2）预期型利益相关者（Expectant Stakeholder）。拥有三种特征中的两种，可分为三种类型。第一种是主导型利益相关者（Dominant Stakeholder），同时拥有合法性和影响力，如员工和投资者。他们可要求企业采取正式行动,因为他们不仅是合法的,而且有能力对企业行使权力。依靠型利益相关者(Dependent Stakeholder)拥有紧迫性和合法性。是与公司决策密切关联的利益相关者,尤其是受到公司行为后果的严重影响。第三种是危险型利益相关者(Dangerous Stakeholder),他们拥有影响力和紧迫性,但缺乏合法性,如壳牌公司员工绑架案中牵涉的尼日尔三角洲地区的一些小企业,这些小公司可能缺乏合法性,但却因为影响力和紧迫性而引起壳牌和世界的关注。

(3) 决定型利益相关者(Definitive Stockholders)。同时拥有影响力、合法性和紧迫性。该类型利益相关者直接决定了公司的未来发展,如果利益诉求处理得不得当,企业的公共形象将受到严重损害。

第三步:为利益相关者绘制可视化导图。

在确定了利益相关者的优先次序后,进一步需要明确利益相关者的要求、权利和期望,以及针对这些需求企业应有的回应。若利益相关者的要求和期望得不到满足,企业可能就会遇到麻烦。

影响力和紧迫性两种特征通常用来评估利益相关者的影响,根据高低两个层次对两种特征进行划分,形成一个四象限矩阵,每一个象限都对应一种企业行动(见图2.2)。其中,企业最需要关注的是代表高影响力和高紧迫性利益相关者的象限,对于这类群体,企业必须始终关心并满足他们的需求。相比之下,对于低影响力和低紧迫性的利益相关者则不需要如此,仅仅需要时常关注,在必要时满足要求即可。针对那些高影响力、低紧迫性的利益相关者,企业只需让他们满意即可。最后,针对高紧迫性但低影响力的利益相关者,只需保持关注并定期向其汇报企业动态即可。

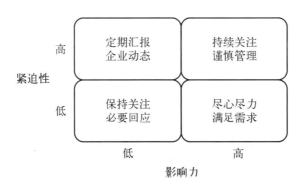

图 2.2　评估利益相关者的矩阵

企业可以根据自身情况,制定更加复杂的矩阵,以系统地评测回应利益相关者需求的程度。

第四步:利益相关者约定。

对于企业而言,利益相关者通常拥有不同的要求、权利和期望,这些需求通常会影响企业经营,在极端情况下甚至会给企业生存带来严重威胁,但是,若企业能管理利益相关者,则不容易出现这种问题。利益相关者管理过程的第四步就是融入利益相关者,指企业在经营过程中积极融入利益相关者,以更好地满足其需要,改善企业状况。能够积极融入主要利益相关者(如媒体和公众)的项目,收到的效果更好。

第五步:监测利益相关者。

利益相关者管理过程的最后一步是监测利益相关者。在这一阶段,企业应着眼于发现利益相关者对于相关管理问题的反应,确定是否需要采取进一步的行动。与此同时,企业还需要保证沟通交流策略的有效性,确保利益相关者已收到正确的信息。

监测利益相关者的一种有效方式是与关键利益相关者定期召开会议,以此确定企业是否已经满足利益相关者的需求,且可持续地传达其努力处理利益相关者的需求,这些会议还可能暴露出新问题领域,从而重新开始新一轮的管理程序。

四、商业伦理学的研究方法和研究任务

(一)研究方法

1. 纵向对比法

纵向对比法即历史分析法,是运用发展、变化的观点分析客观事物和社会现象的方法。商业伦理作为一种社会意识形态,必然会受到不同历史阶段所对应的政治、经济关系的制约,与此同时,也会受到不同国家不同历史阶段相对应的法律、文化、哲学等其他因素的影响。因此,对商业伦理问题的研究必须联系当时的社会历史条件,结合历史发展特点,进行全面的综合考察研究,以构建更加符合实际的商业伦理建设体系的内容、操作准则及规范要求等。

2. 实证研究法

实证分析法是指通过对研究对象进行大量的观察、实验和调查,获取客观资料,从个别到一般,归纳出事物的本质属性和发展规律的研究方法,具体包括观察法、个案分析法、实验法等。通过实证分析法,对不同企业经营活动中所遇到的伦理问题作为案例进行研究,挖掘伦理问题出现的根源,运用归纳法和演绎法等方法,结合伦理问题的工具,提炼出符合当前新商业时代商业伦理问题的根源,并提出相应的解决对策。

(二)研究任务

商业伦理的本质是处理商业活动过程中商业经营主体与利益相关者之间的利益配置问题。商业伦理可以更好地规范和约束企业在商业经营过程中的经济行为,更客观地理解企业及其成员的责任,并且从宏观(制度)层面、中观(企业)层面、微观(企业个体及其行为)层面进行是与非、善与恶的道德评价,纠正人们对商业伦理学的一些片面认识,提高经营决策质量,最终实现互利共赢的目标。商业伦理学主要承担以下四个方面的任务。

1. 客观展示商业伦理现状,从制度层面全面提升商业伦理的建设水准

通过对商业伦理问题的研究,帮助政府部门、企业以及个人更清晰地认识当前经济、社会的商业伦理现状,挖掘商业伦理问题出现的根本原因,找出制度上的缺陷,并进行及时的调整和修正,从而使各项制度、法律与商业伦理道德建设有机协调,相互作用,以达到维持商业秩序健康稳定的目的,及时避免因道德失控而给社会带来资源的浪费、危及经济健康发展

等风险,从制度层面上全面提升商业伦理的水准,营造良好的商业秩序和社会环境。

2. 用商业伦理约束和规范企业的经济行为,促进企业的健康发展

目前,商业伦理在企业的商业经营活动中所发挥的作用愈加显著,已成为企业一项最重要的核心竞争要素。首先,商业伦理渗透所形成的企业价值观和企业文化可以激励和凝聚员工的工作热情和创新精神的发挥,从而全面提升企业的生产效率;其次,商业伦理可以通过提升员工的道德意识,降低员工的惰性,减少"搭便车"等机会主义行为,从而降低企业的管理成本;最后,商业伦理有助于企业形成共同的价值目标和伦理氛围,正确处理企业内外部各种关系,提高决策的科学性,从而提高企业的经济效益。

3. 促进个体商业伦理品质的养成,营造良好的社会环境

用商业伦理的规范和准则对企业及其组织成员的经济行为进行评价,通过宣传、教育等方式,使企业员工把握商业伦理的基本理论、基本要求和评价标准,帮助员工认识商业伦理对行为的对错、是非的评判标准,明白哪些可以做、哪些不可以做以及如何做,从制度层面上保证和促进企业员工高尚的道德情操的养成。

4. 帮助企业构建符合商业伦理的高效经营管理模式

商业伦理在评判经济制度、企业个体道德现状的同时,帮助企业形成一套有效的符合企业自身特点的与商业伦理规范和准则相吻合的商业伦理运行体系,促使企业的各项商业活动既符合商业伦理的要求,也能为企业和社会创造持久收益的目的。

中国古人云:"君子爱财,取之有道",有道德的企业更容易在商业活动中取得成功。越来越多的企业已经认识到,一个缺乏商业伦理的社会,无论是整体还是其中的个体,最终都无法获得其最初希望得到的。商业伦理既是企业获得持久竞争力的根本,也是现代商业社会运行秩序的坚实基础。

本章小结

本章梳理了商业伦理学的形成与发展,系统地介绍了中国商业伦理学的发展历程,并比较了东西方商业伦理学的异同,详细介绍了商业伦理学的主要研究内容、研究方法和研究任务,并阐述了利益相关者分析在商业伦理学研究中的重要价值。

复习思考题

1. 比较东西方商业伦理学的异同。
2. 简述商业伦理学的主要研究内容和研究任务。
3. 如何识别主要利益相关者?

第三章 商业伦理学研究工具

 学习要点

- 利己主义
- 功利主义
- 康德道义论
- 正义论、美德论和关怀论
- 伦理决策模型

第一节 利己主义和功利主义

一、利己主义

(一) 利己主义的观点

利己主义是最早的一种伦理思想,早在中国先秦时期,杨朱就有"贵我""拔一毛而利天下不为也"的主张。从哲学上来说,利己主义的基本特点是以自我为中心,以个人利益作为思想、行为的原则和道德评价的标准。从伦理学的角度来说,利己主义是关于人性的事实,即人们在行动时总是做那些最符合他们自己利益的事情,这是人的基本心理规律。从利己主义的角度来看,判断一个行为是否符合道德,就看这个行为是否能够给行动者带来最大利益或最大幸福。

然而,什么样的结果才符合行为者的最大利益或最大幸福呢?不同的人肯定会有不同的认识,这种认识和人们的价值观、文化传统以及人们对行为后果的预测能力有密切关系。最大利益和最大幸福的计算还离不开对时间长短的设定。有些行为在短期看是对自己不利的,但从长期看却是非常有利的。因此,要计算一个行为对行为者产生的最大利益或最大幸福,必须首先明确在多长时间内进行计算。是要考虑符合自己眼前的最大利益或最大幸福,还是要考虑符合自己一年内的最大利益或最大幸福,还是要考虑符合自己一生的最大利益或最大幸福?

根据考虑最大利益或最大幸福的时间长度,利己主义可以分为开明利己主义和短视利己主义。短视利己主义只顾眼前利益,一切行为只为追求自己眼前能够看得到的比较确定的自身利益或幸福的最大化,这样就必然导致自己在追求自身利益最大化的过程中容易与他人的利益发生冲突。而这种冲突往往会在中长期伤害行动者自身的利益或幸福。因此,从本质上来说,短视的利己主义并非真正的利己主义,而是一种缺乏理性的行为。伦理学上的利己主义都是指开明的利己主义,开明的利己主义者重视两方面的平衡。

第一,个人短期利益和中长期利益的平衡。为了自己的整个人生都能够实现利益或幸福最大化,他们可以牺牲自己的短期利益,可以为了自己将来的利益而选择利他的行为。因此,开明的利己主义可以在很大程度上避免出现损人利己的行为。

第二,个人物质利益和精神追求的平衡。根据马斯洛的五层次需求理论,一个人首先要满足的是生存和安全的需求,然后会有社会交往和尊重的需求,这些需求满足之后,他又会继续追求自我实现的需求,只有这五层需求均衡地得到满足,人们才会产生最大的幸福感。因此,要让自己获得最大利益或最大幸福,不能仅仅考虑物质需求或者精神需求,必须在物质与精神之间有一个平衡。物质层面的需求可能每个人都差不多,每个人都需要吃饱穿暖、住舒适的房子等。而在精神层面的需求方面,人与人之间的差异非常大。

需要注意的是、利己主义中的"己"不一定就是单独的个人,还可以包括一个团队或者组织甚至地区、国家。如果一个群体有较强的凝聚力,也有可能像单独的个体一样进行利己主义的决策。利己主义的利益并不仅仅只是经济利益,还可以包括精神利益;并不仅仅是指眼前看得到的短期最大利益,还可以包括长期可能的最大利益。

(二)利己主义的优缺点

利己主义的优点很明显,那就是它非常符合人性,人们有内在的动力去追求自身的最大利益或最大幸福,很容易为人们普遍接受。通过对自己与他人相互依存关系的分析,人们也很容易摆脱极端利己主义思想的束缚,而不至于出现损人利己的事情。

利己主义的缺点也同样突出,奉行利己主义的个体,虽然可能表现出利他与合作的行为,但他们最终要实现自身利益最大化,利己主义者不会选择那些从短期以及中长期来看都对自己不利,但是对他人或社会有利的事情;如果利己主义者遇到一件损害他人或社会的事情,但是对自己短期以及中长期利益都有利,利己主义者就会做出损人利己的事情。因此,利己主义是存在着损人利己的可能性的,另外,对于利己行为的判断还受到文化传统的影响,不同的文化传统下对于什么是善的、什么是恶的,什么是正当的、什么是不正当的,往往有很大的差异。

案例3-1　　牛仔裤行业乱象

从德国品牌Krik卖场里的一条9.9欧元的牛仔裤开始追溯它的历史，找到了这条牛仔裤出生的地方——中国广东省广州市增城区新塘镇，在这个每年生产2.6亿条牛仔裤的小镇里看到的一切，彻底颠覆了对牛仔裤和时尚行业的认知。

一条牛仔裤＝3 480升水，一边在浪费，一边在污染，如果按成年人每天需摄入两升水来计算，一条牛仔裤的耗水量足以满足一个成年人接近五年的饮水量。为了达到出口时的质量检测标准，牛仔裤的生产商会通过反复的洗涤以使远在欧美的顾客察觉不到化学品的存在，一条牛仔裤出厂前要经过反复20次脱水打磨，然后磨破、漂白、重新上色。为了洗得尽可能干净，水里会添加大量的表面活性剂。之后这些污水基本上不经过任何处理，就直接排入了水沟，最终汇入珠江。

牛仔裤背后的非法生产方式，血汗工厂摧毁的不只是工人的健康，每天工作十五六个小时，每月只能休息一天的高强度工作只是这份工作给工人带来的最轻度的伤害了。在穿着的时候都有可能会接触到牛仔裤上遗留的致癌物质，何况生产它们的工人呢？他们不是不知道，他们只是迫于生计而无法选择。例如，喷砂这种在全世界范围内都已经被列为非法的牛仔裤处理工艺，在中国的工厂里却可以明目张胆地进行。

以H&M和ZARA为首的快时尚品牌要为牛仔裤制造的罪恶承担最大的责任。它们的经营策略是用质次价低却紧跟流行趋势的服饰来不断刺激消费者的购买欲望，满足消费能力不强但是消费欲望旺盛的群体。

如果一条牛仔裤的售价是200欧元，中低阶层的消费群体也许一年只会购买一条，而且会将它至少穿上五年。但是人们现在可以在H&M、沃尔玛等卖场里买到9.9欧元一条的牛仔裤，就算是进城务工人员，每个月也可以毫无压力地买上一两条穿穿。在英国，人们如今拥有的衣物数量是30年前的4倍，每个人一年平均花费625英镑购置衣物，每年新购衣服28千克，英国每年消费172万吨的时尚产品。值得注意的是，每年有同等重量的衣物被扔进垃圾桶，尽管它们远算不上旧衣服。越来越便宜的服装价格和越来越方便的购物方式是促使消费者过度购买的元凶。

H&M的流将牛仔裤卖得那么便宜可不是为了做慈善事业，它们给到生产商的价格，每条牛仔裤不会高于4.3欧元。

其实，小工厂的工厂主们也想拿出钱来给工人加薪、改善工作环境、购买处理污水的设施。可是他们发现，一旦他们做了这些，势必会提高单条牛仔裤的造价，而订货商是不管你有多少正当理由的，你只要涨价，他们就会迅速把订单转给其他不那么环保和人道的厂子里去，他们的理由非常冠冕堂皇：总归他们并没有违反中国的法律法规，在欧美不允许做的事情，在这里是没人管的。

中国加工业的现状就是，我们赚取的可能只是一个产品1‰的加工费，但在我们的国土上,却留下100%的污染。短期内商家通过低廉的牛仔裤赚得盆满钵满,但长期来看,工人们的身体疾病、环境污染却是不可逆的。

因为中国人力成本的逐年提高,已经有很多订货商将自己的订单给到更落后的第三世界国家,甚至计划未来在非洲设立新的工厂,这种迁徙无非是将在中国出现过的这一切搬到别处再上演一遍。也许只有到了在非洲生产一条牛仔裤的成本也不低于100欧元的时候,问题才能得到根本解决。

案例来源: http://mt.sohu.com/20170514/n492959418.shtml。

二、功利主义

(一)功利主义的代表人物和观点

功利主义思想源远流长,古希腊哲学家伊壁鸠鲁曾提出过快乐主义人生观,中国古代的墨子也提出了"兼相爱,交相利""志功合一"的功利思想。功利主义的许多理念,诸如"两利相衡取其重,两害相较取其轻""最大多数人的最大幸福"等理念至今仍深刻地影响着人们的思想和行为。

18世纪末,英国哲学家和经济学家杰里米·边沁(Jeremy Bentham,1748—1832)首先提出了功利主义伦理学说,后经英国著名哲学家和经济学家穆勒(John Stuart Mill,1806—1873)加以完善,使得功利主义成为一种系统的、有严格论证的伦理思想体系。功利主义伦理(Utilitarian Ethics)注重决策行为的最终结果,并对这种行为后果所产生的功效或利益进行量化并加以道德判断,在面临很多潜在选择时,个人作出的选择会使益处最大化、害处最小化。

功利主义对一个行为是否道德的评价原则是:一个行动在道德上是正确的或者是正当的,当且仅当该行动能够给全体利益相关者中的最大多数人带来最大利益。功利主义在法学、政治学、经济学等领域都有巨大的影响力和应用价值。例如,在公共资源分配上,是花大价钱维持一个难以治愈的病人的生命,还是不予治疗,从而把医疗资源省出来去帮助其他可以治愈的病人恢复健康呢?功利主义无疑会选择后者,这也符合大多数人的选择。

作为最终目的的个人幸福应是每一个人的幸福的加总,只要有利于最大多数人的最大幸福,增加一些人的利益,必然会减少另一些人的利益,个人的自我牺牲是合乎道德的。其实,功利主义就是群体利己主义。很显然这是当事人做不到的,从某种意义上来看,功利主义不适合作为个人道德行为判断的依据,但是可以作为群体伦理判断的依据。

(二)功利主义的优缺点

各个利益集团在追求自身利益时,如果能够考虑最大多数人的最大利益,无疑是有利于整个社会的发展和进步的,功利主义是非常合理而积极的。此外,作为个人私德的功利主义,也有其存在的价值。它会使得一个人做出对团队、对组织工作尽心尽责的行为。因此,很多人非常赞同功利主义,在很多情况下,人们也确实会按照功利主义的原则去行事。但

是，功利主义也存在许多问题，主要有以下五个方面。

第一，功利主义要求为了有利于最大多数人的最大幸福，个人在必要的时候应该自我牺牲，这不太符合人性，在实践中，往往只有一小部分道德高尚的人才能做到。功利主义还要求人们在自我幸福和他人幸福发生冲突时，应当采取中立的态度，保持不偏不倚，看看谁的幸福更大，从而进行取舍。但实际上，在很多情况下人们也很难做到中立客观。

第二，最大多数人的最大幸福几乎是无法计算的。因为人们的诉求并不一致，根据马斯洛的需求层次理论，每个人的需求层次有差别，有的人可能追求物质条件，有的人可能追求自我实现，有的人可能追求被尊重等。在满足基本需求之后，人们对于经济利益的需求会变得越来越小，而对精神利益的需求会变得越来越大，不同层次的需求之间的幸福感可能无法换算。甚至对于个人的幸福是什么，应该如何分配个人的长期利益和短期利益，也不容易判断。显然，在相信一世和多世，相信有上帝和无上帝，人们对长期利益和短期利益的认知是完全不同。有时人们对最大幸福的认知可能是完全错误的，比如，吸烟能够给某些人带来巨大的幸福感，为了提升这些人的幸福感是否应该鼓励相关行业发展等。

第三，判断一个行为产生的后果是否符合最大多数人的最大幸福是非常困难的。人与人之间的行为会互相影响，存在无法预测的蝴蝶效应，所有人都可能成为某件事情的利益相关者。

第四，即使最大幸福可以计算，合理分配也是非常困难的。追求最大多数人的最大幸福，不仅应该包含为最大多数人获取幸福和利益的行为，也应该包含分配这种利益或者幸福的行为，不然就不能算是追求最大多数人的最大幸福，然而，这个过程极其困难，尤其是人们心中各种抽象的精神利益，更加无法计算怎样才能最大化以及合理分配。

第五，导致允许社会上多数人或者以多数人的利益为名去侵害少数人的利益。在一个功利主义者看来，为了多数人的利益，牺牲少数人的利益是合理的。如果我们以旁观者的身份来看这个观点，可能会觉得这种观点具有一定的合理性。但是如果我们就是那些将要被牺牲的少数人，我们可能就会觉得很不公平，为什么是牺牲自己而不是他人。

第二节　康德的义务论

一、康德伦理学的理念

西方伦理学中道义论最重要的代表人物无疑是哲学家伊曼努尔·康德。德国古典哲学的创始人康德在1788年的著作《实践理性批判》中指出："意志为自己立法，人类辨别是非的能力是与生俱来的，而不是从后天获得的。这套自然法则是无上命令，适用于所有情况，这是普遍性的道德准则。""真正的道德行为是纯粹基于义务而做的行为，为实现某一个个人功利目的而做的事情就不能被认为是道德的行为。"同时，康德指出："一个行为是否符合道德规范并不取决于行为的后果，而是采取该行为的动机。只有当我们遵守道德法则时，我们才是自由的,因为我们遵守的是我们自己制定的道德准则,而如果只是因为自己想做而做,则没有自由可言,因为你就已成为各种事物的奴隶"。与功利主义伦理学不同,康德伦理学认为行为结果与行为本身是不相关的,任何行为的道德价值只在于行为本身,在于行为是否遵循普遍规定与法则。

在康德的理论中,自律是排斥他律的。自律和他律的本义,是指道德价值的根据是在人之外还是在人自身。所谓自律,就是强调道德意志受制于道德主体的理性命令,自己为自己立法,将被动的"必须如此行动",变为"愿意如此行动",把服从变为自主。也就是说,道德价值的根据只在于人自身,即在于对道德发展的尊重。康德认为,他律的这种约束人们行事原则,可以来自社会,也可以来自"宗教权威、宗教礼仪、宗教狂热与迷信"。在康德看来,他律就是道德行为受制于理性之外的其他因素,即受制于神、环境、社会的权威或感性欲求等,而这样的行为,是有悖于道德的纯粹性和人的尊严的。人是目的,他律使人成为手段、工具,这是与人的本质和本性不相容的。只有自律才是自由的道德,他律就是宗教的强制。

黑格尔认为,单有主体自身的"意志内部的自我规定"还只是形式的道德,只有进一步通过家庭、社会和国家这些客观的实体性的伦理关系规定,即进入他律,才能成为事实的道德。他认为,人在做什么事情、从事某种职业活动的时候,就是以伦理的客观要求规定着自己,限制着自己,并且只有这种限制,人才能成为现实的、有特性的和有教育的人。不仅如此,黑格尔还把这种理论用于指导职业道德教育。他指出:"在市民社会中,个人在照顾自身的时候,也在为别人服务。但是这种不自觉的必然性是不够的,只有在同业工会中,这种必然性才能达到自觉的和能动的伦理。"他指出意志自由在道德伦理中只能是自律与他律的统一。

马克思指出,康德的道德观仅仅是从道德和宗教之间的根本矛盾出发的,但因为"道德的基础是人类精神的自律,而宗教的基础则是人类精神的他律"。马克思认为,一定社会的人的道德自律,只能建立在对必然性规律认识的基础上,个体的道德自律不可能离开外部规律性的制约和客观要求,只能自觉地去认识外部世界的规律性和必然性,把自己的行为限制在规律性、必然性和必要性所允许的范围之内。正是在这个意义上,马克思肯定道德的本质是他律的。

二、康德伦理学的绝对命令

康德认为,普遍通用的规定和准则(绝对命令)应该建立在无条件的纯粹判断和逻辑基础上。绝对命令概念所表现的形式是"你应当这样做",并且这一规定中没有例外。因此,行为的条件或者结果与所作决定的道德价值无关。康德伦理学提出了作决定时需要遵循的两个绝对命令。

第一,所作的决定必须是能被普遍接受的。个人应当按照你同时认为也能成为普遍规律的准则去行动。如果个人可以以某种方式行动,并且有信心相信这一行为会被普遍接受,那么,康德认为这一行为就是道德的。例如,因为说谎永远都不会成为普遍法则,所以,人们应避免说谎。一旦说谎能被普遍接受,信任以及其他社会功能的重要方面将彻底瓦解。

第二,任何决定都应该尊重人类的尊严。要把你自己身上的人性和其他人身上的人性,在任何时候都同样看作目的,永远不能只看作手段。具体来说,每个人类个体都拥有固有价值,应该受到尊重并被有尊严地对待。

康德主张"从义务出发",甚至是"为义务而义务"的观点,认为具有意志的出于义务的行为才具有道德价值。在康德眼中,人们有四种基本的道德义务:第一,诚信,如做买卖童叟无欺,这被称为对他人的消极义务;第二,不放弃自己的生命,这被称为对自己的消极义务;第三,帮助他人,这是对他人的积极义务;第四,增进自己的幸福,这是对自己的积极义务。

案例3-2　《我不是药神》

《我不是药神》这部电影讲述了主人公程勇,从一个交不起房租的男性保健品商贩,一跃成为印度仿制药格列卫的独家代理商的故事,被病患们冠以"药神"的称号,但他自己最终因为贩卖假药而难逃法网的束缚。

电影改编自一起社会事件:2013年,陆勇因涉嫌贩卖"假药"被警方带走。之后千余名白血病病友签名为陆勇求情,最终有关部门撤回起诉。陆勇是一个土生土长的无锡人,父亲有一个小工厂,通过个人奋斗也有了属于自己的工厂。创业初期虽然艰辛一点,但是也还可以,然而不久后,噩运却在不经意间来到陆勇的身边。2002年,陆勇去医院检查时意外发现血液数据异常,随后他去上海进行进一步的检查,没想到自己患了慢粒细胞白血病。这种病在白血病里也是很难治愈的,最根本的方法就是骨髓移植。通过医生建议,陆勇选择服用瑞士产格列卫来控制病情,但在两年后,因为格列卫的昂贵药价和各种其他医疗支出,陆勇家中积攒多年的百万元存款已经开销大半。

在求生的迫切压力下,陆勇不得不再次奔波寻找新的治疗方式,阴差阳错之下,他偶然从韩国病友的口中得知了印度格列卫的存在。印度格列卫与瑞士格列卫药性相似度达99.9%,但两者之间的价格鸿沟可谓是天差地别,前者一瓶只需4 000元,后者却要2.35万元。原因就在于印度格列卫是通过印度政府启用的"强制许可制度"为穷人制造的仿制药,直接绕过专利权这一环节。

陆勇在服用印度格列卫一两个月且确认无副作用后,他在病友群内分享了关于自己服用印度格列卫仿制药的经历,并在其中详细介绍自己如何买药的过程。有不少患者因为不熟识英语而找上陆勇,寻求他的帮助,替人买药便渐渐成了陆勇的副职。

陆勇因为涉及非法倒卖药物而被警方传唤。2013—2015年,他曾多次被警方传唤,陆勇坚持自己是无罪的,他在冷冰冰的看守所里待了整整117天,最后帮助他的是一份千人联名申请,这是一份受过陆勇帮助的病友们的签名,希望法院可以免除对陆勇的刑事处理。最后,陆勇被无罪释放。

这部电影虽还不足以完全改变社会现状,但是已经推动了很多人开始关注医疗领域的困境——不少人开始讨论起中国人十几年甚至几十年来都不曾解决的"看病贵、看病难"的问题。

> 药品需要经费来研究开发,尤其是疑难杂症。制药公司之所以卖出天价药,是因为他们花了成百上亿倍的精力和金钱研发这个药,如果没有高昂的价格支持,没有专利保护,怎么能有新药的研发?又怎么能救更多的人呢?药品作为特殊商品的目的在于救人,药品的利润和伦理谁更优先?结合企业社会责任,我们应怎么思考这个问题?
>
> 注:作者根据相关资料整理。

三、康德伦理学的评判

康德伦理学强调尊重人本身,但康德伦理学没有提供像功利主义伦理学那样实用的指导。例如,一家公司可能决定给老顾客提供额外福利或优惠待遇。单纯从康德的理论来看,可能认为这家公司的做法是不道德的。优惠待遇并不一定符合普遍的道德准则。因此,在这样的案例中,有必要将情景因素考虑在内。最后,康德伦理学把作出道德选择的责任放在每个个人身上。也就是说,责任只在自身,并没有考虑社会共识和动态。

功利主义伦理学和康德伦理学为决策制定提供了不同的关注焦点。从组织角度来看,可以培训员工掌握这两种方法,鼓励员工在做决定时综合使用两种方法。两种方法都有明显的优点,这些优点都应该受到关注。强调功利主义伦理学的优势时,就用功利主义伦理学来培训员工。成本与效益分析是很实用的工具,通常都能提供非常准确的决策。通过仔细考虑每个决定的成本与效益,决策者能够发现一些可能需要解决的意想不到的问题。此外,功利主义伦理学鼓励决策者全面考虑一项决定可能带来的影响。用康德伦理学培训员工,尤其是当决策涉及重要的人力成本时。具体来说,康德伦理学强调遵循普遍原则,员工培训可以把普遍原则作为行为准则的一部分。例如,当一个决定可能会损害到其他人的利益时,康德伦理学可以提供解决方法。当决策涉及人权时,尊重人的绝对命令非常适用。

第三节 公正论、美德论和关怀论

一、公正论

(一)公正论的内容

当分配利益和负担时,当人们因做错了事情而受到惩罚时,当人们因他人的原因遭受损失得到补偿时,往往会涉及公正、公平问题。所谓公正,就是指给予每个人应得的权益,对可以等同的人或事物平等对待,对不可等同的人或事物区别对待。按照公正论进行道德判断的准则是一个行为在道德上是正确的或正当的,当且仅当它符合正义或公平的原则。

有关公正的问题包括交易公正、程序公正、分配公正、惩罚公正、补偿公正。

1. 交易公正

一项公正的交易应当具有以下三个特征：交易信息对交易双方充分透明；交易双方出于完全自愿的目的进行交易；交易双方均可从交易中获取利益。

2. 程序公正

（1）普惠性。程序公正的基本宗旨在于保护全体社会成员的利益，在于使社会成员普遍受益。程序公正的普惠性的基本要求是，每一个社会成员的尊严和利益都应当得到有效的维护，任何一个社会群体尊严和利益的满足都不得以牺牲其他社会群体和社会成员的尊严和利益为前提条件。

（2）公平对待。程序公正的公平对待特征是程序公正普惠性特征的具体化。公平对待是社会成员的基本权利在操作层面上的具体体现，至少有两层含义：第一层含义是，在处理同样的事情时，应当按照同一尺度，即使是有所差别，也应当是因事而异，而不能因人而异；第二层含义是类似于法律界所说的"无偏袒地中立"，解决纠纷者应当保持中立，结果中不应包含纠纷解决者的个人利益，纠纷解决者不应有支持或反对某一方的偏见。

（3）多方参与。在制定法律和重要的公共政策时，应当也必须让多方人员参与，尤其是要允许相关社会群体有充分的参与和表意的机会，使之能够充分地表达自己的意见，维护自己的利益。

（4）公开性。社会群体、社会成员对于事关切身利益的信息具有平等知晓的权利。同某项政策的制定与实施相关的信息如果出现了不对称性的情形，即一方对相关信息相对充足地占有，而另一方则缺乏相关信息，那么，信息充足的一方可能通过垄断信息，在制定和实施政策的过程中利用信息不对称，对于其他社会群体进行各种类型的欺骗和误导；信息缺乏的一方难以做到有效地参与，无法得到公平对待，程序公正也就无从谈起。

（5）科学性。程序公正还包含一些技术方面的要求，相关信息要能够充分、准确，应当具有必要的评估机制和修正机制。

3. 分配公正

当不同的人对社会利益和负担有不同的要求，且这些要求无法同时满足时，就出现了怎样分配才公正的问题。分配公正的基本原则是：相同的人应该受到相同的对待，不同的人应该受到不同的对待。

4. 惩罚公正

惩罚公正关心的是对一个做错事情的人怎样惩罚才算公正的问题。围绕这个主题，有三个问题需要考虑。

第一，什么样的行为该受惩罚？如果人们不知道或者不能自由地选择自己的行为，那么，因为这些行为惩罚或责骂他们是不公正的。

第二，谁是该受惩罚的人？受惩罚的人应该是确实做错事情的人。仅凭不可靠、不完整的依据就处罚一个人，是不公正的。

第三，惩罚的力度多大合适？惩罚必须是一贯的，与所做错的事情相称的。所谓一贯，是指每个做错相同事情的人受到相同的惩罚。所谓相称,是指惩罚的力度应与做错的事情造成的损害相一致,因为小小的失误而严厉地处罚,是不公正的。如果惩罚的目的是防止别人犯下同样的错误,或者阻止过失者再度犯错,那么,惩罚不应该超出通常达到这些目的的必要限度。

5. 补偿公正

只有满足下列三个条件时,行为者才有道德义务补偿受害者:

第一,造成损害的行为是错误的或是疏忽大意的行为;

第二,这个人的行为确实是造成损害的原因;

第三,这个人给他人造成的损害是故意的。

如果一个人既不是有意也不是疏忽大意,而是意外地给他人的财产造成损害,在道德上并没有义务补偿他人。

补偿多少才合适呢?这是一个较难回答的问题。有人认为,补偿的量应等同于加害者有意使受害者遭受的损失的量。可是,有些损失很难计量,例如,一个人诽谤他人,使他人名誉受损,这个损失怎么计量?甚至有的损失根本无法弥补。

(二)罗尔斯的公正论

美国当代政治哲学家约翰·罗尔斯(John Rawls,1921—2002)把所有的社会价值分为两大类:人的基本权利和财富,针对这两类价值,他提出了两个基本的正义原则,当且只有当符合下列原则时,利益和负担的分配才是公正的。

第一个原则是平等自由原则。其主要内容是:除了从事一些特殊职业的人,有一些与职业相关的权利和义务之外,每个正常的成年人都应该拥有相同的权利和义务,不可以出现某些群体拥有更多的权利,承担较少的义务,而另外一些群体拥有较少的权利而承担较多的义务,那样的政策或制度是不正义的。

第二个原则是限制原则。其主要内容是:首先,在机会公平平等的条件下,职务和地位向所有人开放,保证具有相似动机和才能的人具有大致平等的教育和成就前景,以消除社会出身造成的经济不平等。为了保证这个原则,实行义务教育、遗产税等政策都是正义的、合乎道德的,而歧视制度是非正义的、不合乎道德的。其次,收入和财富不应平均分配,因为每个人的能力不同,努力程度不同,自然应该获得不同的收入,但是不平等分配必须受到限制,即这种分配要有利于社会中的最少受惠者或者说要给予弱者一定的照顾,以消除自然禀赋差异造成的经济不平等。具体而言,就是每个人的能力有差异,即使消除了社会出身造成的经济不平等,不同能力的人在经过自身的努力之后,收入也会有很大的差距。能力强的人,可能获得非常优越的生活条件;能力差的人,即使很努力也有可能生活非常贫困,因此,实行高额累进税、高福利等社会政策才是正义的、合乎道德的。

限制原则涉及公平与效率的关系。公平和效率的关系有三种:不公平导致无效率;公平导致有效率;公平导致无效率,当公平和效率发生冲突时,政府可以调整公平的程度或者效率的内容。公平与效率两个政策目标同等重要,没有先后次序,必须兼顾,即如何以最小的不平等获取最大的效率,或以最小的效率损失获得最大的公平。

（三）公正论的优缺点

正义论和道义论都属于义务论，其优缺点和道义论相似。正义论从专家、学者们对正义的论述与判断出发，一个人的行为或一项政策只要符合正义的标准，就可以判断其是合乎道德的。不需要花过多的精力去进行复杂的利益计算，显得简单和实用。但是，处于不同社会地位、阶层的人对正义的标准往往是不同的，不同文化传统对于正义的理解也会有很大差异，关于正义标准的争议很难消除。

案例3-3 职业打假人

1994年，《消费者权益保护法》正式施行，明确了"退一赔一"的原则，次年，22岁的王海在北京隆福大厦买了两副山寨索尼耳机，以身试法，将商家告到了法院，引发社会的广泛讨论。敢于第一个吃螃蟹的王海成了首位中国保护消费基金会设立的"消费者打假奖"获得者，还被媒体评为中国新闻人物。1998年，王海在上海与克林顿夫妇对话，克林顿称王海为"中国消费者的保护者"；1999年，王海受邀担任央视经济频道"一周风云"栏目的嘉宾主持。王海很快开起了4家职业打假公司，业务包括帮消费者维权、知假买假、替企业打假三部分。王海接一个"案子"的起步价是30万元，到2013年，王海本人在接受采访时表示，自己的资产已过千万元。

师徒制是职业打假人行业里心照不宣的"规矩"，还衍生出一套"课程体系"。课件里详细整理了《广告法》《消费者权益保护法》《食品安全法》《产品质量法》《化妆品标签管理办法》等条款的一切"漏洞"，且不定期更新。这类培训的收费并不低，价格从488—1 888元。既吸血商家，又收课程费和分成费，"空手套白狼"的暴利程度可想而知，简直是一本万利。职业打假人们如"蝗虫过境"，流氓手段环环相扣，无辜商家关店倒闭。

国家工商总局发布的《中华人民共和国消费者权益保护法实施条例》明确将职业打假人排除在"消费者"之外。一经发现恶意敲诈勒索的职业打假人账号，便会对其作出限制登录、封禁异常账号等处罚措施。

打假行为确实合乎法律的相关规定，但职业打假人以此牟利的行为是否正义呢？职业打假人产生的负面影响早已超过正面作用，且严重占用司法、执法资源，使得真正消费者的合法权益保护力量不足。知假买假已经形成了商业化趋势，最高人民法院对这种行为不再支持。

案例来源：https://baijiahao.baidu.com/s?id=17013196620002066851&wfr=spider&for=pc.

二、美德论

（一）美德论的观点

美德论主要研究作为人应该具备的品德、品格等。具体地说，美德论探讨什么是道德上的完人,即道德完人所具备的品格以及告诉人们如何成为道德上的完人。西方伦理学家通常认为美德论起源于亚里士多德的著作《尼各马可伦理学》,但实际上中国大思想家孔子早就有美德伦理思想了。

美德论认为道德主体即使作出了正确的道德选择,并履行了义务,这并不必然地说明是具有美德的人。一个具有美德的人,经常会做出有道德的事情,因为他的内在品格方面具有相关的特质,使得他能够自律地去遵守伦理道德规范,这种内在的特质就是美德,美德具有以下三个特征:

第一,内在性。美德内在于个体自身,一个有德行的人是内在地具有某些被称赞的或可贵的品质的人。

第二,自律性。个体自身具有什么样的内在美德,就会表现出什么样的外在行为。

第三,超越性。美德是个体的能动品质,这使得个体能够自主地选择或做出正确的行为。即使在没有外在的具体规范、制度约束的情况之下,美德也可能引导个体寻求和实现应有的道德价值。

亚里士多德认为有两类美德:一类是理智的美德,它是以知识、智慧的形式表现出来的,是通过教育获得的;另一类是道德的美德,是以制约情感和欲望的习惯表现出来的。亚里士多德认为,一个行为本身很难说是善或者恶,比如杀人一般都认为是恶,但是杀死一个大坏蛋,比如希特勒这样的人,却可能救更多的人,这种杀人行为很难说一定是恶。杀死一个凶恶的杀人犯,更是一种法律上的正义。

美德论在对伦理学基本问题的理解上与功利主义和义务论不同,后两种理论关注行动本身,希望依据某个原则或某些规则来确定行为者的义务,以此解决各种伦理问题。美德论判断一个行为是否符合伦理,主要依据是该行为是不是一个有品德的人应该做的,美德论将人的内在的道德品格作为终极的道德标准。美德论的意义在于它不仅像法律一样规定企业及员工的外在行为,而且更重要的是从个体内部塑造其价值观念,从而使其拥有善的行为动机,既外化于行,也内化于心。

美德论者认为,企业同个人一样也应该具有相应的美德,企业美德既包括企业负责人以及企业员工等个人在企业活动中所表现出来的良好品格,也包括企业作为一个组织在其长期的发展过程中所表现出来的良好的文化特质。以美德为中心使得企业能够更稳定地实践其社会责任,将促进社会繁荣而不是赚取利润作为企业的目的,使自身效益目标和社会整体利益相一致,超越了只追逐自身的眼前利益的狭隘目标。

(二)美德论伦理分析的方法

运用美德论进行伦理分析比较复杂,因为美德论追求的目标是如何成为有道德的人,而不是对某种行为或某项政策进行道德判断。因此,美德论的伦理分析一般不用于对某种行为或政策进行伦理分析,而是用于对某个人的某项品德或者整体道德素质进行判断。

因此,美德论的伦理分析有两个层次:第一,判断一个人是否具有某种品德;第二,判断一个人是否是一个好人或者有道德的人。

判断一个人是否具有某种品德的分析方法,大体上可以按照以下四个步骤进行。

第一,对需要评价的人进行长时间的观察。

第二,不仅从言辞上观察,更应该从行为上观察;不仅从正面观察,而且从侧面观察。

第三,如果他在某种场合做出了符合某种品德的某种行为,就记录下来。

第四,如果在相当长的时间内,该人符合某种品德的某种行为在不同的场合反复出现,就说明他很可能具有某种品德。

根据孔子的观点——"唯仁者能好人,能恶人",即判断一个人是好人还是坏人,关键看这个人是否具有仁爱之心。仁爱之心的关键就是能够推己及人,具体而言有两个境界:如果一个人能做到"己所不欲勿施于人",他就具有基本的道德素质,可以算是最低标准意义上的好人;如果他进一步能做到"己欲立而立人,己欲达而达人""老吾老以及人之老,幼吾幼以及人之幼",去关心、帮助其他人,他就是一个高尚的人。

(三)美德论的优缺点

美德论的优点是充满了人性的关怀。在持有美德论的伦理学家眼中,伦理学的目的应该是造就能持续行善的有道德习惯的好人。如果一个社会或一种文化能够持续地造就出一大批有道德的好人,社会道德水平才能从根本上得到保证。

美德论的缺点在于美德的内在性,导致人们很难判断一个人是否具有美德或者是一个有道德习惯的好人。一般情况下,人们只能根据一个人表面上的行为来判断该人是否具有某种美德。除此之外,一个具有某些美德的人并非就是一个善人,也不一定会经常做出善的行为,而一个缺乏美德人也不一定就不会做出善举,美德论认为道德主体即使作出了正确的道德选择,并履行了义务,这并不必然地说明他是具有美德的人。

一个具有美德的人,经常会做出有道德的事情,因为他的内在品格方面具有相关的特质,使得他能够自律地去遵守伦理道德规范。道德决策很多时候并不是一种理性的过程,不是通过深思熟虑和权衡利弊之后作出的决策,很可能是由于习惯来进行决策,所以培养一个人的良好习惯和品质是十分必要的。

三、关怀论

(一)关怀论的代表人物和主要观点

关怀论有时被称为女性伦理学,其代表人物是心理学家卡罗尔·吉利根(Carol Gilligan),她认为男女两性有着不同的伦理推理方法。男性的伦理推理方法是:以普遍道德原则为基础进行抽象逻辑分析;女性的伦理推理方法应用的是一个集中于实际关系和感情的对于事件发生情境进行细节分析的推理方法。

关怀伦理是指对存有密切关系的人,尤其是存有依赖的人,应承担超过一般陌生人的特别关怀的义务,不履行这样的义务则被认为是违背人之常情,并且是不道德的。例如,当自己的亲人与另外的一个陌生人同时面临危险而只能拯救一个人时,选择帮助亲人脱险是符合关怀伦理的。关怀伦理强调要站在对方的立场"照顾他们的特殊需求、价值观、欲望和具体幸福",个人或企业都生存在关系的网络中,应该维持和培养这种宝贵的关系。

关怀论的一个非常突出的特点就是不关心抽象的和普遍的原则,也不强调对个人或群体利益的计算。它强调体验和关心人们的欲望、需要和情感,对待他人要仁慈,要富有同情心,即强调对道德情感的体验和激发。道德情感通常被认为是人所特有的一种高级情感,它对道德认识和道德行为起着激励和调节作用。

(二)关怀论伦理分析的方法

关怀论重视对情境的分析,它认为道德必须体现为具体的东西,即特定社会中的特定行为,体现于特定社会的规范之中,而不能被理解为抽象的原则。因此,西方基督教提倡"博爱"的观念并不适合关怀论;相反,中国传统伦理思想中的"老吾老以及人之老,幼吾幼以及人之幼"的思想却和关怀论不谋而合。

关怀论伦理观对一个行为进行道德评价的原则大体上可以概括为:在处理人与人之间关系的行动中,如果一个行动能够激发或者唤醒行动者的道德情感,即使这个行动与个人利益、群体利益或者某些义务、权利相悖,仍然可以认为这个行动在道德上是正确的或者是正当的。

从这个角度来看,关怀论不能算一个单独的伦理道德理论,它并不反对其他的伦理观点,而是认为在某些具体的情境下,如果仅仅依靠目的论或者义务论进行道德判断,反而可能导致人们道德情感的损伤,从而影响人们的道德判断和道德践行,因此,需要关怀论来帮助判断,因此,关怀论可以被视为其他伦理观点的一种补充。

(三)关怀论的优缺点

关怀论提出把爱心从我们的亲友身上拓展到其他需要我们关怀的人群中去,有利于培养人与人之间的相互关爱和信赖的关系,对于构建和谐社会有特别的价值。关怀伦理体现了一种宽容立场,要求对他人表示关注,这种道德关心是利他的,有利于克服狭隘的利己主义伦理观带来的不良后果。

但是关怀论也有一些问题。首先,它不宜作为一个独立的伦理分析工具,在很多情况下,仅仅依靠关怀论的观点进行道德评价,往往会显得非常吃力。其次,关怀论要求人们能够推己及人,按照"老吾老以及人之老,幼吾幼以及人之幼"的方式去关怀更多的人。但是,这种推己及人的过程并不是每个人都能够轻松做到的。有时候,关怀论不仅不能得出让人信服的道德评判,而且会被人认为存在偏袒或者不公正。而且,关怀论在应用过程中有可能和正义、公平以及效率等产生矛盾。比如,一位领导者有几位下属,他们都同样优秀,但是其中一位是领导的亲戚,如果领导者按照关怀论的要求,优先提拔或者照顾这位亲戚,无疑会给其他下属带来不公平感。企业需要在不同的情况下权衡关怀与公正,以作出适当的道德选择。

第四节 伦理决策模型

伦理决策模型可以分为三类:第一类模型强调影响伦理决策的个体及组织情境因素,

如费雷尔和格雷舍姆(Ferrell & Gresham,1985)以及亨特和维特尔(Hunt & Vitell,1986)的伦理决策模型;第二类模型强调伦理问题本身对伦理决策的影响,如琼斯(Jones,1991)的问题权变模型;第三类模型研究了伦理分析的过程,如刘爱军等(2021)的伦理决策模型。

一、费雷尔和格雷舍姆的伦理决策模型

费雷尔和格雷舍姆认为,个体的伦理决策包括意识到伦理困境的存在、作出决策、实施行为以及行为评估四个阶段,决策个体做出伦理行为(道德行为)主要是受到个体特征和组织及环境特征的交互影响。道德认知发展水平较高、自我调控能力较好的个体,如果处于伦理氛围浓厚的组织和环境中,则会做出更多的伦理行为(道德行为);如果处于伦理道德败坏的组织和环境中,则会受到负面影响,或被诱惑去做出非伦理行为(不道德行为)。道德认知发展水平较低,自我调控能力较差的个体,如果处于伦理氛围浓厚的组织和环境中,则可能会做出相对较少的非伦理行为(不道德行为);如果处于伦理道德败坏的组织和环境中,则会受到默许诱惑或鼓励去做出更多的非伦理行为(不道德行为)。在决策过程中,对个人发展有利的机会和组织中显要人物的压力两个因素具有非常重要的影响力。该伦理决策模型如图3.1所示。

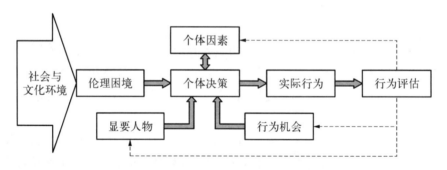

图3.1 费雷尔和格雷舍姆的伦理决策模型

资料来源:吴红梅,刘洪.西方伦理决策研究述评[J],外国经济与管理,2006.

二、亨特和维特尔的伦理决策模型

亨特和维特尔认为,个体之所以在伦理决策上存在差异,是因为个体持有不同的伦理信念。在这些信念的指引下,他们会作出不同的伦理判断,形成截然相反的行为意图并实施不同的行为。这些伦理信念归结起来主要就是义务论原则和目的论原则。义务论原则制约着选择的可能性,目的论原则在于贯彻对决策后行为结果可能性的判断。两者形成了人们对伦理问题的道德评价。道德评价会影响人们的行动动机或意图,最终改变人们的选择。除此之外,个体所处的文化背景、行业背景、组织背景、环境因素以及个体自身的经历与经验等因素,都影响着个体对伦理问题的确认、解决方法的设计和行为的实施。该伦理决策模型如图3.2所示。

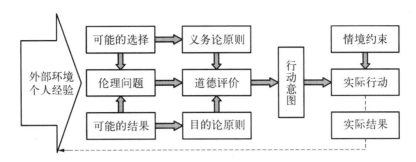

图 3.2 亨特和维特尔的伦理决策模型

资料来源：吴红梅,刘洪.西方伦理决策研究述评[J],外国经济与管理,2006.

三、琼斯的问题权变伦理决策模型

该模型认为,人们会考虑自己决策的后果会影响到哪些人,这些人跟自己关系的远近如何,自己采取的行为会对这些人产生什么样的后果等,这些特征是伦理问题所特有的,它不是决策者个人的特征,也不是组织的环境特征,琼斯称之为道德强度。道德强度对伦理决策的四个阶段都发生作用,应当被纳入个体伦理决策的模型中去,个体和组织因素只是调节了伦理意图和实际行为之间的关系。该伦理决策模型如图 3.3 所示。

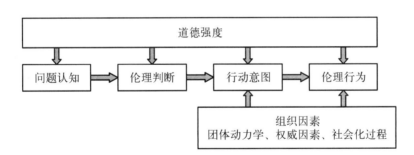

图 3.3 琼斯的伦理决策模型

资料来源：吴红梅,刘洪.西方伦理决策研究述评[J],外国经济与管理,2006.

四、刘爱军等人的伦理决策模型

伦理决策过程大体经历四个阶段。首先,识别组织中的伦理问题;其次,分析可以选择的行动方案有哪些;再次,对每个行动方案进行伦理分析和判断;最后,选择较优的方案,并细化行动的步骤和需要考虑的细节问题。

分析每一个行动方案要遵循的步骤是：(1)分析行动方案涉及的利益相关者有哪些,行动可能的结果如何；(2)剔除会明显侵犯利益相关方基本权利和违背基本的公平和正义的行动方案；(3)考虑决策的利益；(4)如果该行动方案对组织有利,则进一步运用功利主义分析该行动方案是否能够给最大多数的利益相关者带来最大化的利益,并运用道义论和正义论分析该行动方案是否会侵犯某些人的权利和违背某些公平原则；(5)如果确实存在某

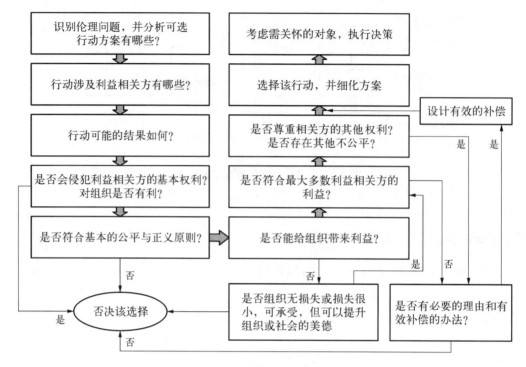

图 3.4 刘爱军等人的伦理决策模型

资料来源：刘爱军等，《商业伦理学》，机械工业出版社，2016.

些人的利益因为该方案的实施而受到损害或者权利受到侵犯，则需要分析有无有效的补偿；如果难以补偿或者受损或受害的一方不肯接受补偿时，可能就需要否决该方案了；如果可以进行有效的补偿，则选择该行动方案，并优化该行动方案，考虑在行动中的每一个步骤是否有需要关怀的人。

本章小结

本章主要介绍功利主义、康德义务论、公正论、美德论和关怀论等在研究商业伦理问题时的使用方法，以及各种伦理分析工具的优缺点，重点分析了功利主义和康德义务论的适用情景，本章最后介绍了四种伦理决策模型，强调在进行伦理决策时，要考虑个体及组织的情境、伦理问题本身以及伦理分析的过程。

复习思考题

1. 比较功利主义和康德义务论的优劣势。
2. 阐述基于功利主义工具进行道德分析时可能面临的问题。
3. 简述康德伦理学的绝对命令。
4. 简述琼斯的问题权变伦理决策模型。

第四章 公司治理中的伦理问题及道德责任

学习要点

- 公司治理结构及委托代理风险
- 股东的伦理问题及其道德责任
- 董事会的伦理问题及其道德责任
- 监事会的伦理问题及其道德责任
- 经理层的伦理问题及其道德责任

第一节 公司治理

一、公司治理结构及存在的伦理问题

公司治理是一种制度安排,规范公司各利益相关者的关系,即在股东会、董事会、监事会和管理者之间分配权利并进行制衡的组织结构安排及机制安排,保证公司利益最大化。

股东(Shareholders)是企业的法定所有者,股东将资金投入企业是为了获得投资收益,股东还享有公司资产与利润的剩余索取权,即其他权利人获得应有回报后,所有资产和利润均归属股东。股东以其投资额的多少拥有监督决策权,通过股东会行使表决权,从而对选举公司董事、公司利润分配及公司合并分立等重大事项进行决策。

由于企业经营业务日益复杂,受股东管理能力、管理经验与时间、精力等客观条件的制约,不可能所有的股东共同参与企业的日常经营管理,只能由专业经营人才(即经理层)来负责经营,从而使企业所有权与经营权产生分离。企业所有权归全体股东所有,企业经营权则归经理层所有,这就是现代企业制度。股东和公司管理层之间的这种关系导致代理问题的产生,即股东利益未必与高层管理人员的利益保持一致。由于经理人员对企业的运行机制、

内部信息都更加熟悉,往往会编制虚假报表来隐瞒信息,欺骗委托人和股东,获取私人资源,经济学上称之为经理人员的道德风险,指企业的经理人员利用市场机制的不完善性和信息的不对称性,在追求自身利益最大化时做出了不利于委托人的行动。

随着企业规模的不断扩大,股东人数越来越多,受管理成本的限制,企业只能每年举行为数不多的几次股东会,而无法对企业的日常经营作出决策,因此,企业需要一个常设机构来执行股东会的决议,并代表全体股东对企业的重要经营作出决策,这个机构就是董事会,责无旁贷地承接了对全体股东的道德责任。

董事会是解决各利益相关者利益冲突的主要机制之一,董事会成员应具备足够的专业知识,能够充分了解行业背景,并提出问题和合理的解决方案,董事会成员应该满足多元化,必须包括不同的利益相关方,增加董事会中女性董事的比重,吸纳拥有专业知识的董事,确保董事会成员构成合理、有效。此外,董事会中独立董事应该占合理的比重,有助于公司从外部人士的视角客观地考量公司的决策,外部董事更能有效地监督公司管理。

从委托-代理理论的角度看,在股东与董事的关系中,股东是委托人,董事则是代理人;在董事与经理的关系中,董事是委托人,经理则是代理人。在股东、董事及经理的委托-代理关系中,股东(委托人)关心的是自己财产的安全、保值和增值,董事和经理(代理人)却有着他们自己的目标(高的年薪报酬和在职消费等)。当董事、经理自身的利益与公司的利益发生偏离甚至冲突的时候,他们可能会牺牲公司及股东的利益而追求自己的最大利益,其不当经营决策、滥用权力等逆向选择行为必然会导致道德风险,导致企业及股东利益的损失。

在企业治理结构中,股东会是企业的最高权力机构,但股东会是一个会议体机构,只是在例会期间行使权力,日常实际行使企业权力的则是董事会、经理层。股东会为了避免委托代理风险,建立监事会来监督董事会、经理层的受托代理行为是否与股东的意愿相符,从而使股东的利益得到保障。监事会制度源自西方大陆法系国家,是监督理事会的简称,是股份有限企业的常设监督机构,负责监督董事会、经理层执行业务的情况,一般不参与企业的业务管理,对外一般无权代表企业,但监事会仍有时会为利益而违背企业意愿,与损害企业的相关者勾结,而做出一些非伦理行为。

二、公司治理的伦理问题危害

公司治理中的非伦理行为的主要危害体现为以下三个方面。

第一,从企业的角度而言,当企业的公司治理出现较大的问题时,如做假账、制造争议性逃税事件,甚至是通过扭曲投资研究与咨询客观性的投资决定,企业将面临前所未有的危机。对企业而言,最具毁灭性的影响就是导致公众对企业的声誉产生极坏的印象,会丧失一大批信任企业的员工、股东及公众。这种直接的利益冲突不仅对个人利益造成损害,而且还可能导致公司的败落。安然丑闻就是最好的例子。

第二,从员工的角度而言,当公司的高管层不顾普通员工的利益,坚持一味追求更高的股价,信奉"股东利益至上",久而久之,员工必然成为弱势群体,但是公司的发展离不开员工的贡献，往往公司认为员工是一种成本而非一种资源。在这种意识的支配下，即使员工想要有所作为，但在经济契约和企业制度运行过程中，话语权却十分有限。一旦企业经营不善，员工的退休与养老都难以保证，更谈不上职业发展。

第三，从中小股东的角度而言，存在部分经理人员为了自身的利益而损害股东利益的行为，一旦这种行为发生，股东必然会遭受重创。现在也存在一些大股东侵害中小股东利益的恶性事件，如控股股东通过不正当的关联交易转移资产，强制为母公司担保、私分上市公司资产、抽逃上市公司资金、大肆掏空上市公司等，而中小股东本身由于缺乏动力（习惯"搭便车"）和必要能力（不懂企业管理等）而被排除在公司治理之外。

案例4-1　国美控制权之争

黄光裕1969年5月出生，祖籍广东汕头。1986年，承包北京珠市口东大街420号国美服装店，开始创业。1987年，将国美服装店更名为国美电器店，正式走上家电零售业。1999年，创办鹏润投资有限公司，进行资本运作，下属企业是国美电器、鹏润地产、鹏泰投资。

陈晓1959年出生于上海南汇，早在1985年就进入家电销售行业，1996年创建上海永乐家电，任董事长。2004年年底，永乐成功地引入美国摩根士丹利战略投资。2005年，陈晓率永乐在香港成功上市。2006年，永乐电器被国美收购，陈晓出任国美电器总裁。黄光裕在新公司的股权比例为51.2%，陈晓及其管理团队的持股比例为12.5%。陈晓上任首日，便立下当年营业额突破1 000亿元、利润23亿元的军令状。这在当时是一个看上去不可能完成的任务，但陈晓却通过几桩意想不到的并购轻松搞定，使国美在当时的家电连锁行业横行无敌，稳稳地压制着老对手苏宁。

为了腾出资金投资房地产，黄光裕大量抛售国美股票套现，导致黄光裕的股权从最初的75%下降到40%，绝对控股权也变成了相对控股权。为了保证自己的控制权，黄光裕修改了公司章程，使以黄光裕为董事会主席的国美董事会权利凌驾于股东大会之上，在任命执行董事、股票增发、管理层股权激励上拥有绝对决策权，不需经过股东会的同意。这也给后来的黄陈控制权之争埋下危机。2008年11月，黄光裕夫妇涉嫌内幕交易被警方带走，陈晓作为原永乐创始人拥有丰富的经验，能处理好因黄光裕涉嫌违法的事情给国美带来的波动，他临危受命接替黄光裕于2009年1月出任董事会主席。

2010年5月，国美电器爆发"陈黄之争"。时任董事会主席的陈晓与贝恩资本联手，欲获得国美电器董事会的控制权，引发黄光裕家族的强烈反击，随着双方的矛盾全面公开，并引发了前所未有的创始人与职业经理人兼小股东的控制权之争。2011年3月，原大中电器创始人张大中接替陈晓成为董事会主席，宣告国美"陈黄之争"告结。

	主要目标	主要竞争策略	优 势	问 题
黄光裕	重新控制董事局： 1. 取消董事局的一般增发授权； 2. 董事局派驻代表自己利益的董事； 3. 陈晓离职	1. 二级市场增持股票； 2. 争取舆论同情和道义支持； 3. 承诺普惠制股权激励； 4. 打出民族牌	1. 资金实力； 2. 舆论支持； 3. 创始人的特殊地位	1. 组织松散，缺乏训练有素的团队； 2. 公关管理； 3. 游说投资者不力
陈晓	有效控制董事局： 1. 增发新股稀释黄光裕的股权； 2. 动用各种手段"去黄化"	1. 股权激励绑定核心管理层； 2. 通过专业公关公司引导、控制媒体新闻	1. 盟友贝恩的支持； 2. 丰富的行业经验和专业才能； 3. 部分管理层的支持	1. 舆论批判； 2. 被视为国美长期发展的不稳定因素； 3. 策略失误（放言"黄光裕政治生命已结束""鱼死网不破"等狠话使自己变得被动）

陈晓阵营的大多数应对手法代表了一种顺应国际上现代企业治理先进理念的大趋势。真正专业的分析者不会从泛道德化的角度考虑问题，他们关心的是谁更能带领公司取得优秀的业绩并回报投资人。陈晓曾经反复追问过一个异常到位的问题：既然黄光裕先生始终把他对企业的绝对控制放在首位，那么国美为什么还要上市呢？这个问题，放在大股东经常肆意圈钱、侵占普通股民利益的国内市场上，尤其具有深刻的现实意义。

而民意一边倒地支持黄光裕。

第一，黄光裕创造了中国草根致富的神话。让普通人在利益集团世代相袭的残酷现实下仍然可以想象未来和希望，黄光裕曾代表了一代年轻人追求财富成功的梦想。

第二，国美之争是中国传统商业伦理之争。黄光裕之于陈晓，虽谈不上是农夫与蛇的现实版，至少可以定义为养虎为患。中国是上下五千年的文明古国、礼仪之邦，在民族价值观里忘恩负义是极其被人不齿的行为。

第三，陈晓的让位将延缓中国经理人制度改革的步伐。中国民营经济发展到今天，许多企业已经具备了一定的规模，并面临向现代企业制度转轨的转型期，面对黄光裕的无奈，中国面广量大的企业主们不寒而栗，与其大权旁落，不如家族式管理守成。

第四，民意选择黄光裕是对民族企业的眷恋。在西方国家，排名靠前的企业一般都是消费类企业，如百货业、超市业等，中国的巨头却只是垄断性企业。黄光裕打造的商业神话，是民族商业资本成就的奇迹。民意不希望国美的"美国化"，而陈晓所依靠的恰恰是外资贝恩资本。

国美控制权之争，是职业经理人和大股东相互制衡，体现了股东大会、董事会和经理层、监事会的道德职责。代理人为追求自身利益最大化很可能利用手中的权力进行寻租,从而损害所有者的利益。委托代理机制下的公司治理结构,要解决的核心问题就是代理风险问题,即如何使代理人履行忠实义务,恪守信托责任。作为职业经理人,不但需要一般职业人的操守,还要有推动公司向前发展的能力,同时信守契约精神,是职业经理人应坚守的道德底线。目前,在美国的公司章程中,已经加入了创始人保护条款,即创业股东的股权不管被稀释到什么程度,都要占据董事会或由其提名的人占据董事会的多数席位。

注:作者根据相关资料整理。

三、公司治理结构原则

1998年4月,经济合作与发展组织(OECD)呼吁各国政府、有关国际组织及私人部门共同制定一套公司治理的标准和指导方针。OECD《公司治理结构原则》在1999年获得批准,旨在帮助OECD成员国和非成员国政府评估和提升本国公司治理的法律、制度和监管框架,是第一个政府间为公司治理结构开发出的国际标准,并得到国际社会的积极响应。

OECD《公司治理结构原则》规定了建立公司治理结构时需要遵守的基本原则,主要包括如下五个方面的内容。

第一,公司治理框架应保护股东的权利,主要体现在:

(1) 表决权。即股东有权参加公司的最高权力机关——股东大会,并就公司的重大事项做出符合自己意志的表决。

(2) 选举权。即股东有选举或被选举为公司领导人(董事会成员)的权利。

(3) 检查权。即股东有权了解并随时检查公司的经营状况,监督公司的经营状况,监督公司的业务活动,以确保自身利益不受损害。

(4) 股利分派权。即股东有权根据其在公司中所持股份享有相应的股息和红利。

(5) 净资产权。即当公司破产清算后,股东享有完成破产程序之后的剩余资产的所有权。

(6) 股份转让权。即股东有权转让自身所持的股份。

第二,公司治理框架应保证公平对待所有股东,包括小股东和国外股东,主要体现在:

(1) 同一级别的股东享有相同的待遇。

(2) 保证公司资产不被公司经理、董事会以及控股股东所滥用、挪用,以保障小股东、国外股东的正当权益。

第三,公司治理框架应认可法律规定的利益相关者的权利,并鼓励公司与利益相关者在创造财富、就业机会和企业的可持续发展方面积极配合。

第四,公司治理框架应保证及时、准确地披露任何有关公司的重大事项,包括财务状况、业绩、股权和公司治理情况,主要体现在:

（1）披露内容。包括公司的财务状况及经营成果、经营目标、主要股权及投票权、董事会成员及主要管理人员的报酬及激励措施、可预测风险、利益相关者的重大事项及公司治理结构及政策等。

（2）披露标准。即依照高标准的会计、财务和非财务的披露、审计要求。

（3）披露渠道。即有利于客观、及时地传递信息的渠道。

第五，公司治理框架应保证董事会履行对公司的战略指导、对管理层的有效监督和对公司和股东负责的职责，董事会的职责体现在：

（1）对公司的战略规划负责。

（2）对经理人员的选择负责。

（3）作为最终的监督者，确保公司有足够的信息控制、监督系统运行，向股东传递公司满足股东目标的信息，同时要确保公司经营符合法律和公司章程以及社会伦理规范的道德标准。

（4）有责任防止和应付危机，即具有风险管理的能力。

结合公司治理结构的定义及OECD《公司治理结构原则》的基本内容可以看出，OECD《公司治理结构原则》实质上是投资者、利益相关者及受托人（董事会）之间权利、责任安排的指导原则。OECD《公司治理结构原则》明确了保护出资者的权益，董事会是公司治理的核心，通过信息披露和透明化运作，加强股东对公司运作的监督，减少投资风险，从而实现公司及股东利益的最大化。

为了应对不断变化的市场环境，保持企业的竞争力，公司必须创新并调整其治理实践，政府也担负着搭建有效监管框架的重大责任，如何应用该原则来制定本国的公司治理框架，需要由政府和市场参与者通过评估监管的成本和收益等共同决定。

第二节 股东的伦理问题

一、股东的伦理问题

股东主要有两种类型：个人股东与大型股东。个人股东包括购买和出售任何公司股份的普通个人投资者，此类交易一般通过股票经纪人完成，且交易资金一般由经纪人账户持有。大型股东一般又被分为大股东和机构股东。

由于大股东具有控股地位，在企业的决策中有着较大的发言权，因此，大股东很容易利用这一权利操纵被控制公司按照自己的利益要求行事，从而偏离整体公司的利益，损害中小股东的利益。而小股东控制更加隐秘，持股较少的小股东也可能通过金字塔结构或交叉持股结构，联合搭建一个复杂的企业集团，然后通过非常隐蔽的手段进行剥夺。

（一）控制性股东与"掏空"行为

大股东"掏空"盈余管理与资金占用等行为侵占了公司的财产，损害了中小股东的权益，是较为典型的大股东非伦理行为。所谓"掏空行为",是指能够控制公司的股东为了自身利益将公司的财产和利润转移出出的行为。由于现代公司的股权集中于控股股东手中,股权的高度集中导致控股股东以其控股权对公司实施控制,在内外部治理机制薄弱、信息严重不对称和外部市场监管能力有限的情况下,控股股东有充分的动机与能力掠夺公司财富,实施"掏空行为"。以较低的价格将上市公司的资产出售给控股股东拥有较高现金收益权的公司,向经理人员支付较高的薪水,为控股股东拥有较高现金收益权的企业提供贷款担保,侵占公司的发展机会等,都是大股东"掏空"上市公司的非伦理行为。

（二）盈余管理

盈余管理作为利润操纵的一种,是指企业实际控制人运用职业判断编制财务报告和通过规划交易以变更财务报告的机会主义行为。控股股东通过实施盈余管理,向外界披露不真实的盈余数据,使得以报告盈余为估值基础的投资者付出过高的兑价,损害了中小投资者的利益。同时,利用可操控应计利润进行盈余管理会导致后期应计利润的逆转,使企业经营业绩下降,进而损害中小股东的权益。

（三）占用上市公司资金

占用上市公司资金是大股东典型的非伦理行为。在股权分散的情况下,中小股东行使权利的成本通常高于因此获得的利益,因此,中小股东的利益往往受到拥有公司控制权的大股东的侵犯,在法律监管不完善的情况下,控股股东利用其绝对优势的表决权占用公司资金,以损害公司盈利、侵犯中小股东权益为代价,满足自身利益。

（四）股利政策由大股东掌控

控股股东凭借其对企业的控制权对股利政策具有决定性的影响,由于持股比例的不同,控股股东与中小股东对股利政策的偏好并不一致。由于少派现甚至不派现能够为企业保留更多的资金,因此,控股股东倾向于减少股利发放,保留资金,通过这种非伦理方式对公司资源进行控制,谋求其他更多对自己有利的利益,这一行为损害了中小股东获取股利收入的权益。而当控股股东的股权缺少流动性时,为实现经济利益,控股股东倾向于大量派现,这种非伦理行为导致企业留存收益减少,使企业后续发展缺乏足够的资金,经营绩效下跌,最终损害中小股东的权益。

二、股东与其他利益相关者之间的伦理问题

（一）股东与其他利益相关者的冲突

尽管对于公司治理目标是"股东至上"还是"利益相关者至上",国外学术界一直存在着很大的分歧,学者们逐渐意识到"股东至上"引发的种种违规行为所带来的伦理问题。一个只考虑股东利益最大化的企业,最终反而会降低或者破坏这个企业的价值,现实中逐渐出现了一种更倾向于"利益相关者之上"的趋势,认识到利益相关者利益维护的重要性。

（二）企业利益最大化与环境污染的冲突

环境污染问题是企业利益最大化过程中最典型的非伦理行为。许多企业声称它们并无可行的以合理成本消除空气污染、水污染和其他环境污染问题的技术,因此,无法在保持竞

争力的同时提供消除环境污染的服务。由于外部性的存在,企业提高绩效水平有可能导致社会成本的提高,也有的企业只完成按照政策规定的最低标准处理污染物,没有主动承担环境保护责任的意识。

三、股东的道德责任

股东的道德责任包括:按时足额缴纳出资;遵守法律、行政法规和公司章程;不得滥用股东权利损害公司或者其他股东的利益;不得滥用公司法人独立地位和股东有限责任损害公司债权人的利益。

第三节 董事会和监事会的伦理责任

一、董事会的伦理问题

(一)受大股东控制

从董事会的产生机制来看,董事会成员由股东大会选举产生,如果董事仅仅代表股东的利益,这无疑是"股东至上",可能产生的非伦理问题无须再赘述。而且,即便同是股东,如果董事的任免仅仅依靠选票,则必然有部分股东不得不向投票原则妥协。所有的董事任免均由大股东一手操纵,甚至外部(独立)董事也无法摆脱大股东的影响,这样,大股东在公司内部的非伦理行为可能就会借助董事会的作用而披上"合规"的外衣。

虽然可以通过累积投票制度实现在选举董事的过程中反映不同股东的观点,靠法律法规规定董事会中独立董事的数量或比例、规定职工董事或利益相关者加入或列席董事会,让董事会充分考虑到利益相关者,但是董事会制度规定的董事产生方式决定了伦理隐患的存在。

(二)委托-代理的伦理风险

董事会的出现使股东-经理层的关系增加了一个层次,形成了双层委托代理关系,股东通过选举产生董事会,把最高决策权委托给董事会,董事会又通过任命经理,把企业经营权委托给经理。这种双层委托代理关系无疑提高了经理出现机会主义和道德风险的可能性,也使得伦理问题存在的土壤更加"肥沃"。董事会的不作为会违背股东给予的信托责任,经理人则可以通过直接控制或贿赂董事会成员(人数有限)的方式,掌握董事会的主导权,形成所谓的内部人控制。上述这些非伦理问题,恰恰是董事会制度本身作为股东-经理层委托代理的中间环节而产生的,是这一制度的伦理代价。

(三)对高层管理者监管不力

董事会的功能之一是监管公司高层管理者对公司的管理,但有时公司的首席行政官们相互在对方公司的董事会任职,并达成默契,在这种条件下,董事会成员代表股东利益的责任可能很容易就会妥协,很多情况下存在没有解决的利益冲突。此外,首席行政官掌控了董事会成员收到的信息,因此可以向他们隐瞒信息或行动。有些公司董事长和总经理两职合一的现象则加剧了 CEO 中心主义的扩大,进一步降低了董事会的独立性,从而使 CEO 得不到有效的监督。

（四）"花瓶董事"

独立董事有时被描述为"橡皮图章""花瓶董事""缄默董事"或者"攫取型董事"。在安然公司的董事会中,虽然 17 位成员中有 15 独立董事,但有的独立董事通过为安然公司提供财务咨询获取高额报酬,有的独立董事接受安然提供的科学开发经费,有的独立董事会同关系密切的慈善机构一道接受安然公司的大量捐款等。经理层凭借管理上的信息优势甚至是管理者势力,掌握着事实上的决策权,而董事会很难对公司产生实质性影响,其职权是被动行使的。

二、董事会的道德责任

（一）保持独立性,形成独立自主的人格

所谓保持独立性,是指董事与独立董事在履行董事会业务、参加董事会决策时应当在精神上和形式上独立于企业经理等管理层,其目的是取信于企业各种利益相关者。这种独立性的需要有两层含义,即精神上的独立与形式上的独立。

精神上的独立要求董事和独立董事明确,他们表面上虽受聘于委托单位,而在精神上董事和独立董事则受托于社会公众。董事和独立董事只有与委托单位保持精神上的独立,保持独立自主的人格,才能够以客观、平等的心态表达董事和独立董事的意见。

形式上的独立是对第三者而言的。董事和独立董事必须在第三者面前呈现一种独立于委托单位企业经理等管理层（少数执行董事例外）的身份,即在他人看来董事和独立董事是独立的、无倾向性的。由于董事和独立董事的意见是外界人士决策的依据,因而董事和独立董事除了保持精神上的独立外,还必须在外界人士面前呈现出形式上的独立,只有这样,才会得到社会公众的信任和尊重。

独立董事尽管接受委托单位的聘请开展董事和独立董事业务,而且向委托单位领取报酬,但董事和独立董事应始终牢记自身所承担的是对于整个社会公众的责任,这决定了董事和独立董事必须与委托单位和外部组织之间保持一种超然独立的关系。因此可以说,独立性是董事和独立董事的灵魂,对于独立董事而言,其重要性更是不言而喻的。

（二）勤勉尽责,客观求实,真诚地为企业谋取正当利益

勤勉尽责、客观求实是指董事和独立董事对有关企业事项的调查、判断和意见的表述,应当基于客观中立的立场,以企业客观存在的事实为依据,勤勉尽责、实事求是,不掺杂个人的主观意愿,也不为委托单位或第三者的意见所左右,在分析问题、处理问题时,绝不能以个人的好恶或成见、偏见行事;在工作中必须一切从实际出发,注重调查研究、分析,只有深入了解实际情况、兢兢业业、勤奋尽责、认真负责,才能取得主观与客观的一致,做到董事和独立董事的意见与结论有理有据。

真诚地为企业谋取正当利益,主要是要求董事和独立董事必须忠实于受聘的企业,提高

董事和独立董事对企业的忠诚度。真诚地为企业谋取正当利益对董事和独立董事的具体要求是：遵守企业章程；忠实履行董事和独立董事职务；在保障社会公众利益的前提下维护企业的正当利益；对那些明知危害社会公众利益而违规违法、不择手段地追求企业不正当利益的行为，董事和独立董事必须想方设法地加以制止，不得利用在企业的地位和职权为自己谋取私利；不得利用职权收受贿赂或者其他非法收入，不得侵占企业的财产；除依照法律规定或者经股东会同意外，不得泄露企业秘密。企业董事和独立董事应当向企业申报所持有的本企业的股份，并在任职期内不得转让；企业董事和独立董事应当对利益向企业作出说明。

（三）善管守信，维护企业资产，审慎行使决议权

善管守信义务源于董事和独立董事与企业之间的委任关系。董事和独立董事作为受任人，在执行职务中应关注守信义务。尤其在企业所有权与企业经营权分离的情况下，董事和独立董事对企业的正常运转负有高度的道德责任以及不可推卸的法律责任。

1. 董事和独立董事必须维护企业资产

维护企业资产的安全、完整、保值、增值是对董事会的最基本要求。为此，董事和独立董事必须做到不得私自挪用企业资金或者擅自将企业资金借贷给他人；不得将企业资产以其个人名义或者以其他个人名义开立账户存储；不得以企业资产为本企业的股东或者其他个人债务提供担保。实现这些要求，可以防止企业资产化为个人资产，保证企业财产的安全。

2. 董事和独立董事在董事会上有审慎行使决议权的道德义务

如果董事会的决议违反法律、行政法规或者企业章程，致使企业遭受严重损失的，参与决议的董事和独立董事应对企业负赔偿责任。

3. 对董事和独立董事竞业禁止的道德义务

竞业禁止是指特定地位的人不得实施与其所服务的营业具有竞争性质的行为。依据《公司法》的规定，董事和独立董事不得自营或者为他人经营与其所任职企业同类的营业。其行为要素是董事和独立董事自营或为他人经营的营业与所任企业的营业同类。一旦企业的董事和独立董事违反上述竞业禁止义务，企业可以依法行使归入权。《公司法》之所以作出这些规定，主要是基于这种行为对企业的危害性。董事和独立董事从事上述竞业行为，就很可能夺取企业的交易机会，还可能利用对企业商业秘密的了解，对企业造成损害。

4. 对董事和独立董事私人交易限制的道德义务

这里的私人交易，是指有特定地位的人为自己或为他人而与企业进行交易。《公司法》规定，董事和独立董事除企业章程规定或者股东大会同意外，不得与本企业订立合同或者进行交易。这表明董事和独立董事的私人交易是受到《公司法》限制的。具体地说，董事和独立董事欲与企业订立合同或进行交易应有企业章程的规定作为依据。如企业章程无此规定，董事和独立董事应向股东会说明事实，取得股东会的同意。如果股东会同意，则可进行此种交易；否则，不能进行。如果董事执意进行此种交易，则该交易在法律上无效。《公司法》作出这一规定的目的，是为了防止董事和独立董事为谋私利而牺牲企业利益，从而成全自身的私人交易业务。

第四节 监事会的伦理问题

一、监事会的伦理问题

（一）人员构成不合理

我国公司的监事会成员多为兼职，且人员构成不合理，缺少中小股东或其他利益相关者的代表，公众或外部监事人数仅占极小的比例，甚至可以忽略不计。面对这种情况，如果只是希望内部股东做好自我监督和自我约束，那无疑是天方夜谭，因此，必须建立一套相对独立的监督体系去改善这种情况。此外，监事会成员的专业素质对公司的监事会有着举足轻重的影响。在大多数情况下，即使有一个完美的监事会制度，如果缺乏有专业素质的人员去执行，这套制度也会错误百出。

（二）无视董事会、经理层的违规行为

监事会的职责之一就是公正审查，正确处理各种不同类型的经济利益关系。公正审查是指监事人员应当具备正直、诚实的品质，公平正直、不偏不倚地对待有关利益各方，不以牺牲一方利益为条件而使另一方受益。监事人员在处理审查业务的过程中，要正确对待与被审查单位有利害关系的各方面人与事。董事会与经理层有时会做出一些不利于企业发展的行为，监事会在察觉到高层管理者的违规行为后，要及时妥善地处理，而非袖手旁观或合谋。必要时，甚至可以对违规的董事、独立董事或经理提出法律诉讼。

（三）贪污腐败

监事会的另一个重要职责是廉洁执法。廉洁执法是指公司监事人员在审查监督中必须保持清廉洁净的情操，在独立、客观、公正的基础上，恪守国家有关法律、法规及制度的规定，依法进行合理、合法的审查监督业务。但是在实际监管中，存在部分监事会利用自己的身份、地位和执业中所掌握的被查单位的资料和情况，为自己或所在的单位牟取私利，甚至向被查单位索贿，有的则会接受被查单位馈赠的礼品和其他好处等。

（四）监督不力

监事会对公司的监督工作要贯穿于经济活动的全过程，要把公司监督寓于决策中，这样既可以防患于未然，又能及时地解决出现的各种问题，避免造成更大的损失。具体来说，这一规定就是要求监事人员运用一定的法律法规，对单位的经济活动进行严格的事前、事中和事后监督。事前监备是指在公司各项经济业务活动的准备阶段，以财经政策、制度和公司计划为准绳，对公司经济合同、经营计划等所做的合法、合理、合规、经济性审查，使之符合规定要求。事中监督指在公司生产经营过程中以计划、定额、预算等为标准，对生产消耗、成本升降、资金用途、收益大小加以控制，及时发现并校正执行中的偏差，促使预定目标实现。事后监督则指在一个生产经营过程完结之后运用公司资料进行检查，对经营全过程作出评价，并检查公司工作的质量，为下一个生产经营过程做全面准备。然而，监事会往往会为了减轻工作,对公司中的大小决策都不关心。

(五)监事会不具有独立性

监事的选任基本由控股股东决定,监事会成员都与公司大股东有着密不可分的关系,甚至不乏一些监事会成员是通过董事会的关系进入监事会的,在这样的情况下,监事会必然会缺乏独立性。虽然在法律上上市公司的监事会与董事会和股东大会平行存在,但在真正的权力赋予方面,监事会的职权缺乏力度,权力范围过小,和董事会以及股东大会掌握的权力根本无法相提并论。

监事会没有独立的否决权,真正掌握的权力仅仅是对有违反法律和公司章程的董事、高层管理人员提出罢免的建议权,而非直接进行人事管理的权力,使得监事会的监督权有名无实,缺乏力度,无法对公司的运作有深入的了解,难以发挥监事会应有的作用。

二、监事会的道德责任

(一)遵纪守法,尽职尽责,严格监督

监事人员必须以身作则,严格遵守国家的财经纪律和财务制度,贯彻执行国家的法律规定,牢牢树立公司法治的思想,精通业务,为了做到严格监督,监事人员必须培养自己具有公正、客观的品质和忠于职守的精神,尽职尽责,从国家和人民的利益出发,以有关政策和法规为标准,不带任何成见和偏见地开展企业监督工作,实施严格监督。

监事人员应当通过审核凭证、账簿、控制预算或计划的执行,对本单位的每项经济活动的合理性、有效性进行监督,明确地辨别经纪业务是否合法的界限,保证各项经济业务符合国家的有关法律法规,并以此作出恰当的处理,对不认真履行企业监督职责,干扰、阻挠监事人员履行企业监督的行为,要坚决依法予以追究,扭转企业监督弱化的现象。

企业监督工作要始终贯穿于经济活动的全过程中,要把企业监督寓于决策之中,寓于管理之中,寓于日常的财务业务之中。这样既可以防患于未然,又能及时地解决出现的各种问题,避免造成更大的损失。事前监督是指在企业各项经济业务活动的准备阶段,以财经政策、制度和企业计划为准绳,对企业经济合同、经营计划等所做的合法、合理、合规的经济性审查,使之符合规定要求;事中监督是在企业生产经营过程中以计划定额预算等为标准,控制生产消耗成本升降,及时纠正偏差使预定目标的实现;事后监督则是指在一个生产经营过程完结之后运用企业资料进行检查,对经营全过程作出评价,并检查企业工作的质量,为下一个生产经营过程做全面准备。

(二)公正审查,廉洁执法

监事人员应当具备正直、诚实的品质,公平正直、不偏不倚地对待有关利益各方,不以牺牲一方利益为条件而使另一方受益。监事人员在处理审查业务时,有时会出现保护了债权人的利益,可能会损害所有者的利益;或保证了所有者的利益,可能会损害政府的利益。这些关系人的利益纵横交错,所以,企业监事人员在审查过程中,包括准备阶段、实施阶段和终结阶段,都应保持正直诚实的心态,不偏不倚地对待利益各方,做到使各方面利益关系人都能接受并认可。

监事人员在审查监督中必须保持独立、客观、公正,恪守国家有关法律、法规,依法进行合理、合法的审查监督业务,不得利用自己的身份、地位和执业中所掌握的被查单位资料和情况,为自己或单位谋取私利,不得向被查单位索贿受贿,不得以任何方式接受被查单位馈赠礼品和其他好处,不得向被查单位提出超越工作正常需要之外的个人要求。企业监事人员如果工作失误或犯有欺诈行为,将会给有关企业、国家或第三方造成重大损失,严重的甚至导致经济秩序的紊乱。

第五节 经理层的伦理责任

一、经理层的伦理问题

经理层的产生是现代企业制度发展的必然结果。职业经理人利用自身拥有的知识和经营管理能力,代替企业所有者行使经营决策、监督、考核等管理职能。然而,当经理层面对巨大的经济诱惑和委托代理关系下的行为偏差时,经理层有时会漠视企业的道德文化而产生一些非伦理行为。

(一)财务造假

受到信息不对称因素的影响,高管能够获取有关公司状况及发展方向的信息,而投资者往往无法获取这些信息。因此,企业高管可以利用这种信息不对称操纵股价,向投资者展现更加乐观的公司状况。经理层也有可能并没有合理的原因而任意向股东增资扩股,这种非理性的再融资就成为恶意圈钱。

(二)高管薪酬

企业高管的薪酬与公司的利润有时并无很大关系,即当公司的利润下降或亏损时,高管们的工资依旧在上升,在普通员工面临失业的情况下,高管有可能仍旧享有优厚的薪酬和福利,这显然是不公平的。当企业员工在得知高管层拥有如此高昂的薪资,却没有为企业作出应有的突出贡献时,会产生不满情绪,削弱员工对企业的奉献精神,甚至引发企业员工的大量离职,以表达对不公平薪资的不满。

公司必须清楚地披露其高管人员的收入情况,并对他们的收入作出合理的解释,在现实中,即使公司在披露了高管薪酬后,企业中小股东甚至公众也尚不清楚为何高管的薪酬水平如此之高。高管的薪酬方案必须能够确切地反映和体现高管在创造公司财富方面的贡献份额,要预防和反对高管无功受禄。

(三)缺乏有效监督

高管的薪酬体系和业绩考核应该受到董事会和监事会的监督,然而,往往是需要被评估、被监督的高管人员可能与董事会主席是同一个人,董事会成员往往也是由高层管理者任命的,此外,董事会成员的工资也由CEO决定,从而造成新的利益冲突。某些高管为了能够获得高薪而与董事会成员相互勾结,通过贿赂、收买等形式,与董事会成员达成协议,规避了有力的监管。

（四）注重短期收益

高管在作决策时，需要考虑公司长远发展的需求，然而，有些高管往往会作出一些谋求短期利益的非伦理行为，寻求提升自己的薪资或是彰显个人成就。为使CEO的激励机制与公司的长期健康发展与盈利能力保持一致，很多公司已经摒弃可能导致追求短期收益的薪酬计划，而是期望通过股权对高管进行控制，激励高管能够与公司共同发展。但是，当高管的薪酬过低并对股票过度依赖时，反而会形成一种反效果，高管有可能利用内幕消息，交易股票获得收益。当管理层的薪酬和股票价格联系在一起时，就会诱导高管人员过度关注股票的短期价值，而不注重公司的长期利益。提高股价的最快途径之一就是裁员，而这并不总是出于对公司自身利益的考虑，也许仅仅就是为了股价的提升。

二、经理层的责任

企业的经营管理者要有责任意识，对企业的员工、社会、公众更要承担责任，言行诚信公正，取信于人，赢得他人的认可。

（一）经理层的道德伦理责任

经理层要自觉遵守职业道德，尽职尽责，维护股东的合法利益，在不损害其他企业利益相关者的基础上积极地为股东创造价值，避免委托代理风险造成的管理者与股东的利益偏离，杜绝利用信息不对称来牺牲公司利益，使自己的利益最大化，如不合理的岗位消费，或是与业绩不对等的薪资要求，这就要求经理层具有良好的道德品质和伦理素养，用伦理道德约束自身行为，尽到忠诚股东的责任伦理。

（二）经理层的社会责任

所谓经理层的社会责任，是指经理层在为股东创造价值的同时，还应关注企业的社会价值，积极响应企业外部利益相关者（政府、社区、消费者、供应商、竞争者等）的利益诉求，承担应有的社会责任，遵循社会良知，恪守职业操守。

企业本质上是一种受多种市场和社会因素影响的组织，不应该是股东主导的组织，应该考虑到其他利益相关者的利益要求。企业的出资不仅来自股东，而且来自企业的雇员、供应商、债权人和客户，后者提供的是一种特殊的人力投资和资本投资。

在现实中，很多企业仍旧奉行股东价值最大化的理念，这必将侵害股东以外的其他利益相关者的合法权益，这些行为违背了社会公平和正义的基本价值目标，也极易导致市场竞争的无序和混乱。企业应该承担社会责任，遵守社会伦理，而经理层作为企业的决策者和管理者，其决策行为直接决定了企业行为的性质，因此，经理层的社会伦理价值观很大程度上决定了企业的社会责任的履行。

（三）经理层的领导责任

作为企业管理者，在管理过程中要尊重员工，相信员工，爱护员工，维护员工的合法权益，做伦理的倡导者和践行者，为员工做表率。通过合乎伦理的领导方式，基于尊重人的价值、人人平等的原则，为员工提供健康、安全、舒适的工作环境和生活环境，尊重员工的需要和促使其价值的实现为理念,引导企业全体员工的伦理行为,这是经理层领导责任的基本体现。

案例4-2　重温《出师表》:高管您勤勉尽责了吗?

上市公司是所有权与经营权相分离的典型形式。董事、监事和高管人员,受托对公司进行经营和管理。上述人员对公司的责任感、事业心和奉献精神,直接关系到股东的利益和企业的发展。《公司法》明确规定,董事、监事、高级管理人员"对公司负有忠实义务和勤勉义务"。重温诸葛亮的《出师表》,学一学诸葛亮对蜀汉政权的忠诚和勤勉尽责,对我们落实这一规定是大有益处的。

其一,诸葛亮始终不渝地忠实于蜀汉政权,从无僭越之念。他谨守为臣的本分,把自己摆在一个辅佐的位置上,不越轨,不逾规。刘备在弥留之际高度评价诸葛亮,称其才十倍于曹丕,必能安邦定国。同时明确提出,若嗣子可辅则辅之,如其不才,君可自为成都之主。听到刘备此番话后,诸葛亮手足失措,泣拜于地,诚恳地表示:"臣安敢不竭股肱之力,效忠贞之节,继之以死乎?"诸葛亮并没有依仗自己的才气和威望,居功自傲,借机发难,乘危夺嫡;在刘备去世之后,诸葛亮仍然没有因为刘氏孤儿寡母而恃强凌弱,依然如故,谨守辅臣本分。

其二,诸葛亮重承诺,讲诚信,一诺千金。他"遂许先帝以驱驰",出山后,始终信守自己的诺言,对刘备及后主忠心耿耿,"受任于败军之际,奉命于危难之间",不畏艰险,不辞劳苦。受托辅佐刘后主后,"夙夜兴叹,恐托付不效"。

其三,诸葛亮十分勤勉尽职。出师北伐之前,为了指导刘后主处理好政事,稳定国内政局,减少后顾之忧,专门向刘后主上奏疏。一方面,劝他不要"妄自菲薄""塞忠谏之路","陟罚臧否……不宜异法"。希望他"亲贤臣,远小人",尊贤纳谏,励精图治,以期治蜀安邦,最终平定天下。另一方面,向其极力推荐了一批贤能、贞良死节之臣,建议宫中、营中之事,多听听他们的意见,多多依靠他们,以减少失误,把事情办好。其恳切之言,关切之心,勤勉之志,跃然纸上。

其四,诸葛亮勇于承担责任,自我加压,敢于自断后路。在请求蜀后主同意其北伐时,主动立下军令状。"托臣以讨贼兴复之效;不效,则治臣之罪"。他不但是这样说的,也是这样做的。当马谡失守街亭,诸葛亮除按军令将其斩首外,自己也上表申奏后主,"请自贬丞相之职"。为了巩固蜀汉政权,北定中原,诸葛亮不畏艰险,不怕牺牲,不惧困难,七擒孟获,六出祁山,南征北战,出生入死,屡建奇功。一代英才为蜀汉政权"鞠躬尽力,死而后已"的耿耿忠心,令历代志士仁人感佩不已。

上市公司的董事、监事和高管人员,也是受托管理企业的。如何尽忠实义务和勤勉义务,看看诸葛亮的所作所为,对我们无疑是有借鉴意义的。不言而喻,这些同志通过一定的法律程序,担任了公司的董事、监事和高级管理人员,这就得到了股东的信任,理应尽职尽责,尽心尽力,忠于职守,把公司管好,把经营搞好,把企业办好。

但是,却有那么一些公司的董事、监事和高管人员,做得并不尽如人意。他们不是忠实于公司,而是干着损公肥私的事情,有的甚至把公司变成了个人的"提款机";他们不那么讲诚信,不那么实事求是,说假话,做假账,欺骗投资者;他们对公司的发展不那么负责任,对募集资金的投向不认真研究、不严密论证、不慎重考虑,靠拍脑袋决策,才说决定了又说不做了,随意变更资金投向,使宝贵的募集资金不能迅速有效地发挥作用,把投资者弄得一头雾水;他们对企业缺乏高度的责任感,对控股股东或实际控制人损害公司利益的行为,不敢抵制,不敢批评,不敢披露,个别的甚至同流合污。

案例来源:http://finance.sina.com.cn/stock/stocktalk/20060113/16482274775.shtml.

三、伦理型领导

(一) 伦理型领导的涵义和特点

乔治·恩德勒(Georges Enderle)于1987年最早提出伦理型领导的概念。伦理型领导是指领导者在工作中不仅主动追求自身道德修养的提升,对所有利益相关者主动承担责任,而且能够利用自己的道德影响力,向被管理者传递正确的道德规范,促使个人道德和组织伦理共同发展,在企业内部营造一个良好的组织伦理氛围。

经济型领导和伦理型领导秉承不同的管理哲学,经济型领导是一种个人主义的领导哲学,领导者和员工均被认为是理性追求个人利益的个体,双方之间只是纯粹的经济交易关系。需要指出的是,这里的经济型领导并不是一种非道德的领导类型,相反,经济型领导有着自身的道德合理性,但是从实践的角度看,经济型领导仍然是一种短期型的领导方式。

与经济型领导相比较,伦理型领导管理特征主要包括个人魅力、动机激励、员工发展等三个方面:(1) 个人魅力。伦理型领导追求普遍的利益,不会以损失利益为代价而追求个人权力和地位,不会通过炫耀或标榜自己以博得员工更多的注意力。(2) 动机激励。与经济型领导相比,伦理型领导通过真正的组织授权以实现对员工的动机激励。(3) 员工发展。经济型领导注重权威的作用,意图操纵员工重要的伦理价值观,尽量减少组织中的不确定性,而伦理型领导认为每位员工都是独立存在的个体并为其提供发展机会,鼓励企业的普通员工向领导层发展,提供各种支持以提高员工个人竞争能力和获得成功的机会。

(二) 伦理型领导实践

第一,明确组织伦理期望。领导者在组织日常运营中明确组织伦理要求,在组织面临伦理困境时作出清晰、明确选择,这些都有助于组织成员养成符合组织伦理要求的行为习惯,在面临伦理选择时避免模糊和失误。

第二,提供积极反馈指导。员工不断面临新的伦理困境,组织需要及时予以正确的反馈指导。组织领导者可以通过开设相关反馈指导渠道,以保证组织成员在面临伦理困境时,能够及时反馈并得到有效指导。

第三，奖励支持伦理行为。伦理型领导通过对组织成员的伦理行为进行奖励，推进向既定的伦理型组织发展。奖励能够进一步明确组织伦理要求，增强组织员工对伦理的认同感和自觉性，从而主动与组织伦理规范保持高度一致性。

第四，领导者的行为示范。在伦理行为上，组织领导者的价值取向直接向组织成员传达组织伦理规范及要求，进而和组织伦理规则一起形成组织员工伦理行为的参照。

第五，塑造伦理文化。伦理文化是组织对于伦理行为的正确性以及伦理问题的解决方法的共同理解，组织领导者可以通过政策法规、执行激励等过程影响、引导和控制组织伦理文化的强度和发展方向。

本章小结

本章首先介绍了公司治理结构及由于委托代理风险而产生的伦理问题，然后分别阐述了股东、董事会、监事会和经理层的伦理问题及其道德责任。重点分析了股东和其他利益相关者的伦理冲突、董事会和监事会的独立性问题以及经理层的激励问题。

复习思考题

1. 如何强化董事会的道德责任？
2. 如何激励职业经理人的道德行为？

第五章 员工管理的伦理问题

 学习要点

- ◆ 招聘过程中的歧视问题
- ◆ 新型用工形式的伦理问题
- ◆ 解聘的原则及竞业禁止问题
- ◆ 薪酬公平
- ◆ 培训及员工参与的伦理问题
- ◆ 工作场所的安全问题和工作压力问题
- ◆ 特殊员工群体的伦理问题
- ◆ 员工对企业的伦理责任
- ◆ 员工流失问题
- ◆ 检举与揭发的伦理问题

第一节 员工管理的主要内容及伦理问题

一、员工管理的主要内容

员工管理是指企业运用现代管理方法,对员工的获取(选人)、开发(育人)、保持(留人)和利用(用人)等方面进行的计划、组织、指挥、控制和协调等一系列管理活动,最终达到实现企业目标的一种管理行为。

员工管理主要包括以下七个方面的内容。

(一) 人力资源规划

人力资源规划是指根据组织的战略和内部人员状况而制订的人员吸引与安排计划。主要内容包括：对人力资源在组织内部的流动情况以及流入和流出组织的行为进行预测，并据此制订相应的人员供求平衡计划，来满足组织未来经营对人的需要。

（二）工作分析

工作分析明确了不同工作岗位的内容、职责以及任职资格条件，为人力资源的招募、甄选、培训、职位评价、薪酬决策等提供了标准和依据，同时也有助于组织确定工作绩效评价标准以及相应的绩效目标。

（三）招聘录用

招聘录用一般包括招聘、甄选和录用三个环节。招聘是指通过各种途径发布招聘信息，吸引应聘者；甄选是指综合利用管理学、心理学等理论和方法对应聘者进行知识、能力、心理素质等方面的测评；录用是指职位候选人在通过筛选后，接受背景调查及办理正式进入单位前的任职程序等过程。

（四）培训与开发

培训与开发是指组织为使员工具备完成现在或未来工作所需的知识、技能和能力，改善员工在当前或未来职位上的工作绩效而展开的一种有计划的活动。企业培训与开发包括建立培训体系、确定培训需求和计划、组织实施培训课程、对培训效果进行反馈总结等活动。

（五）绩效管理

绩效管理是指一个通过把组织的经营目标或战略加以细化，将各种重要目标和关键责任层层落实，从而确保组织战略真正得到落实和执行的机制。一般包括制订绩效计划、进行绩效考核以及实施绩效沟通等活动。

（六）薪酬管理

薪酬管理是指一个组织依据人力资源所提供的服务来确定其应当得到的薪酬水平以及支付形式的过程。在这个过程中，企业必须就薪酬的形式、构成、水平及结构，以及特殊人力资源群体的薪酬等作出决策。

（七）员工关系管理

组织与员工之间的关系管理的内容包括员工参与管理、员工的满意度测量与流动管理、组织文化建设、争议处理机制、员工援助计划等范畴。妥善地处理组织和员工之间的关系，能够确保组织目标的实现和长期发展，避免不良劳资关系可能给组织带来的巨大损失。

一、员工关系管理的新形势

（一）员工关系管理的概念

随着社会的发展，越来越多的企业认识到员工关系管理的重要意义，员工关系是指管理方与员工及团体之间产生的，由双方利益引起的表现为合作、冲突、力量和权力关系的总和，并受到一定社会中经济、技术、政策、法律制度和社会文化背景的影响。广义上讲，员工关系管理包括各级管理人员和人力资源职能管理人员，通过拟订和实施各项人力资源管理中的政策以及管理模式，通过协调企业中的员工关系，从而实现企业效益的最大化；狭义上讲，员工关系管理是指企业和员工在进行沟通的过程中的管理，通常，这样的沟通并非强制性的，

而是富有激励性以及柔性的,企业利用员工关系管理以达到满足员工的心理需求的同时,还促使了企业的发展。

良好的员工关系对于公司的发展以及公司与员工之间的关系维系有着至关重要的作用。现代员工队伍呈现出多元化的特征,员工关系管理的深度和复杂度都逐步提高,越来越多的企业在经营的过程中更关注对员工的人性化的管理,为各个员工之间构建相互合作的关系,从而为促使公司的健康发展以及提升公司的综合竞争力提供有力的保障。

(二)员工关系管理面临的新形势

1. 女性员工的比例提高

随着女性受教育程度和专业技能的提高,越来越多的女性员工从事高级管理工作,高薪技术岗位的女性比例也不断提高,她们要同时兼顾工作和家庭,面对的职场压力更大,企业要特别关注女性员工职场权益的保护问题,帮助女性员工将工作、家庭与个人生活融合起来。

2. 员工老龄化

人口增长速度放缓、员工结构老龄化对劳动力市场会产生负面影响,充沛的劳动力资源正在萎缩,企业的活力和创新力都会受到影响,员工风险也将增大,企业需要关注不同年龄层次员工的合理诉求,针对老龄化的职工队伍提出有针对性的职工发展及保障计划。

3. 员工工作态度变化

新时代的员工更加注重灵活的工作时间、彰显个性的工作内容、薪酬以外的福利及职业发展等,企业需要有创新地设计合理有效的绩效、薪酬、培训、员工参与等机制,努力营造良好的公司气氛,个性化的企业文化有时要比高薪更能吸引具有新思想的员工。

三、员工管理的伦理问题

员工管理中要坚持公平和平等的原则,反对一切不合法的歧视,包括个人不因年龄、性别、种族、宗教、政治信仰、社会观点、健康、相貌等而遭受歧视性待遇,员工管理的公平和平等还反映在个人有获得与其劳动和能力相称的薪酬及福利待遇的权利。违背了公平和平等原则将导致诸多伦理问题。

(一)雇佣关系中的伦理问题

雇佣关系中的伦理问题主要包括:就业歧视问题,滥用劳务派遣和农民工、临时工及实习生等问题,职业晋升中的"天花板"现象,人力资源流动中的无故裁员问题,竞业禁止的问题,劳动争议处理问题等伦理议题。

(二)奖惩体系中的伦理问题

奖惩体系中面临的伦理困境主要有薪酬设置方面的问题,如高管高薪,高管与普通职工之间的收入差距过大等问题;同工不同酬的问题,如同一性质的工作,正式职工与非正式职工的薪酬差距较大等问题。

(三)工作场所中的伦理问题

工作场所中容易涉及的伦理问题主要有骚扰问题、恶劣的工作环境问题、侵犯员工隐私的问题以及超时工作问题等。

(四)特殊员工群体保护的伦理问题

特殊员工群体保护的伦理问题主要体现在有些企业不合理、不道德地聘用未成年工和童工,让他们超负荷工作或从事一些非法的、有生命危险的工作等;对妇女职工存在性别歧视,不切实履行国家对妇女职工的特殊保护条例问题等;对残疾工人缺乏应有的关怀,甚至虚报本单位残疾职工人数,以骗取国家补贴等。

第二节 雇佣关系中的伦理问题

一、聘用过程中的伦理问题

(一)招聘的歧视问题

招聘指企业物色和吸引合格候选人应聘组织空缺职位的过程,是公司与员工这一利益相关者建立联系的最重要途径之一。选拔过程的重点在于搜集有关应聘者任职资格、以往工作经历、工作能力、道德评价等,这些都有助于人事经理更加精准地评估应聘者的资质,尤其是具有不道德行为倾向的员工最终可能对其他员工造成不良影响并破坏企业的正派文化,因此,职场行为的道德性考核、个性测试及其他能够确保员工具有较高道德水平的诊断性措施在招聘与选拔过程中是至关重要的。

如果招聘过程中考虑到与工作要求不相关的因素,如性别、种族、宗教信仰等,在招聘、升职、赔偿或解雇等方面,而对应聘者区别、不公平地对待,这就是歧视。工作场所中常见的歧视问题主要有以下四种。

1. 性别歧视

性别歧视包括职业歧视和工资歧视两种形式。职业歧视是指女性在同等条件下不能找到同等水平的职业,更多地被安排在低于个人能力的工作岗位上;工资歧视是指女性与男性干同样的工作,却不能享受同样的工资、福利以及职务晋升等方面的待遇。性别歧视主要表现在三方面:一是女性就业难,在同等条件下,女性不容易找到工作;二是女性不容易找到满意的工作,即使她们的个人能力与男性相等,甚至高于男性,也不被录用;三是收入低,待遇差,在工作岗位上女性不能享受同工同酬的待遇,也没有同等晋升的机会等。

2. 年龄歧视

年龄歧视也是目前职场中较为多见的一种歧视。在中国,35 周岁原是国家机关招考公务员的标准,现在社会上许多用人单位纷纷效仿,35 岁以上的人才在劳动力市场依然不受欢迎。在职场中,达到一定级别后,即使你再有能力,晋升的空间也很小。这被称为职场"天花板"现象,世界卫生组织把 45—59 岁的年龄段界定为中年。在这一年龄段的人,正处于人生的黄金阶段,既有丰富的经验,又年富力强,但遭遇"天花板"的员工在 45—55 岁阶段的却最多。

3. 户籍歧视

户籍歧视主要是指一些大城市针对外地求职或就业人员所采取的一些不公平的政策。目前最常发生的户籍歧视情况主要有三种：一是某些行业和工作岗位限制聘用外地人，二是同工不同酬，三是某些企业差别对待外地员工的社保和其他福利。

4. 健康歧视

如果在劳动者的健康状况既不危害公共卫生安全，也足以胜任工作的条件下，用人单位依然以其健康问题为由对其就业予以不利限制，则属于健康歧视行为。

除以上几种情况之外，学历歧视、血型歧视、姓氏歧视、相貌歧视等也是就业歧视的表现，同样会对人才和单位产生较大的危害。

（二）劳务派遣问题

劳务派遣工由于身份特殊，经常会遭到用工单位甚至社会的歧视或不公平对待，主要体现在如下三个方面。

1. 薪酬福利方面

劳务派遣工的薪酬待遇与正式职工相差达几倍，各种社会保险也可通过劳务派遣公司按灵活就业人员的最低标准缴纳，正式职工享受的企业年金和各种福利更是无从谈起。

2. 职业发展方面

用工单位很少能为劳务派遣工提供培训的机会和职业发展通道，劳务派遣工几乎没有转为正式职工的机会，晋升机会也极其渺茫。

3. 民主权利方面

劳务派遣工的弱势地位使其基本上丧失了参与民主管理的权利，包括对用工单位经营管理重大事项的知情建议权、执行劳动法规的检查监督权以及对涉及自身权益的协商共决权。

（三）新型用工形式

当前，新的就业形态正在不断地冲击传统就业格局，"去中心化""众包""分包"等概念的出现，使得雇员与雇主之间的身份更加模糊。众包用工模式是指一个公司或机构把过去由员工执行的工作任务，以自由自愿的形式外包给非特定的大众网络的模式。众包工在发包方约定的时间内和要求下完成任务，获得一次性收入，这种模式在当前的城市配送中相当普遍，是一种人力资源聘用的创新解决方案，能够减少企业的用工成本，使企业有机会借力大众智慧开展创新活动，也为众包人员提供了工作机会，但作为一种新型的用工模式，对众包工合理权利保护的相关制度尚不健全。

案例5-1　饿了么被判赔偿送餐致残骑手109万元

外卖骑手是典型的平台经济下的非正规就业者，这个群体还包括网约车司机、代驾、快递员等。当一家家平台型公司采用外包、众包模式，快速招揽成千上万人为其工作,甚至简单到在App上申请即可时,平台享受着廉价劳动力带来的资本市场溢价,但骑手的风险由谁来承担?很多时候,平台和外包公司都不愿意负责,最终将风险转嫁给保险公司和骑手自己。

《中国共享经济发展报告(2020)》显示,2019年我国共享经济参与者的人数约8亿人,参与提供服务者的人数约为7 800万人,以外卖员、快递员为主体的平台劳动者已然是重要的劳动群体,但对于互联网非正规就业群体的劳动保障却远远不足。

2016年8月1日,原告王某作为"蜂鸟众包"网络送餐平台的骑手,在送餐的过程中发生事故受伤致偏瘫,构成二级伤残。王某认为系在履行职务行为时受伤,应由饿了么方面承担责任,索赔1 922 359元。被告拉扎斯上海公司称与王某不存在雇佣关系,不应承担其损失,王某在平台注册时,已经同意接受饿了么蜂鸟众包配送协议的所有内容,协议已说明配送平台仅代商家发送配送运单信息,与配送人员之间并不存在劳动劳务雇佣关系,因完成配送服务而遭受人身损害,平台不承担任何责任,双方的关系为居间服务关系。

法院认为,双方虽未签订书面劳动或劳务合同,但事实上王某是根据拉扎斯上海公司的订单要求从事配送服务,接单后的整个配送活动受到拉扎斯上海公司的指示、管理与考核并领取报酬,属于新型用工关系,符合法律意义上的雇佣关系特点。拉扎斯上海公司作为雇主应当对王某此次交通事故产生的合理经济损失和精神损害予以赔偿,最终判赔1 090 096元。

外卖平台用工模式复杂,对劳动者的权益保护构成严峻的挑战,劳动关系的认定越来越困难。2021年7月22日,人力资源和社会保障部发布《关于维护新就业形态劳动者劳动保障权益的指导意见》,要求根据企业用工形式和新就业形态劳动者就业方式的不同,明确对符合确立劳动关系情形、不完全符合确立劳动关系情形但企业对劳动者进行劳动管理的新就业形态,企业应对劳动者权益保障承担相应责任。

同年7月26日,市场监管总局、国家网信办等七部门联合印发《关于落实网络餐饮平台责任切实维护外卖送餐员权益的指导意见》,督促平台及第三方合作单位为建立劳动关系的外卖送餐员参加社会保险,支持其他外卖送餐员参加社会保险,按照国家规定参加平台灵活就业人员职业伤害保障试点。2022年1月19日,国家发改委等多部门发布的《关于推动平台经济规范健康持续发展的若干意见》指出,要完善新就业形态劳动者与平台企业、用工合作企业之间的劳动关系认定标准。

案例来源:https://baijiahao.baidu.com/s?id=17300744342694910138&wfr=spider&for=pc.

(四)机器替代人工问题

早在1978年,日本就发生了世界上第一起机器人杀人事件。日本广岛一家工厂的切割机器人在切割钢板时突然发生异常,将一名值班工人当成钢板一样操作从而致人死亡。

 商业伦理学

1985年,苏联国际象棋冠军古德柯夫在同机器人棋手下棋获得3局连胜后,机器人突然向金属棋盘释放强大的电流,将这位国际大师杀死。2005年,"欧洲机器人研究网络"专门资助研究人员进行机器人伦理研究,希望能为机器人伦理研究设计路线图。此后,机器人伦理研究得到越来越多西方学者的关注。

随着企业中机器人的占比不断上升,机器替代人的相关问题引起多方的关注。世界银行2013年的调查显示,超过50个国家57%的工作受到自动化技术的影响,在美国有9%的岗位处于高风险状态。在日本有55%的岗位处于危险状态,且非正规就业的劳动者及其岗位被替代的可能性更大。2016年,德国联邦劳动和社会事务部(BMAS)通过测算认为13%的岗位可能被机器替代。2019年,武汉大学质量发展战略研究院发布一项调查结果,该结果显示未来5年里机械和机器人将会取代中国将近5%的工人。2022年,德勤在机器人流程自动化的调研中预期全球20%的全职人力工时可由机器人交付。

当前"机器换人"对中国劳动力的总体就业尚未形成较大的冲击,但随着人工智能产业的发展,机器取代人人工是大势所趋。未来机器人会逐步走向中高端产业,而不仅仅是在低端产业工作,更多中高端的技术岗位也将面临就业安全问题,同时人工智能设备出错造成的损失、人工智能产出的归属权、知识产权问题、数据安全问题等,都将引发新的伦理讨论。

二、解聘过程中的伦理问题

(一)解聘的伦理原则

解聘对员工的正常生活及其家庭成员会造成影响,企业应该谨慎对待,任意雇佣原则和正当理由辞退原则是企业可以采纳的两种伦理原则,对解雇员工的保护程度有很大差别。

在美国,雇主可以依据任意雇佣原则辞退员工。任意雇佣原则指雇主能够以正当理由、不正当理由或在没有任何理由的前提下辞退员工,因此,只要不属于法律明令禁止的各种理由(例如,以种族、宗教信仰、年龄等原因辞退员工),企业在执行解聘程序和解释辞退原因方面拥有很大的自主权。这种法制环境导致美国经常出现大规模裁员。此外,任意雇佣原则对于雇主而言还有另一优势,如果员工认为雇主的辞退决定不合法,他们必须自己举证。因此,虽然员工可以因为不合法的裁员行为获得数百万美元赔偿,但他们必须先承担高昂的诉讼成本。

任意雇佣原则的支持者认为,首先,任意雇佣原则被视为自由市场经济(雇主和雇员都享有自由选择权)的精髓。雇主可以自由地解聘员工,员工也有权自由地选择雇主。员工可以凭借任何理由甚至在没有任何理由的情况下离职,且无须提前通知雇主。其次,公司应该享有自由雇佣和解聘任意员工的特许权。虽然知道自己随时可能被解雇,但员工乐意选择这样的职位。再次,支持者还指出,正当程序往往会对公司的效率及生产率造成消极影响,不利于经济发展。

尽管任意雇佣原则受到各方的支持,但也存在数量众多的批评者。很多人认为,员工应该获得尊重和尊严,辞退他们时应该告知原因,而且在大多数情况下,被解聘员工将面临更大的损失,这是不争的事实,因而认为任意雇佣原则不可取。雇佣关系需要员工的忠诚、信

任和尊重,雇主应该承担对员工相应的责任。

任意雇佣原则在美国的应用非常广泛,但包括欧盟成员国和加拿大在内的众多国家则采取正当理由辞退原则,任意雇佣原则允许雇主以任何理由或在没有任何理由的前提下解聘员工,但根据正当理由辞退原则,雇主辞退员工需提前告知并提供正当理由,必须具有法律依据。这些正当理由包括员工的不正当行为对雇主的业务造成了负面影响,如玩忽职守、不称职、不服从安排、不诚实、酗酒等行为。

为了实施正当理由辞退原则,雇主一般要在合理期限内提前告知员工,采取这一做法是为了保证员工有足够的时间找到新工作。正当理由辞退要求可以通过两种方式实现,第一种方式是雇主可以在合理期限内提前告知员工,并允许员工在这段期限内继续工作;然而,大部分员工倾向于选择后一种做法:员工立即离职,但雇主需为他们提供一笔与合理期限薪酬相当的赔偿。

根据正当理由辞退原则,如果员工被辞退,雇主有责任提供充分的理由,因而举证责任须由雇主承担。鉴于此,大部分雇主都需要建立一项定期反馈制度,让员工了解自己的业绩水平。如果员工业绩不理想,雇主需针对如何改善业绩为他们提供反馈,并为他们提供改进的机会。改善业绩失败将成为正当辞退的理由。

当一些企业想要解雇某员工而又没有正当理由时,便会通过软裁员的方式。所谓软裁员,就是不直接解雇和裁员,而是通过改变企业的外部环境,或通过苛刻的内部制度,如绩效考核制度和作业制度等,而且这些制度本身设计有失公允,来变相地解雇员工,这些均属于无正当理由解雇。

(二)竞业禁止问题

竞业禁止是禁止职工在本单位任职期间和离职后与本单位业务竞争,特别是要禁止职工离职后从事或创建与原单位业务范围相同的事业。有些公司在员工开始做某些项目之前以及将要从公司离职之前都会强调其伦理责任,公司还会支付给员工一定年限的劳务费用,作为他们不泄露商业机密的回报。一旦员工签订了竞业禁止合同,离职后只能有两种选择:一是去其他行业就业,二是在合同有效期内放弃就业。这对他们来说是很不公平的,即使是有经济补偿也是不够的,而且雇员在行业中积累的资源如不加以利用则是巨大的浪费。为了保护商业秘密权利人的利益,采取竞业禁止措施不是没有道理,但员工利益也应该得到保护,因此,如何恰当地平衡两者的利益关系是解决问题的关键,这就需要判定什么样的信息属于特定公司以及什么样的信息是员工在道德上和法律上有责任不予披露的。

1. 公司对信息采取的保密程度

一家公司对某种特定信息,如技术信息、客户或供应商信息,采取了严格的保密措施,向员工明确表示这些数据或信息是高度保密的,甚至要求员工签署一份保密协议,员工就有责任不对外披露这些信息。

2. 公司为获取信息所花费的金钱

如果信息可以在公开的渠道获得,员工在新的职位上使用这些信息时就不涉及伦理问题;只有当公司获得信息的成本很大,而且这些信息对公司财务绩效非常重要时,制定详细

的安全措施才有意义。

3. 信息对竞争者的价值

公司对于只对本公司有价值的信息不太可能会采取高级别的保密措施。但如果竞争者可以利用公司的保密信息获得竞争优势,要求离职员工对这种特定信息保密就是合理的。

属于雇主的知识和信息与理应属于雇员的知识和信息之间并不容易划清界限。公司有权保护一定类型的信息,可以依法对员工加以限制以防止信息泄露。员工不应向他人出售或者提供本应属于公司的信息,这是一种道德责任,有些公司要求员工在离开本公司两年之内不得为竞争性公司工作。这种协议即便签署,一般在法律上也得不到认可,因为它们侵犯了员工更换工作的权利,除非员工违反协议规定泄露根据法律规定不得披露的信息,即需严加保护的、成本高昂的以及如果泄露给竞争对手会造成重大损失的信息,但是大量的公司信息并不属于这种类型。

第三节 薪酬设计与培训的伦理问题

一、薪酬设计的伦理问题

人力资本同其他资本一样在市场上自由流动,雇主必须支付合理的要素价格,才能聘用到合适的雇员。市场经济条件下,收入分配的依据是市场对生产要素贡献的评价以及与之相匹配的付酬制度。薪酬虽然不是雇员工作的唯一动力,但是最重要的动力之一。薪酬是雇员赖以生活和发展的基础,薪酬中的公平问题也是最敏感的问题。公司内部是否有明确的薪酬政策,该政策是否公开、透明,以及公司所在国家的法律、法规是否倾向于保护雇员权益,都会影响雇员薪酬的高低以及薪酬的公平性。

(一)薪酬的公平

薪资公平包括福利薪酬应与组织成员的能力相一致,并能支持其达到并保持与社会其他成员相一致的生活水平。公平的薪酬水平,首先是按照雇员对公司的贡献和价值而不是与管理者关系的亲疏远近等其他因素来确定的。由于对贡献和价值的判断具有很强的主观性,往往需要借助其他一些因素间接判断,在这个过程中就可能产生不公平的问题。相对公平性对雇员的心理有较大的影响,薪资公平主要包括三个方面。

1. 内部公平

员工与员工比较,岗位与岗位比较是公平的。如果公司内部的薪酬水平差距过大,就有可能导致一般人员的消极怠工等后果。但过分强调收入均等化,必然以牺牲效率为代价,这也是公平与效率问题在薪酬设计上的体现。一些公司规定,薪酬属于保密信息,雇员之间可能存在同工不同酬的现象,适度的薪资差距能够保障薪酬的公平。

2. 外部公平

员工的薪酬要和行业标准相匹配,否则很难招到人才,就算招到也很容易流失。员工可以借助集体协商制度和工会的力量提高工资的谈判能力。

3. 个人公平

自己的付出和自己的收获要成正比，人们总是在各种比较之中观察自己的薪酬是否符合自己的期待，是否与自己的贡献呈正比，有时候，较低的工资并不一定意味着不公平，有些工作岗位虽然起薪较低，但有很好的发展前景或者晋升通道，人们更可能愿意接受这样的低薪岗位，即使一定时间内薪资并不能完全反映个人的贡献程度。

在招聘、绩效评价及雇员升职中，不应考虑诸如个人关系等与业绩无关的因素，但裙带及朋友关系经常发挥隐性作用，企业管理者是否在其决策中受到裙带关系和朋友关系的影响，很难被直接观察到。管理者在招聘、考核雇员工作绩效或者选拔人才时，是否应该将自己的朋友排除在外？如果仅仅因为与管理者关系紧密就被排除在外，是否是不公平的呢？反过来，如果仅仅因为朋友关系就聘用、提升某人，对其他人是否也是不公平的呢？裙带关系对组织公平性的影响是显而易见的，不公平的行为很容易导致组织内部的不信任感和各种非正式小圈子的形成，从而影响组织内部的士气和组织绩效，因此，清晰、明确的岗位描述和工作职责划分对公平评价雇员的绩效十分重要。

（二）过高或过低的工资

1. 高管薪酬

高级管理者的劳动理应得到比普通人更高的报酬，但是高多少，报酬的依据是什么以及报酬如何构成等问题，仍会引起人们的争议。对最低工资，相对容易达成共识，但是否要规定工资上限，或最低工资与最高工资之间的最大合理比例是多少，则不是容易回答的。公司面临的经营情况瞬息万变，具有杰出经营管理能力的高管无疑是稀缺资源。然而，高管薪酬不仅要考虑是否能激励高管，还要关注薪酬体系是否体现了公平的原则，甚至有些高管的工资与其绩效并不对等，当企业绩效滑坡的时候，其仍能获得高额的薪酬。

2. 最低工资

对于一些本身是弱势群体的雇员，他们往往缺乏就业市场所需要的劳动技能和教育背景及工作经验，只能接受比较恶劣的工作条件和较低的工资水平。对这类雇员，雇主又该提供何种水平的薪酬？在考虑何谓薪酬公平时，就不能完全依照市场机制来定价，还必须考虑到劳动者满足自身生存需求的成本（包括生活成本和医疗、教育成本等），向其提供最基本的生存保障，这既是一种人文关怀，也是人类最高的道德标准之一。

一些工作岗位需要从业者有更好的学历、经验和更高的技能，这些工作比较容易获得较高薪酬。而有些工作的工作条件恶劣，工作风险高或者工作的社会评价低，也需要雇主给予合理的补偿。然而，现实中的情况是工作安全性非常低的煤矿工人，本应该获得充分的风险补偿，但由于这些工作通常是由那些缺乏技能和信息来源的弱势群体承担，他们往往无法获得足够的薪酬补偿。

最低工资是指劳动者在法定工作时间提供了正常劳动的前提下，其雇主或用人单位支付的最低金额的劳动报酬。最低工资制度是国家层面以法律形式干预工资分配并保障低收入劳动者基本生活的制度，也是政府调节经济活动、保障劳动者权益、促进社会公平的重要

手段和工具。但是最低工资制度有可能会带来一些意料之外的伦理问题。

最低工资的提高会增大低端劳动力的供给,如物流业的快递配送岗位、餐饮业的大堂服务岗位以及商住小区的门卫岗位,这些初级技能或服务性的岗位都具有劳动密集型的特征,最低工资标准的提高增加了企业的用工成本,会驱使企业用机器人替代劳动力,反而会造成低端劳动力的失业问题。面对较高的最低工资标准,企业可能减少聘用新的劳动力,转而提高现有员工的工作强度,低收入劳动者为了保住工作,也可能会"自愿"延长劳动时间,反而会降低工作生活的满意度。

3. 同工不同酬

同工不同酬的现象在职场是普遍存在的,主要表现为正式工与临时工、合同工与劳务工、实习生和正式员工之间薪资水平存在较大的差异,而这种差异往往并不是由工作能力差异形成的,一些用人单位存在滥用临时工、实习生的现象。在试用期间给予雇员很低的工资甚至不支付工资,或者以招聘的名义要求应聘者提供解决方案,但最后却不予录用也不支付劳动费用,这样的方式能够帮助企业节约人工成本,不用与公司签订劳动合同,也规避了对临时工和实习生加班、工伤等其他合法权益的保护,辞退他们也不需要支付经济补偿。

（三）薪酬结构设计

部分企业缺乏薪酬管理的能力,薪酬制度设计不够合理、科学,甚至存在较大的漏洞或内部的矛盾,对企业整体的人力资源管理活动产生负面影响。企业在设计员工薪酬的时候,要综合考虑固定薪酬、浮动薪酬以及其他个性化的福利项目,单纯地使用固定岗位薪酬或者绩效管理方法,会导致劳动数量多、质量高的员工如果没有获得相应较高的报酬,员工的积极性就会下降。而且企业薪酬制度不能一成不变,要根据员工的特征进行创新性的调整,以提高员工的满意度,从而稳定公司的员工结构和生产运营。

二、培训的伦理问题

当前,相当一部分企业缺乏对人力资源的培养规划,招聘上奉行"挖墙脚",习惯用挖人的方式来获取企业发展所需要的人力资源,忽视内部人才的培养和晋升。使用上奉行"拿来主义",企业倾向于聘用具有一定工作经验及技术能力的人员,但却很少对本企业的员工进行培训开发。培训制度的不健全使员工感受不到企业的重视和关怀,一定程度上造成员工跳槽频繁。

（一）对员工培养的重视程度不足

大多数企业将员工培养看成是一项高昂的人力成本支出,对员工培训的重视程度不够,未能主动、深入地探究如何提升员工的职业技能和素养,未能深刻领会到员工成长对企业未来发展的重要意义。员工培训应该是一个持续不断的过程,企业应该针对员工职业生涯的不同阶段,有针对性地开展相关知识、技能和能力的培训,形成一系列完整的培训制度。但是从实际的实施效果来看,员工在入职培训后,很难有机会再接受系统的培训,自身的能力无法得到与时俱进的提高。

(二)培训机会不平等

1. 培训机会集中在少数群体

企业中层以上的管理人员是企业的关键人才,企业愿意为其提供高质量的培训机会,以便激发出更高的工作绩效。而不愿意为普通员工付出大量的培训时间和金钱,去提升其知识和技能,尤其是对于普遍缺乏必要技能的基层员工,企业却吝于培训,如果不能及时地更新知识结构,提升工作技能,这一部分低端的劳动岗位很容易被替代,新入职员工对自己的职业生涯有着热情和憧憬,更加渴望企业对他们的培训,这一部分员工接受培训的权利也经常被忽视。

2. 培训缺乏性别公平性

更多的企业会给予男性职工更多的培训机会,因女性需要兼顾家庭等原因,无法给企业带来与男性相同的产出或者效益,就产生了员工培训中的性别歧视问题。企业这种功利性质的培训行为很难获得良好的培训效果,员工容易产生怨气,不利于团队内部的稳定,而且培训机会的不平等也不利于形成多样化的员工团队,阻碍企业达成科学的经营决策。

(三)缺乏培训效果反馈

企业缺乏科学合理的培训程序和完善的培训制度,人力资源部门凭借经验和想象开发培训课程、制定培训方案并落实培训活动,企业花费大量的培训成本,并将培训作为一项员工福利,但却有可能并不能满足员工的培训需求,员工被迫参加非自己所需的培训,学习动力不足,能力得不到提升,却要为此牺牲大量的个人时间,造成了资源的浪费。

(四)员工培训形式大于实质

企业员工培训易走向过于重视形式的极端,尤其以销售公司最为明显,通常会举行"魔鬼训练",这种培训的宗旨就是锻炼人的意志、忍耐度、团队意识等,然而在实施过程中逐渐丢失了实质,被妖魔化,高强度的体能训练极易让参与培训的员工受伤,跪地、打耳光等培训形式摧残了员工的自尊心。员工相互践踏彼此尊严,才能成为"合格"员工,这种培训形式显然不符合社会伦理的要求。

(五)培训外包问题

为了降低培训成本,很多企业会选择将企业部分或者全部培训进行外包,培训外包存在诸多潜在问题:承接培训的公司是否与本企业的企业文化相适配;培训内容能否让企业和员工满意;培训中如果出现突发问题,培训公司能否进行应急处理等。当确定将企业培训进行外包之后,企业更应该加强对培训过程的监控。

第四节 工作安全与工作压力的伦理问题

一、员工隐私问题

在工作场所中,企业有权对员工进行必要的监督,但监督过当,容易侵犯员工的隐私权。

与以安全为目的的监视不同,雇主在对员工进行工作和人身监控前,有必要告诉员工监视的手段及用途,这是对员工起码的尊重,员工有权了解自己的工作环境。

在数字经济时代,很多工作场所都会进行电子监控,由于员工使用的电脑为公司所有,而且员工也是被公司聘用来从事相应的工作,电子监控是否侵犯员工的隐私权利仍存在争议,但这些监控行为确实反映出雇主对员工的不信任,势必会影响员工主观能动性的发挥,有一些企业滥用监控权,要求员工发送手机电量应用的截图等,甚至未经员工同意或授权将其信息公开给第三方,这是一种严重侵权行为。雇主监控行为合理与否的关键在于雇主和雇员双方是否确立恰当的监控界线,管理层在多大范围内可以通过网络查看员工的文件、监督员工的行为等,企业应该尊重员工的隐私权,由于隐私权受到侵犯而引起的员工纠纷不断增多,企业应给予足够重视。

二、骚扰问题

工作场所中的骚扰问题主要有性骚扰和精神骚扰两种形式。1975年,美国联邦法院把性骚扰定义为"被迫和不受欢迎的与性有关的行为",并将其作为一种性歧视而加以禁止。工作场所性骚扰主要包括两种类型,即交易性骚扰和制造敌意工作环境骚扰。交易性骚扰指在企业身居高位者以给予或保持某种工作中的好处为由向员工提出性要求。制造敌意工作环境骚扰指不受欢迎的性攻击、性要求,或其他带有性色彩的语言或身体行为,形成不利于工作的甚至是有害的工作环境。

员工管理中还存在精神骚扰,主要表现为横加干涉私人生活,强硬指责他人说话习惯、口音或者穿衣打扮风格,或者过度关心别人的业余生活等,将自身的观点、信仰等强加给别人。这些骚扰对员工的影响主要体现在工作情绪、态度以及精神状态上,由于其发生的形式比较隐蔽,尚未受到广泛的重视。

三、工作安全问题

保障员工工作安全是雇主最基本的道德责任。有些企业的工作环境差,严重地影响了员工的身心健康,例如,作业现场噪声超过了有关职业病防治法规中规定的85分贝的界限,使工人们长期受到噪声的刺激发生听觉病变;生产工厂的照明光线过强,会使人头晕目眩,精神烦乱,或者光线太弱,会降低视力,使人视觉神经疲劳,导致反应迟钝;生产性粉尘、有毒气体等造成工作场所空气污染严重,使员工易患呼吸道疾病,严重地影响员工的身体健康;有些企业的工作环境中空气湿度过大,容易使人产生胸闷或窒息感,且过高的湿度会减小人的电阻率,增大触电的可能性,对安全生产极为不利;有些企业的作业现场杂乱无章,会直接通过视觉神经刺激神经中枢,使人的思维受到干扰,操作中常常会出现意外。

《中华人民共和国劳动法》规定,用人单位必须建立、健全劳动安全卫生制度,严格执行国家劳动安全卫生规程和标准,对劳动者进行劳动安全卫生教育,防止劳动过程中的事故,减少职业危害。用人单位必须为劳动者提供符合国家规定的劳动安全卫生条件和必要的劳动防护用品,对从事有职业危害作业的劳动者,应当定期进行健康检查。从事特种作业的劳动者,必须经过专门培训并取得特种作业资格。劳动者在劳动过程中必须严格遵守安全操作规程。劳动者对用人单位管理人员违章指挥、强令冒险作业,有权拒绝执行;对危害生命安全和身体健康的行为,有权提出批评、检举和控告。

严格意义上讲,任何工作都存在风险,没有什么是绝对安全的。企业可以遵循一定的原则来处理工作安全问题,减少工作风险发生的频率和强度。

（一）预先告知风险

在与员工签订劳动合同时,就应该告知工作中可能会遇到的风险。在员工了解到未来工作可能会遇到的风险之后,在平等自愿的条件下签订劳动合同。如果由于高失业率或者急需该职位,员工别无选择而签订的合同,这不能算是一个公平的合同。雇主知道存在对健康或者安全有害的风险时,有责任减少这些风险,或者通知员工以便在员工知情后再作选择是否继续他们的工作,员工的选择应当是自愿和平等的。

（二）提供最低安全保障

工作场所安全至少要满足法律规定的安全标准,低于此标准产生的风险,是不能为道德所接受的。雇主应主动采取必要的安全预防措施,配备安全防护装备,提供具备良好的温度、湿度、通风等条件的工作环境,将可能的工作场所风险降到最低。

（三）培训员工识别和防范风险

企业需要对员工进行必要的风险认知培训,使其了解工作中可能存在的风险,提出识别防范风险的方法,并在醒目的地方设置风险提示标志。

（四）监督检查

即使预先告知了风险及危害,即使进行了必要的培训,有人仍然会疏忽大意,仍然会为了便利而置安全于不顾,所以,企业还要制定安全制度,进行监督检查,及时发现并消除安全隐患,并应对员工进行定期体检,尤其是对于从事易患职业病的工作的员工,定期体检尤其重要。

（五）给予经济补偿

对于从事具有危险性岗位的员工,要提供津贴或者补助,使他们的劳动价值得到体现,并通过购买保险等方法保障员工意外发生后的生活。

案例5-2　别让外卖骑手"拿生命送餐"

一个"快"字,可以说是外卖行业的立身之本,外卖小哥是在"拿生命送餐",在用户差评和"一路狂奔"的安全风险之间,送餐员们往往更担心前者,因为那意味着远超收入的罚款。"速度与激情"背后的安全漏洞可见一斑。

是谁为外卖小哥按下了"加速键"？表面上看是那嘀嗒作响的倒计时,实际上是激烈竞争的外卖平台以及简单粗暴的盈利模式。面对庞大的消费市场,烧钱补贴用户的路子走不通了,拼服务就成为重要的着力点,准点率则是重中之重。在"多送多得"的逻辑下,外卖小哥自然是期盼多接订单。外卖平台也恰恰利用了这一心理,与其形成了你情我愿的默契。这种业绩考量不乏合理之处,但"唯快是图"也无异于变相鼓励忽视安全风险的投机之举。然而,平台将本应承担的责任转嫁成为社会风险,有失信、失责之嫌;为了盈利只顾惠及客户而忽视送餐员的权益,有失德、失誉之忧。

目前,上海、深圳等地均在探索监管模式。比如,每月向社会公布各外卖送餐企业涉及交通违法总量及违法率,对于排名靠前的企业进行约谈。这无疑是个有益的开始。为外卖小哥降速,接下来需要更多主体的参与、更多措施的发力,从根本上改变外卖平台"唯快"背后的"唯利"逻辑。

外卖平台是否可以设立更为人性化的考核机制,让外卖小哥在送餐路上多一份从容?作为用户的我们是否可以多一些体谅和理解,让"送餐路上请安全第一"的"暖心备注"更多见?交警部门则要从严执法,避免更多交通参与者为送餐员的一次任性而受损。总而言之,这条产业链上的主体相向而行,倘若能够成为外卖平台优化升级的一个契机,才有望让更多美食平安抵达。

案例来源: http://opinion.people.com.cn/n1/2017/0901/c1003-29508066.html。

四、工作压力问题

目前,中国的人均劳动时间超过日本和韩国,已成为全球工作时间较长的国家之一。有些企业随意延长劳动时间,提高劳动强度,对员工采取"杀鸡取卵"的态度,对员工进行掠夺式的开发。员工长时间超负荷地工作,承受巨大的工作压力,严重损害了员工的身心健康,有些员工甚至过度劳累而死,引发了人道主义悲剧。

适度的压力水平可以使员工集中精力,提高效率,刺激创新,但工作压力过高不仅适得其反,将导致人的新陈代谢出现紊乱,而且也违背了工作的根本目的——为了更加美好的生活,出现工作满意度下降,因此,企业有责任采取必要的、降低压力的措施。

企业应该采取行之有效的管理策略来缓解员工压力过大的问题:

(1) 角色定位,让员工清晰准确地了解自己的角色定位,明确自己的岗位和工作职责;

(2) 设定目标,给员工设定合理的但具有挑战性的目标,让他们了解目标并及时反馈目标进展情况,这会让他们做得更好;

(3) 工作再设计,通过轮岗等形式给员工新的发展空间,让员工产生新鲜感,主动地进行学习,不但有利于员工身心健康,也可提升员工的潜在价值;

(4) 弹性工作制,给员工自由支配工作的时间,满足员工的发展需求,提高他们的工作满意度和工作积极性;

(5) 积极的企业文化,营造积极的企业文化氛围,为员工提供必要的援助计划,提高员工的归属感。

第五节　特殊群体的伦理问题

这里的特殊员工群体主要指的是未成年工、妇女和农民工及残疾人等这些在年龄、身体、智力或能力方面存在劣势的群体,部分不法企业在雇佣这些人员时,往往采取歧视的做法,法律对他们的权益应该给予特别的保护。

一、未成年工/童工保护中的伦理问题

未成年工与童工不同,童工是指未满16周岁,从事有经济收入的劳动或从事个体劳动的未成年人。我国《劳动法》第15条规定:"禁止用人单位招用未满16周岁的未成年人。"《劳动法》第58条第2款规定:"未成年工是指年满16周岁未满18周岁的劳动者。"因为未成年工与童工缺乏自我保护的能力,企业在聘用他们时,普遍存在伦理问题。

（一）工作环境恶劣

大多数使用未成年工/童工的企业,其经营模式下的工作和生活环境都十分恶劣,脏乱差,维持正常生活的基本设施不完备,根本无法保障未成年工/童工的工作安全,严重侵犯了他们的合法权益。

（二）工作时间超负荷

在大多数使用未成年工/童工的企业中,他们的工作时间都在每天12小时以上,尤其是一些童工的雇主为了逃避检查经常昼息夜作,未成年工/童工正处于生长发育期,长此以往,会对他们的身体健康造成严重影响。

（三）身心健康面临挑战

在经济差距的冲击下,许多进城务工的未成年工/童工接受不了农村与城市生活环境的极大反差,往往会使他们的认知呈现混乱状态,或因巨大的境遇差异而形成强烈的自卑,会使这些未成年工/童工无法认同所处的处境,进而产生心理障碍。

（四）福利保障匮乏

多数雇用未成年工/童工的企业设备落后,生产规模较小,它们大多管理漏洞大,规范不严。受雇于这类企业的未成年工/童工往往得不到最基本的劳动保障和权益,甚至出现伤亡事故后也草草了事。

（五）易成为加害利用对象

未成年工/童工相较于成人有其固有的脆弱性,他们维权意识差,辨别是非能力弱,并缺乏自我保护能力,他们往往会成为不法分子利用和加害的对象,从事繁重的劳动,经常要忍受雇主的暴力侵犯。

二、女职工保护中的伦理问题

工作场所中的女性职工更容易遭受到性骚扰,企业应营造对女性友好的工作氛围,让女

职工在融洽的环境中更高效率地工作,在女性特殊时期提供人文关怀,充分体现企业尊重女性的伦理文化。用人单位不能安排女职工从事法律法规禁忌从事的高危、高强度作业;不得以生育为由辞退女职工或单方面解除劳动合同;不得安排怀孕或哺乳期的女员工在有毒环境下工作,延长其工作时间,安排夜班工作等。

案例5-3　女员工的"五期保护"

相关法律对女员工在"五期"的工作安排和劳动保护作了详细规定。女员工的"五期保护"是针对女性的生理特征实施的,主要有以下内容。

(1) 月经期保护。企业在女员工月经期间禁止安排重体力劳动,禁止安排5米以上的高处作业,禁止从事高温、低温作业以及野外作业。

(2) 怀孕期保护。女员工在怀孕期间,企业要提供相关的卫生检查,建立休息室,禁止安排国家相关文件规定的各种有毒、重体力、高空作业等方面的工作。预产期还应安排孕妇休息,在怀孕期间不得降低基本工资。

(3) 生育期保护。企业在女员工产后应进行访视并提供产后指导。女员工在产后享受不少于90天的产假,难产的要增加15天产假,对多胞胎情况,每增加一个婴儿应增加15天产假,产假后1—2周内的工作量应少于原工作量,以便员工可以逐渐恢复。

(4) 哺乳期保护。企业要为女员工提供12个月的哺乳期工作保护。哺乳期的女员工不能从事有毒环境的工作。企业也不能延长其工作时间,并且不能安排夜班工作。有5个以上女员工哺乳婴儿的企业,应为哺乳期的女员工建立哺乳室。

(5) 更年期保护。所谓女性的更年期是指妇女月经将断未绝,向老年期过渡的生理过程。进入更年期的妇女,在情绪、精神状态、身体状况等多方面的表现经常与正常状态有非常大的差异,如容易生气、精神不能集中等。此时,她们已经不适宜从事许多劳动量大、细致的工作,企业应安排她们从事适宜的工作。

三、农民工保护中的伦理问题

农民工是一个数量巨大、结构复杂,且在不断扩张的新生群体,为城市经济发展作了很大的贡献,但实际上,农民工的合法权益受侵害的现象仍普遍存在,主要表现在以下六个方面。

(一) 就业权受到限制和歧视

农民工作为劳动者的一部分,在城市的就业权利经常受到种种限制与歧视,加上农民工受教育程度和自身技能普遍较低,农民工被排斥到所谓的"次属劳动力市场"上,从事着工资低、体力型、危险性高、劳动环境恶劣等城市劳动力不愿意干的工作,进一步影响到其职业成长。

(二) 劳动报酬权受到侵害

农民工的工资虽然有了显著提升,但与从事相似岗位的城镇职工工资水平相比,还有很大的差距，甚至许多地方的农民工连最低工资也拿不到，一些小微企业还存在严重拖欠农民工工资的问题。

（三）休息休假权没有保障

部分企业为了单方面追求利润，不顾《劳动法》关于工作时间的规定，常常要求农民工加班加点，甚至在国家法定节假日农民工也难以得到休息。

（四）劳动安全卫生权被漠视

由于农民工从事的工作大多集中在危险性较高的建筑、矿山等行业，或者职业病危害严重的电子、化工等行业，一些企业安全设施差，安全意识弱，工伤事故频频发生。

（五）职业培训权难以得到保障

地方政府一般会为城镇居民提供职业培训优惠政策，以提高他们的职业技能，但农民工享受不到这些优惠政策。并且，农民工流动性强，与企业的关系不稳定，劳动合同短期化现象严重，这在一定程度上也影响了企业对农民工进行职业培训的积极性。一些企业从节约成本的角度考虑，也不愿为农民工提供职业培训。

（六）福利权利缺失

有些用工单位不为农民工买社会保险，或只给少部分农民工投保，或是避重就轻只买一种保险，农民工更享受不到城镇居民享有的住房、医疗、养老等社会保障和福利待遇。还有一些用人单位未与农民工签订劳动合同，或是一些从事危险行业的用工单位与农民工签订事故责任自负的"生死合同"，造成农民工维权困难。

四、残疾员工的聘用和保护问题

用人单位有职责和义务按照一定的比例安排残疾人就业，但当前大部分残疾员工的才能还未被充分利用，在劳动力市场上，即便工作岗位对身体条件没有特殊的要求，残疾并不会影响到履行岗位职责，在招聘过程中残疾人仍会受到歧视，残疾人的就业难度很大。某些企业为了骗取国家补贴、税收优惠等，会虚设残疾岗位，残疾职工并没有得到有效安置，更有部分企业会虚报本单位残疾职工的人数，以骗取国家退税。

当前职场普遍缺乏对残疾工人应有的关怀，没有主动地为残疾人创造友好的环境，让这一部分特殊的弱势群体缺乏集体的归属感。随着我国老龄化的加剧，传统的"劳工池"逐渐萎缩，而残疾人的才能大部分还未被充分利用，企业应不断改进支持政策，帮助并支持残疾人有效地融入职工队伍，如针对残疾人的职业发展计划、员工协助计划教育培训计划及灵活的工作时间与工作条件等。

案例5-4　民族白象，坚守本心，回馈社会

白象食品股份有限公司是一家创建于1997年的以生产、销售优质面制品为主的企业，白象坚持帮助残疾人就业，有三分之一的白象人是残疾工人，这些员工被亲切地

商业伦理学

称为"自强员工",与正常员工同工同酬,平等地享受一切福利待遇。

细节见真章,白象的人文关怀体现在方方面面。车间外的公共区域,有无障碍通道和减速带,并且划分有专门的安全通道,避免与货车接触;洗手间里有无障碍扶手和防滑垫;食堂设有特殊的窗口,专门为矮个子员工放置了台阶打饭。为了保障"自强员工"的安全,白象不仅会根据身体特点安排岗位,还对生产线进行了无障碍改造,发生危险时会触动报警系统,生产线会及时地暂停工作。

外界曾有声音质疑白象这么做,是为了逃避缴纳残疾人就业保障金。根据政策规定,中国的企业需要按照员工人数 1.5% 的比例缴纳残疾人就业保障金,不想交这个钱,就按照在职人员 1.5% 的比例招收残疾人。如果是为了完成政策指标,减少企业开支,只要达到 1.5% 的比例就行,完全没必要增多到三分之一。再者,这部分退税抵扣的差价,也远远比不上正常人产生的效率差价。

白象招聘了大量残疾员工,帮他们解决就业问题,让其重新获得自信和自强,体现自身价值。山河明朗,人间值得;五星闪耀,皆是中国。白象对残疾职工的人文关怀,体现了一个民族企业的社会担当和家国情怀。

案例来源: https://baijiahao.baidu.com/s?id=17280697625882030 68&wfr=spider&for=pc.

第六节 员工对企业的伦理责任

个人对企业组织的伦理责任来自员工和其雇主之间的契约,与管理层的信托责任相类似,个人同样应遵循相应的工作伦理,其核心是个人努力工作以达成公司目标并获得薪酬与职业升迁,并履行勤勉审慎、忠诚于公司目标的责任,个人不能为谋求个人利益而损害公司利益。个人只要遵守了公司制定的伦理规范和伦理守则,就被视为尽到了道德责任,包括勤勉、忠诚、可靠、主动、负责的工作态度,团队合作精神,符合公司要求的礼仪风范,良好的工作技能以及尊重他人等。

一、员工敬业度

在强调企业对员工的道德责任的同时,也必须重视员工对企业的伦理责任。与管理层的信托责任相类似,员工同样应遵循相应的职业伦理,从责任的角度而言,员工只要遵守了公司制定的伦理规范和伦理守则,就被视为尽到了道德责任。员工要认真履行工作职责,员工的岗位职责一般由岗位责任说明书明确规定,员工要能够根据岗位要求,协助管理者认真执行工作任务,做到在本职工作上不敷衍了事,保质保量完成分内工作,并能够自觉地遵守公司的各项制度,积极地为公司制度的完善提出善意的建议。

员工不能为谋求个人利益而损害公司利益,员工的不道德行为,可能比较轻微,但也可

能演变成严重的违法行为,其表现形式包括工作敷衍、不尽责、与公司存在利益冲突、假借工作职能接受礼物甚至接受商业贿赂或欺诈交易对象、窃取公司财物、泄露公司商业秘密等,这些都属于严重程度不等的不道德行为。

敬业度衡量企业员工勤奋工作、积极思考、发挥主观能动性的程度。敬业度高的员工,在认真完成岗位职责的基础上,能够不断追寻改善工作流程与工作方法,努力提升自身的职业能力,主动将个人的成长与企业的发展协调一致。敬业度较高的员工,能够勇于承担责任,在遇到困难时,不找借口,不推卸责任,努力追求卓越,培养自己的主人翁精神,为公司的发展建言献策。

在"雇佣型"的商业道德境界下,员工用雇佣的观点看待本职工作中人与人之间的关系。他们一般将从事企业工作看作谋生的手段,不主动发挥自己的知识和技能,只求得到理想的工作和报酬,道德上也就满足了。处在"尽职型"道德境界的员工,以做好分派给自己的工作作为最高的追求,他们缺乏远大的道德理想,力争其个人的行为受到社会道德评价的肯定、鼓励和表扬,这类企业员工的道德水平有待提高与升华。"献身型"员工是指员工在本职工作中始终做到工作第一,在这种道德境界下,员工能从大局出发,能摆正并正确处理个人与集体的关系,能从他人和社会利益出发,全身心地投入工作,这些员工的商业道德修养达到完美的境界。企业可以持续开展员工职业素养培训,推进员工从"雇佣型"境界向"尽职型"境界转化,从"尽职型"境界向"献身型"境界转化、升华。

案例5-5　渔奴

4名女记者利用卫星定位追踪了一艘货船,这艘船装着劳工们打捞的海鲜,先是运往泰国,然后进入全球市场。这些海鲜最后出现在包括沃尔玛在内的欧美和亚洲的各大超市、餐饮行业里。她们追查出口商和进口商,终于一路跟到印度尼西亚一个几乎与世隔绝的名为班吉纳的岛上,从班吉纳到沃尔玛,这是一条长长的利益链条,链条上的每一家公司挣的每一分钱,都沾满了这些渔工的血汗与绝望。

这个岛上生活着好几百名被奴役的渔工,这些劳工大多来自缅甸,他们有的是被黑心中介诱骗来的,有的甚至是被直接绑架,中介以约1 000美元/人的价格,将他们卖给班吉纳小岛上的船主或者渔业公司。这里的渔奴每天会被逼着到渔船上劳动,经常连续工作20—22小时,一周7天几乎没有休息。只要稍有松懈或者抱怨,就会换来船老板的拳打脚踢和鞭子抽打。他们每天被迫喝不干净的水,只能吃极少量、根本不足以填饱肚子的米饭和咖喱。岛上的各个角落有很多铁笼子,笼子里关着的都是试图逃走或者流露出逃跑念头的缅甸奴隶。由于笼子狭小,他们根本没有办法躺下来,只能一直蜷缩着身子坐在地上。出海打鱼时死去的渔工,尸体会被直接扔到海里喂鲨鱼。

4名女记者花了一年多的时间,收集掌握了各种证据,如照片、视频、行船记录……她们知道,一旦将手中这一切整理报道出去,绝对是个爆炸性的大新闻。但是,

> 她们同时也意识到……一旦她们在这个时间公布她们的新闻报道和报道里的那些采访，那些岛上劳工的生命很可能会受到威胁……在爆炸性新闻和劳工的安危之间，她们选了后者，决定延迟新闻发布，先救人。4名女记者冒着生命危险写出来的报道，揭开了泰国海洋水产品捕捞行业里广泛存在了几十年的罪恶行径，解救了2 000多名被囚禁、被虐待奴役了几年乃至几十年的非法移民。美联社的这一重磅报道发表后，在全球范围内，尤其是美国激起了强烈的反响。
>
> 案例来源：https://news.cnr.cn/native/gd/20160420/t20160420_521925956.shtml.

二、员工忠诚度

忠诚度表现在员工对企业有强烈的认同感，对外不恶意散布公司内部发生的事故，主动与有损公司形象的行为作斗争，树立并维护良好的公司品牌形象。当个人利益与集体利益发生冲突时，具有较高忠诚度的员工能够自觉地以企业整体利益为重。

赵斌（2011）在《企业伦理与社会责任》一书中提到员工对企业的忠诚存在三大误区。

（一）行为服从与员工忠诚混淆

听话的员工不一定是忠诚的员工。因为对于"听话"的员工而言，他们的行为极其符合领导和上司的意愿，正所谓"唯马首是瞻"。然而，有时候行为服从反映的恰恰是员工对企业的漠不关心。不论领导说什么，不论对错，都不顾实际情况坚决执行，其必然导致决策浪漫化、主观化等问题的出现。

（二）思维趋同与员工忠诚混淆

企业要发展，必须重视员工差异的价值，员工的忠诚绝不能建立在思维趋同的基础之上，当企业中聚集了大批思维相似的员工时，必然会导致企业发展中遭遇盲点。对企业忠诚绝非要人云亦云，要勇于发挥个体的创造性，为企业带来新鲜的思想。

（三）从一而终与员工忠诚混淆

企业与员工之间是一种双向选择的关系，企业有用人的权利，员工也有选择雇主的权利。员工只要遵守企业劳动合同中的各种承诺和约束，尽职尽责地完成工作职责，并作出自己的贡献，不必强求从一而终，适当的人员流动对劳资双方都有利。

三、员工流失问题

（一）员工流失的影响

员工流失是指对企业经营发展具有重要作用，甚至是关键性作用的人才主动流走。对企业而言，一个优秀员工流失所带来的影响是多方面的，既会对企业稳定发展带来不确定性，也会给企业造成巨大的成本开支。

首先，良好的团队因某些核心员工的离职而遭到破坏，执行中的任务因此被迫中断，企业经营效率大大降低。管理人员的离职，带给企业的是经营理念的中断、团队不稳，甚至是管理层的瘫痪;销售人员的离职,带给企业的是商业机密的外泄和市场份额的流失;技术人员的离职,导致企业核心技术的流失和在研发项目的中断或夭折。

其次,核心员工的主动离职对公司在职员工的心理和企业整体工作氛围的影响也是不可低估的。离职具有"示范"作用,一个员工离职会引起大约 3 个员工产生离职的想法,使在职员工心态不稳,士气低落,工作效率下降,减弱企业的向心力、凝聚力,这种隐形损失是难以估计的。

再次,优秀员工离职所留下的职位空缺,迫使企业重新支付招聘成本、培训费用、薪酬维持费用以及人才重置成本等一大笔成本寻找或是培养接替者。招聘一个合格的人才通常有 1—2 个月的招聘期,3 个月的适应期,6 个月的融入期,此外,企业还需付出相当于 4 个月工资的招聘费用,承担超过 40% 的失败率,重新招聘和培训人员替代所发生的经济成本是不可避免的。

最后,某些核心员工离职可能带走对于企业发展至关重要的核心商业技术秘密和客户等资源,如果企业高管或其他核心员工跳槽到竞争对手的企业,企业在同行竞争中就会失去优势;若是集体式的跳槽,对企业来说则很有可能是致命性的打击。

(二)员工流失的原因及解决对策

企业要警惕频繁的员工跳槽行为,这种情况很可能是因为企业的人力资源管理制度存在缺陷,员工平时情绪积累较严重,将有可能发生员工集体离职潮,给企业带来致命的打击。只有深入剖析优秀员工离职的深层原因,人力资源管理部门才能有效地开展企业人才危机管理,寻求应对措施。

1. 入职 2 周离职

这说明新员工看到的实际状况与预期产生了较大差距,这些情况包括对公司环境、入职培训、待遇、制度等各方面的第一感受。在入职面谈时,就把实际情况尽可能地讲清楚,不隐瞒也不渲染,让新员工能够客观地认识他的新东家,这样他就不会有巨大的心理落差。

2. 入职 3 个月离职

这一般主要与工作本身有关,可能说明公司的岗位设置、工作职责、任职资格、面试标准等方面存在某些问题,需要认真审查是哪方面的原因,以便及时补救,降低在招聘环节的无效劳动。

3. 入职 6 个月离职

这多半与直接的上级领导有关。人力资源管理部门要安排公司的管理者接受领导力培训,了解并掌握基本的领导力应具备的素质。管理者要能够了解下属的优势和潜能,并让他们的优势与岗位职责匹配,为公司发挥最大效用,同时也让员工体现出他们的价值,管理者应成为下属成功的重要推动力。

4. 2 年左右离职

这一般与企业文化有关系。这时的员工一般对企业已经完全了解,对于各种处事方式、人际关系、人文环境、授权、职业发展等了解得都很全面。营造优秀的企业文化将有助于保留这部分人才。

5. 3—5年离职

这主要与职业发展有关。学习不到新知识和技能,薪酬提升空间不大,没有更多高级职位提供,此时,员工最好的解决办法就是跳槽。但对企业来讲,这个阶段的人力资源价值最大,离职损失较大。人力资源管理者要注重与员工沟通诉求,根据不同类型员工的需求结构,设计合理的职业发展通道,并及时跟踪调研就业市场的供求关系,主动调整薪酬、职位设计。

6. 5年以上离职

此时离职,一方面是职业厌倦导致,需要给予其新的职责,多一些创新类工作,来激发他们的积极性;另一方面是个人发展与企业发展速度不统一导致,企业发展太慢,员工的上升空间打不开,事业心重的员工看不到新的希望,必然会另谋高就了。

人力资源管理部门要关注员工不同的离职原因,有的放矢地改善企业的文化环境、人才管理制度等,提升员工尤其是核心人才的满意度,稳定企业的人才结构,保障人力资源的良性流动。

员工关怀可以增进员工对于企业的认同感及归属感,增强凝聚力,降低离职率,让员工保持健康良好的工作心态,从而达到与企业共同发展的目的。

1. 做好员工需求分析

与员工建立良好的沟通渠道,定期组织员工会议、个人面谈或匿名调查,了解员工的需求和关切,倾听员工的想法,并对其反馈做出积极回应,确定整体改善工作环境、团队氛围、工作效率等的思路和方法。

2. 创造积极的工作氛围

建立一个积极、友好和合作的工作氛围,促进团队精神和团队协作,表扬和认可员工的贡献和努力。在一个受到尊重的环境下工作,员工更乐意奉献并体现自己的价值。管理者可以多一些赞美和鼓励,少一些批评和指责,多给予精神关怀,比如生日祝福、节假日福利、灵活的工作安排和假期政策等。在企业内部建设上,合理安排团建活动,不仅可以增强部门之间的沟通互动,营造良好的工作氛围,增强凝聚力,还可以让员工之间认识到各自的差异性,互相学习进步,加强员工之间的联系,培养团队合作精神,建立归属感,提高员工的工作满意度。

3. 制定完善的职业发展规划

关注员工的职业发展和成长,提供培训、学习和晋升机会,帮助员工发现自己的潜力,提供适当的资源和支持,使其能够实现个人和职业目标。职业生涯规划是促进员工积极工作最好的"兴奋剂",打破向上发展的"天花板",为员工的职业发展创造条件是能够留住人才的有效方法。

员工关怀是一个持续的过程,要求领导者和管理者持续关注和投入,并根据组织文化和员工需求进行调整和改进。通过员工关怀,可以增强员工的忠诚度和工作动力,进而促进组织的发展和成功。

四、检举与揭发

个人检举行为通常发生在组织的内部,但如果事态严重到一定程度,检举者对内部解决方法存在不满时,就可能向外部检举。"告密"是企业伦理中的经典问题之一。

大多数员工对于检举行为以及检举者一般都持反对和敌意的态度,这对汇报不道德行为造成了阻碍。这可能是因为检举者的行为令未检举者觉得自己是公司不当行为的同谋,或者因自己缺乏道德正义感而感到羞愧。人们总是痛恨"打小报告"的行为,认为"家丑不可外扬"。如果一个人检举了自己所在的公司,即便出于道德原因并且对社会有利,但这个人不仅会受到管理层的排斥,也会受到其他员工的排斥。人们认为检举者就是叛徒,损害和侵犯了公司中大多数人的利益。从情感角度而言,多数员工和管理者认为不应检举自己的公司。

案例5-6 世通电信的告密者

2002年3月,世通电信公司全力协调与整合65家公司所带来的复杂局面。公司备受尊敬的首席财务官斯科特·沙利文从准备金账户中转出4亿美元,并在公司的对外财务报告中将它记录为"收入"。辛西娅·库珀是世通电信内部审计部门主管,作为一名完美主义者,她对这个事件提高了警觉,并开始在夜间秘密检查公司账簿。她很快发现,斯科特·沙利文和公司的财务主管大卫·迈尔斯多年来把数十亿美元对外报告为"资本支出",而这些支出实际上是运营成本,他们忽视了无法回收的应收账款,并把准备金报告为公司的"收入",在公司审计与会计部门安达信会计师事务所的帮助下,他们完成了这一切。

虽然辛西娅遭到了沙利文愤怒的威胁,并且有可能丢掉工作,终止在世通电信的职业生涯,但是在2002年6月20日,忧心忡忡的辛西娅还是勇敢地会见了世通电信董事会下的审计委员会,向他们汇报了事件的经过。6月25日,世通电信的某位董事宣布公司虚增了超过38亿美元的利润,这一数字后来增加到90亿美元,成为有史以来涉案金额最大的会计诈骗。沙利文和迈尔斯被逮捕了,世通电信的股东损失了30亿美元,1.7万名员工失业了,安达信也因为销毁其他公司的会计诈骗证据而关门大吉。即使到了今天,世通电信的很多经理和员工也不愿意与辛西娅讲话。辛西娅说:"总有人要付出代价,但还是从中学到的价值观和伦理更为重要……"

注:作者根据相关资料整理。

举报的内容满足以下条件的检举行为具有道德上的合理性:
(1) 公司的产品或政策将会对员工或其他利益相关者造成严重和巨大的伤害;
(2) 员工认定某一产品会对使用者存在严重的威胁,他们应该向直接领导汇报自己所预见的可能发生的伤害，否则，检举的行为就不是完全合理的；

（3）如果直接领导对员工汇报的问题未采取有效行动，员工应继续在公司内部寻求一切可能的程序和方式进行解决，包括逐级向上级管理者汇报，必要时向董事会汇报；

（4）员工必须掌握确凿的证据，足以向理智和公正的第三方证明自己的正确性，证明公司的产品或行为确实有可能对公众或用户造成严重威胁；

（5）员工必须有充分的理由认为曝光可以使事情有良性转变。

将检举视作不道德行为的人会认为检举是对公司的不忠诚，然而，员工的检举行为可能恰恰是出于对公司的忠诚，检举就是为了制止公司不道德的行为，从而也就保护了公司的利益和声誉，确保了公司未来的可持续发展。员工采取有效的方式及时制止公司可能会对消费者、员工或社会造成伤害的行为，虽然有可能会损害股东或其他利益团体的利益，但这么做并没有违背对公司的忠诚，也体现出员工高尚的道德情操和社会责任感。

向外界组织（如媒体和法律机构）告密，对于告密者和公司本身来说伤害都非常大，因此，内部汇报就是一种更好的方式。但是内部机制必须保证有效，以保护检举者的合法权益，避免检举者承担巨大的风险和代价，这样才能鼓励员工汇报不道德行为，真正实现监督的功能。

本章小结

本章阐述了员工管理过程中选人、育人、留人和用人所面临的伦理问题以及解决对策。具体内容包括聘用过程中的歧视问题，众包、机器替代人等新型用工伦理问题，解聘的原则以及竞业禁止问题，薪酬、培训公平问题，员工参与问题，工作场所的安全问题和工作压力问题，特殊员工群体的伦理问题。此外，研究了员工对企业的敬业和忠诚度、员工流失问题以及检举与揭发的伦理问题。

复习思考题

1. 简述招聘过程中存在的歧视问题。
2. 如何提高员工的忠诚度？
3. 企业如何解决薪酬公平的问题？
4. 如何看待员工对企业的检举与揭发？

第六章 产品和服务的伦理问题

 学习要点

- 市场交易的公平性原则和诚信原则
- 产品双重标准问题
- 产品质量安全的伦理问题
- 企业对产品安全的伦理责任
- 产品设计和包装的伦理问题及伦理责任
- 产品质量责任伦理观点
- 服务伦理问题

第一节 市场交易的伦理原则

一、公平性原则

公平性原则是指商品交易主体在让渡其使用价值和实现价值的商品交易活动过程中,双方应秉持自愿、公开、平等的条件下进行财货交易,商业活动主体在经营过程中应坚守公正,不偏不倚。公平性原则是确保组织内部关系融洽、维持良好的现代商业秩序的坚实基础。公平性具体表现在以下五个方面。

（一）交换主体的公平性

商业活动主体的公平性是指直接参与商品交易活动的个体或组织（团体）在商品交易的全过程中,其主体地位都应该是平等和自由的,所发生的商业经营行为完全是出于双方的自愿。商品交易行为发生的根本目的在于通过互通有无来实现交易主体彼此的利益。因此,遵守商业活动主体的公平性原则,可以有效避免交易双方因受逼迫而发生强买强卖,从而使当事人的利益受到损害。

（二）交换内容的公平性

商业活动内容的公平性主要包括：商业交易对象即标的物（商品或服务）必须具有合法性，即标的物应在法律、法规限定的范围之内；商业交易对象必须符合公平道义，尤其是交易的商品不能对少年儿童的身心发展造成不良影响；商业交易对象必须是合格产品，不得以次充好，以假充真。

（三）交换比例的公平性

商业活动中交换比例的公平性强调在商业交易过程中交换比例的等价性或等值性。它是权衡商业活动交易过程公平性的重要衡量标准。遵循交换比例的公平性原则，对确保商业活动交易主体双方利益的均衡具有极其重要的意义。交易主体在商业活动中要保证：(1) 定价合理，避免商业交易主体借信息不对称、供不应求等原因而虚抬价格；(2) 货真价实，商业交易主体要确保所提供货物的质量与其价值相匹配，不能欺骗消费者；(3) 分量要足，商业交易主体应做到所提供的货品分量与其价值相匹配，不缺斤短两，不过度包装，不蒙蔽消费者。

（四）交换程序的公平性

商业活动中交换程序的公平性是指交易过程必须遵循公平合理的规范和程序，即：(1) 商业交易过程事先应有明确的普适性市场规范；(2) 商业交易双方应遵守该市场规范及相关程序；(3) 执法人员必须遵照相关规范及程序对商业活动进行严格监控。

（五）交换手段的公平性

商业活动中交换手段的公平性是指在商业交易过程中，只有确保市场处于有序竞争状态，才能够实现资源的合理配置。因此，为了保证交换的公平性，需要抑制诸如垄断、独占、兼并股份保有、独家交易、商业贿赂、倾销等不正当的竞争手段，以确保商业交易的公平。

另外，为保证商业活动中交换手段的公平，必须严厉监控以下利用信息欺诈手段牟利的行为：(1) 商业交易主体故意隐瞒商品的真实信息不报；(2) 故意漏报信息，制造信息不对称的情形，人为干扰商业交易主体的科学决策；(3) 通过广告等不实报道以制造虚假信息，欺瞒商业交易主体（如消费者），从中牟取私利的行为。

二、诚信原则

诚信原则是现代商业应遵循的最基本的原则，要求商业企业在经营过程中，能够讲信用，恪守诺言，诚实不欺，在追求自己利益的同时不损害他人和社会的利益，市场经济主体只有遵守诚实守信的原则，才能塑造良好的品牌形象和信誉，市场才会向良性方向发展。诚信原则体现在商业交易中就是对消费者负责任的态度，商业企业的诚信重在维护消费者的知情权。在选购、使用商品或服务过程中与正确的判断、选择、使用等有直接联系的信息，消费者都有权了解。具体说来，消费者知情权的内容大致分为以下三个方面。

第一，关于商品或者服务的基本情况，包括商品名称、商标、产地、生产者名称、生产日期等。对于某些商品来说，其产地和生产者信息是很重要的，如果发生质量问题，方便消费者溯源,从源头保障消费者权益。

第二,有关技术状况的标识,包括商品用途、性能、规格、等级、所含成分、有效期限、使用说明书、检验合格证书等。了解商品的用途和性能是非常重要的,特别是有些商品如果使用不当可能会给消费者的人身健康和安全带来危害。了解商品用途、性能可以通过多种途径,如销售者当场演示,索取说明书、线路图,甚至可以自己操作试用某些商品。对于某些特殊商品,如药品,仅从说明书上还不能完全了解它的用途、性能,还要遵照医生的嘱咐或者根据医生的指示来了解该商品。

第三,有关销售状况,包括价格、售后服务等。商品或服务的价格是商品或服务交易的关键,直接关系到生产经营者与消费者的切身利益,消费者应当对价格有确切的了解,尤其是对商家提供的服务的价格。目前,我国服务行业的管理尚不严格,价格收费也比较混乱,损害消费者的情况十分严重,这就要求消费者在接受服务前就价格问题与经营者协商确定,以避免挨宰受损。商品的售后服务也与消费者的利益紧密相关,了解售后服务主要是看生产厂家与经营者有无质量担保期,提供维修服务的方式以及是否收费、收费多少等。良好的售后服务已经越来越成为消费者消费时的重点考虑因素。

第二节 产品质量安全的伦理问题

一、产品质量安全及标准

（一）产品质量安全

任何产品都可能存在不安全因素,产品安全与否不仅与生产技术工艺有关,也存在许多人为因素,还会受到消费者不正确使用的影响。产品的质量安全是一个相对的概念,没有绝对好的或安全的产品,层出不穷的新技术使产品质量和安全性评估面临诸多不确定性,而且产品的经济性也制约了质量和安全性能无限提高的可能性。

产品应该要保证消费者的人身安全以及财产安全。如果在使用产品的过程中,消费者遭受不合理的危险,则该产品将被认为是不安全的,也就是有缺陷的。比如,Pinto车在内部测试中已经发现了安全问题,但福特公司并未对公众公布这一信息,这些有安全缺陷的产品仍然得以正常销售,在Pinto车频发事故之后的十余年,消费者才取得了法律上的胜诉。

在有关产品质量尤其是有关产品安全的伦理决策上,经常存在一些"决策困境"。技术上能达到的最高级别的质量水平和安全性,可能是消费者完全支付不起的。硬性规定超过消费者需求的质量和安全性要求,会使某些消费者被剥夺购买"适宜"产品的机会。例如,当过度强调产品的安全性时,可能因为产品价格过于昂贵而对某些消费者不公平,但若完全以消费者需求作为安全性的判断标准,受制于知识和信息的有限性,消费者经常无法作出明智、理性的选择,同样会形成不公平。

（二）产品安全标准

尽管产品没有绝对的安全，但需要确定合理的质量或安全标准，毕竟，它关乎消费者的生命与财产安全。如果消费者知道这些危险，能够估计危险发生的突然性和严重性，知道危险发生如何应对，而自愿接受这些危险，则这些危险就是合理的危险；反之，能够轻易防止的危险以及消费者愿意花钱去防止的危险，则是不合理的危险。

在很多情况下，所谓合理的安全期望值可能是模糊的，需要制定安全技术标准并以法律的形式予以保障。通常，安全技术标准包括国际标准、国家标准、企业标准等。标准存在的意义，在于向消费者传达明确的产品或服务质量信息，消费者可以根据接收到的信息对产品或服务质量进行判断，从而自行作出购买决策。

产品安全标准一般是由政府有关部门制定，或由行业协会来制定。一般来说，政府制定的产品标准是比较低的，但公众对产品安全的要求和期望是比较高的，企业生产产品时必须考虑公众对产品安全的期待要高于政府标准。

生产厂家与消费者相比，更熟悉产品的原料构成，了解产品的生产工艺流程，在产品安全性上具有某种信息优势。生产厂家在生产过程中应该对产品的安全性给予关注，把产品的安全性控制在一个合理的标准范围内。

（三）双重标准问题

不同的市场区分可能产生针对不同地区的双重（多重）标准。针对双重标准的道德争论，主要集中在是否存在"歧视"以及企业是否"诚实"两个方面。例如，中国市场上存在的一些双重标准，很多情况下是针对国内外市场制定不同的质量标准，这使得面向国内市场销售的产品在安全性和可靠性方面低于出口产品。

1. 歧视性双重标准产生产品安全性问题

由于国内的一些标准低于国际标准，从而导致生产企业实施双重标准并不违反中国法律。例如，当麦当劳的麦乐鸡因含有化学消泡剂二甲基聚矽氧烷、抗氧化剂特丁基对苯二酚两种有害成分，而在美国被强制下架时，麦当劳中国公司却宣称其产品符合中国有关食品添加剂的相关标准，这种歧视性待遇正是安全标准过低造成的。

双重标准导致雀巢、杜邦、宝洁、联合利华、百胜、亨氏等国际品牌的产品在中国频繁出现安全质量问题。某些跨国公司将优质产品卖给国外，将质次商品甚至带毒食品倾销到中国。这些跨国企业内外有别，在母国遵守法纪，但在中国市场，存在严重的产品质量安全问题，偷逃税收、污染环境、恣意侵害中国员工的合法权益等伦理问题。

企业实施歧视性的质量标准，可能会导致相当不良的后果，一旦消费者具有较高的支付能力，将会快速抛弃该企业的产品和服务，执行双重标准的企业终将在市场中口碑下降，消费者会对品牌及产品服务严重质疑，严重情况下甚至损害整个行业和国家的竞争力。

2. 线上线下双重标准

网购刚推出之际，凭借比线下商品价格便宜的优势，吸引了大量消费者将消费行为迁移到线上，进而形成良性循环。线上销售占比越来越大，线上对线下造成巨大挤压，部分传统线下商家因业绩下滑而亏损、倒闭，也影响到整个供应链系统，导致代理渠道陷入混乱格局，引发供应链商家的不满情绪。部分企业为安抚代理、零售商家,避免线上线下矛盾冲突加剧,开始采取双重标准,对线上商品区别对待。

2022年6月,中国消费者协会发布的《部分商品线上线下质量、价格调查报告》指出,多数同个商品线下样本价格明显高于线上样本价格,同时,线下商品质量一般好于线上商品质量,反映出个别企业针对线上线下存在质量上的双重标准,例如,同样一款电器,线上线下往往有15%—30%的差价,可是产品质量却不同,线上售卖的电器元器件、功能等均有缩水,这就是典型的双重标准。

部分企业出于维护线下商家的利益,又不愿意放弃线上销售渠道,就采取电商特供款的方式,名义上是两种不同的型号、款式,似乎没有可对比性,但实际上都是同一个商品,只是标注的型号、款式不同罢了。此举给企业留下了很多"操作空间",很多电商特供款就是"缩水版",原材料、功能、做工等都降低了级别。这种双重标准更为隐秘,很多消费者不明就里,以为电商特供款物美价廉,其实只是买到价廉质低的产品,显然,企业此举有欺诈之嫌。

从未来趋势看,线上线下融为一体、商品价格一致的新零售时代,已经成为业内共识,在这样的发展背景下,企业继续采用双重标准生产质量存在差异的商品就有些不合时宜了。因此,企业应尊重消费者的权益,为线上线下的消费者提供同等货真价实的商品,以口碑和质量赢得市场才是正道。

二、产品质量安全中的伦理问题

(一)假冒伪劣产品

假冒产品是指厂家通过使用伪造的厂名、厂址、商标、产品名称、产品标识等误导客户、消费者,使其错以为该产品就是正版产品而进行购买交易。伪劣产品是指那些质量低劣甚至已经失去使用性能的产品。购买了假冒伪劣产品的消费者,轻则经济受损,重则危害健康,假冒伪劣产品是生产企业对消费者的明显欺诈。生产与销售假冒伪劣产品,不仅会影响企业的持续发展,损害那些守法经营企业的利益,还会在一定程度上造成市场经济秩序的混乱,甚至损害国家的利益。

假冒伪劣产品的实际生产成本要低于正规产品,生产商、销售商不当获利,消费者则因未获得自己应得的商品性能而受到不公正的待遇,是一种经济中的不公正、不道德的行为。国家质检总局指出,假冒伪劣产品主要有以下九种情况:

(1)伪造或者冒用认证标志、名牌产品标志、免检标志等质量标志和许可证标志的;
(2)伪造或者使用虚假的产地的;
(3)伪造或者冒用他人的厂名、厂址的;
(4)假冒他人注册商标的;
(5)掺杂、掺假,以假充真、以次充好的;
(6)失效、变质的;
(7)存在危及人体健康和人身、财产安全的不合理危险的;
(8)所标明的指标与实际不符的;

(9) 国家有关法律、法规明令禁止生产、销售的。

（二）食品安全问题

近些年来，食品的安全问题最为突出，中国乳业的滑铁卢"三聚氰胺"事件至今还让人触目惊心，很多无辜的婴幼儿患上肾结石，令很多无辜的家庭经历了这一悲剧。

食品安全是指企业生产的食品类产品须无毒、无害，符合应当有的营养要求，对人体健康不造成任何急性、亚急性或者慢性危害。食品安全问题主要表现在以下三个方面。

1. 食品原料污染问题

诸多的养殖者为了缩短畜禽的生长周期和减少疾病带来的生产损失，在动物的饲料和饮水中添加大量的添加剂、抗生素和国家禁止使用的违禁药品，以此来达到缩减成本并使利益最大化的目的，导致农药兽药（尤其是抗生素、激素）和一些明令禁止使用的饲料和添加剂的滥用、残留，从而造成食品源头的污染。

由于工业"三废"、城市废弃物的大量排放，农业化肥、农药的大量使用，许多有毒、有害物质渗入土壤中，进而污染农作物和水资源，导致饮用水中的含菌量增加、重金属含量偏高等，影响了我国粮食作物、饲料作物、经济作物、畜产品和水产品的质量，在原材料供应方面给食品安全生产带来极大的隐患。

2. 假冒伪劣食品的安全问题

一些食品加工企业急功近利，不按照食品加工工艺要求操作，不按照严格质量标准生产，偷工减料，生产假冒伪劣产品，特别是一些地下的山寨厂，为了降低生产成本，往往采用劣质的原料进行生产，严重影响产品的质量，危及消费者的消费安全。注水肉、潲水油、假豆腐等问题时有发生。更有少数不法厂商见利忘义，不顾良心和责任，使用国家明令禁止的添加剂加工农产品，造成如"毒大米""瘦肉精""金华火腿""山西假酒"等恶性事件，对整个社会的消费环境以及整个食品行业的发展都造成了极其恶劣的影响。

3. 食品流通过程中的安全问题

食品流通企业大多为个体工商户，安全卫生意识薄弱，缺乏必要的卫生设施，储藏条件恶劣，经营管理落后，容易导致食品流通过程中的污染和变质，存在流通环节的食品卫生安全隐患。一些企业贪图私利，甚至出售过期或变质食品，篡改生产和保质日期，欺骗和误导消费者，损害消费者的健康。

（三）药品生产投放的安全问题

在药物的生产和销售中存在有悖道德伦理的行为，主要表现在黑心商贩制造和贩卖不符合国家药典安全规范的假药。有以下情况之一者，按假药论处：国家食品药品监督管理部门规定禁止使用的；未经食品药品监督管理部门批准，私自生产、进口，或者未经检验合格即销售的；变质的；超过安全保质期的；被污染的；未取得原料药生产批准文号即开始生产的；药品说明书所标明的适应症或者功能主治超出规定范围的。

有下列情形之一的药品，按劣质药论处：药品包装上未标明有效期或者更改有效期的，不注明或者更改生产批号的；超过有效期的；直接接触药品的包装材料和容器未经批准的；未按照制剂处方和制备工艺生产，擅自添加着色剂、防腐剂、香料、调味剂及辅料的。

三、产品质量安全中的伦理责任

（一）企业对产品质量安全的伦理责任

在讨论产品质量安全的道德问题时，应从多个角度进行评价。

1. 技术和经济

企业应评估需要通过多大程度的努力，花费多大成本，才可以达到什么程度的安全性。技术和经济角度的安全评估，经常采用费用—效益分析方法，但不是所有的安全问题都可以采用这种方法。涉及人身安全的问题，不能单纯地考虑技术和经济分析，这样做显然不符合社会的道德标准，很多安全问题的产生都与价格竞争所导致的过度成本控制有关。

2. 安全风险

对产品安全风险的评估主要考虑使用该产品的消费者可以接受的安全度。在评估时，除了技术性评估问题，还要考虑使用者的价值观问题。例如，在涉及儿童、医疗、卫生、教育等行业的安全问题时，必须考虑到这些问题总能激起公众特别的关注。对企业而言，安全度必须控制在可接受的风险程度之内，才会被视为合乎道德标准。

3. 社会接受程度

企业可以在技术经济评估和风险评估的基础上，为自身的产品和服务订立质量标准。不同社会由于存在文化和经济发展水平的差异，对标准的要求也有所不同。标准的制定通常都与社会接受程度基本同步。不同的市场对产品可靠性和安全性的要求会有所不同，会使产品标准存在一定的差异性。

企业生产者在为消费者生产安全健康的产品时，必须承担以下道德责任：

（1）企业不能生产销售不安全、不合格的产品，这是企业道德责任的底线。一旦国家制定了相关产品的统一标准，企业就应该严格执行国家标准；如果某种产品没有标准或者还没有形成统一标准，企业起码应该保证产品安全，这对于生产者来说，是最起码的道德要求。有些行业的达标标准定得很低，而有道德、负责任的企业应该高于行业标准来要求自己。无论产品符合还是高于国家或行业产品标准，一旦发现产品存在较大的危险性，就不应当继续生产或销售；对于已经销售出去的产品，应该通过某种方式告知消费者，或者企业出于道德考虑，将一些产品召回作进一步改良和改进。明知产品存在性能或安全隐患，却对消费者采取隐瞒政策，这是典型的不道德行为。

（2）不论产品符合还是高于国家或行业标准，只要产品的使用或者是错误使用可能对消费者造成某种危险，企业就应当将发生危险的可能性明确告知消费者。如果企业明知产品有危险存在，却不在消费者购买之前告知，企业对消费者在不明情况下遭受的产品伤害要负法律和道德责任。

（3）企业必须告诉消费者，在使用产品时的风险来自哪里，在什么情况下可能出现风险，以及如何减少和避免产品风险。

（二）产品赔偿责任

生产商在产品安全方面的责任，不仅包括生产销售中应承担相应的道德责任，对因使用

了企业出售的不合格、不安全商品而导致的人身伤害,企业有义务进行赔偿。所谓赔偿责任,就是消费者如果使用了存在质量缺陷的产品而受到伤害,厂商作为生产者或者销售商,应该根据实际情况给予一定的赔偿,以补偿消费者由于使用该产品而导致的损失。针对企业应该怎样承担赔偿责任有两种不同的理论:一是传统的产品赔偿责任理论,二是严格的产品赔偿责任理论。

1. 传统的产品赔偿责任理论

企业如果在产品生产和销售过程中没有尽到安全责任,即产品质量没有达标或对消费者隐瞒产品存在安全风险的实情,从而导致消费者因为产品质量问题受到某种程度的损害时,企业就应对消费者给予一定的损害赔偿金或惩罚性的赔偿金;如果企业在产品生产和销售过程中已尽到了自己的安全责任,而消费者仍受到了伤害,即使可能是因为产品质量引起的,企业也没有赔偿责任。

这种理论认为,因为不存在绝对安全的产品,即使企业在生产和销售过程中对产品的安全性能给予足够的注意,产品还是可能有安全上的缺陷。企业的预测能力毕竟是有限的,不可能对产品在使用过程中将会发生的所有可能情况都预见到,而且这还需要花费大量的人力、物力、财力。

传统的产品赔偿责任理论有两个基本前提:一是产品有技术缺陷,二是企业在生产和销售过程中没有尽到应尽责任。对于产品在安全性能上的缺陷,可分为企业可预见和不可预见两种情况:前一种情况是指在企业现有的技术工艺水平上,企业可以通过各种方式去测试产品在使用过程中出现的各种情况,并尽力去克服,这种产品的缺陷是企业可预见的并加以改进;后一种情况是指企业在现有的技术工艺水平上,无法预见和克服的产品缺陷,包括消费者在正确使用和错误使用产品时可能发生的危险。因此,对于企业可预见并可以加以克服的产品缺陷造成了消费者的损害,就是企业在生产和销售过程中没有尽到自己的安全责任,则企业要对因忽视安全而造成的产品缺陷对消费者带来的伤害以及财产损失给予赔偿;如果是企业在现有的技术工艺水平下无法预见和克服的产品缺陷,企业在生产和销售过程中已尽到了自己的安全责任,但仍给消费者带来了伤害以及财产损失,企业不负有赔偿责任,即企业不应该为无过失的行为负责。

传统的产品赔偿责任理论存在着两大问题:一是只将企业的赔偿责任范围局限于生产和销售过程中,而产品销售后几乎不承担责任。这就存在这样的问题,如果消费者正确使用却发生了意外情况,责任应该由谁来承担?二是企业对产品的缺陷是否可预见并没有一定的界限。这种问题的存在,很可能被想逃避责任的企业所利用,进而拒绝赔偿。

2. 严格的产品赔偿责任理论

传统的产品赔偿责任理论存在对消费者有失公平和产品缺陷是否可预见的界限不清楚的问题。为了弥补这个理论在此方面的不足,后来提出了严格的产品赔偿责任理论。

严格的产品赔偿责任理论认为,不论企业在产品的安全方面是否尽到了其在生产和销售过程中的安全责任,只要消费者因产品的质量问题受到了伤害,企业就应当赔偿因此而造成的损失。也就是说,只要产品在质量上存在缺陷,尽管企业此前已经对产品进行了合理的测试和预见,也应无条件地向消费者赔偿。根据严格的产品赔偿责任理论,受害者不必证明企业的过失,只要证明企业产品存在缺陷以及缺陷对自己造成了伤害,就可提出索赔要求。

严格的产品赔偿责任理论有两个支持理由:一是企业比消费者更有能力承担赔偿费用,因为它可以将这些费用分散给其他人。为了应付严格责任赔偿可能引起的费用,企业可以通过提高产品销售价格以分摊赔偿费用,或者购买产品赔偿责任保险支付赔偿费。二是企业承担严格责任赔偿可以促使企业改进产品的安全性能,从而减少事故的发生和降低相应的损害。正是这一严格的产品责任赔偿理论的应用,使得企业将无法以"无法预见和克服"为借口来推卸赔偿责任。可见,严格的产品责任赔偿理论体现了企业责任的绝对性和刚性。

严格的产品责任赔偿理论解决了产品在使用过程中发生事故的责任承担问题,弥补了传统的产品责任赔偿理论的不足。它虽然解决了传统的产品责任赔偿理论不能解决的问题,但是其本身存在两点缺陷:(1)消费者使用产品发生事故可能是因为消费者操作不当所致,作为企业却要为无过失行为负责,对企业而言有失公平。如此一来,消费者可能会将自己使用不当造成的伤害当成企业产品的缺陷而向企业提出赔偿。(2)企业将产品赔偿费转嫁给其他消费者,这对其他消费者来说是不公平的,因为他们没有责任来承担这些费用,而且企业也不一定有能力将这种费用成功地转嫁。

该理论认为,企业会在赔偿压力下改善产品安全,因而产品赔偿案件会逐渐减少。事实是该理论出现后,由此而产生的针对企业的诉讼增加了企业的负担,致使企业为了规避消费者的安全诉讼,对消费者采取了区别对待的方法,如只将产品卖给具有相关产品知识的消费者,而不愿意卖给对此不了解的一般消费者。

(三)产品召回制度

在现代经济活动中,由于产品质量问题而形成的缺陷产品给消费者人身、财产或者对环境造成的损害日益增多,特别是近年来出现的一系列由于产品缺陷而引发的纠纷事件,引起了社会对产品召回制度的广泛关注,产品的安全问题以及由此引发的企业道德责任问题也变得日益突出。

产品召回制度是针对缺陷产品而建立的。所谓缺陷产品,是指企业因产品设计上的失误或生产线某环节上出现的错误而产生的,大批量危及消费者人身、财产安全及危害环境的产品。由于缺陷产品往往具有批量性的特点,因此,当这些产品投放市场后,其损害将是广泛的。一般来讲,因产品质量问题造成的损害,当事人可以通过民事诉讼来达到获得赔偿的目的。但这仅仅是单个受害者的补救措施。当大批的缺陷产品投放市场后,单靠消费者提起诉讼不一定能引起生产企业的重视,达到消除全部缺陷产品的目的,而且在时间上也会延误迅速消除全部缺陷产品的时机,使尚未造成损失的不合理危险变成现实损害的可能性进一步增大。因此,政府主管部门应及时介入,通过行政职权责令企业对缺陷产品采取维修、更换、补偿或者改进设计方案等措施。

产品召回制度是指政府主管部门依照有关法律和法规,监督产品生产者,使之对其生产和销售的缺陷产品进行回收、改造等处理,并采取相应的措施消除产品设计、制造、销售等环节上的缺陷,以维护消费者权益、保护生态环境的一种行政管理制度。这种制度的道德责任在于,一经发现投放市场的产品存在设计或制造方面的缺陷,有可能危及人身、财产安全及危害环境时,生产企业应当立即向有关部门报告该产品存在的问题、产生原因及改进措施,并提出召回申请,以消除事故隐患,维护消费者的合法权益。作为召回制度的衍生义务,生产企业还有责任及时公开召回信息。

召回制度的根本目的是保护消费者的人身、财产安全,防止环境污染,要求企业遵守道德责任,实现消费者合法权益和企业长远利益的双赢,从而维护社会整体利益。

产品召回制度具有以下三个伦理特征。

1. 召回的对象是缺陷产品

从各国的召回制度看,被召回的产品既不是假冒伪劣产品,也不是质量不合格产品,更不是有瑕疵的产品,而是有缺陷的产品,即企业在产品设计或生产过程中,由于受到设计人员的技术水平、当时的生产状况、公司的设计能力等因素制约,导致存在不合理的危险,以致可能危害人身财产安全或造成污染的产品。

我国《产品质量法》第 34 条将产品缺陷界定为"产品存在危及人身、他人财产安全的不合理的危险"。因此,判定产品是否存在缺陷,主要依据该产品是否存在不合理的危险。所谓不合理的危险,是指产品不能提供人们有权期待的安全性。产品瑕疵是指产品质量不具备通常的实用性能,不符合在产品或其包装上注明采用的产品标准、产品说明或实物样品表明的质量状况。判断产品是否存在瑕疵的标准,是看该产品是否具备通常具备的价值、效用或契约预定效用或出卖人保证的品质。判定产品质量是否合格的依据是法律规定和当事人约定,如果产品符合法律规定和当事人约定的标准,即是质量合格的产品,但可能仍存在某种不合理的危险。因此,仅仅因为产品瑕疵或产品质量不合格,当事人不能提出召回申请或要求。

2. 召回的原因是出现不合理的危险

企业有责任把产品的危险性降低到合理的程度,但是产品的安全性只是相对的,消费者因为产品不安全而受到损害,企业有责任根据损害程度给予相应的赔偿。如果企业没有对产品的安全性给予应有的注意,致使产品的危险性出现在不合理的程度上,企业就必须对产品承担起召回的责任和义务。召回制度较好地解决了企业对顾客应负的产品安全的道德责任问题。

3. 召回的基础是严格赔偿责任

召回制度是以严格的产品赔偿责任理论为基础的,这就迫使企业尽自己最大的努力去改进产品的安全性能,减少事故和损害。作为生产者,企业应该比其他人更了解自己的产品,更有责任测试自己的产品并预见可能发生的危险。一旦要承担严格的产品赔偿责任,企业就会更加认真地测试产品,更加注意错误使用产品可能导致的损害,尽其所能改进产品的安全性能,这对消费者、企业乃至全社会都是有利的。

世界上很多国家的产品安全法均规定,当产品不符合安全标准或禁止性规定,导致了死亡、严重的人身伤害或是可能危害环境时,企业必须及时地向有关部门报告该产品存在的问题、造成的原因、改进措施等,并提出召回申请,经批准后对投放市场的缺陷产品进行回收、改造,以消除产品的不安全问题。产品召回制度有着防患于未然的功能。

第三节 产品设计的伦理问题

一、产品设计的伦理问题

（一）产品设计中的安全问题

有缺陷的产品设计是导致很多灾难性悲剧的主要原因,如玩具上有锋利的边缘,可能导致割伤事故;玩具上有开放的管道或空间,可能卡住儿童身体的一部分等。

（二）产品设计中的环境保护问题

环境保护是产品设计中经常涉及的另一个伦理问题。为了满足消费者多样化的需求,现代产品的设计新颖多变,然而部分设计是以浪费资源和能源、加剧环境污染和生态破坏为代价的,其使用给社会带来了不可忽视的负面作用,比如"一次性消费"的产品,破坏现代社会的生存环境,影响了可持续发展。

（三）产品设计中的人性关怀问题

在保证安全及环境友好的前提下,产品的设计还应更进一步,要充分考虑消费者的审美特征和使用习惯,使最终产品不仅富有美感,而且在使用时也操作简便,容易上手。

二、产品设计的伦理责任

企业在产品设计时必须承担以下四种伦理责任。

（一）维护消费者的生命和财产安全

根据马斯洛的需求层次理论,安全需求是人的基本需要,而企业进行产品设计的根本目的是为消费者提供满足其需要的产品。因此,维护消费者的生命和财产安全是企业产品设计的基本伦理责任。这就是说,企业产品设计不能只考虑鲜艳的颜色和漂亮的外观,更要注意产品的安全性。

（二）向消费者说明产品的潜在使用危险与负面影响

消费者对购买的产品具有知情权,但由于现代技术产品的专业性较强,对产品的潜在危险及相关的副作用,只有产品设计生产企业和专业人士比较了解,一般的消费者很难知晓。因此,企业有责任向消费者说明产品的潜在危险和可能的负面影响。

（三）加强人文关怀,减弱技术异化

在保证产品安全性的前提下,产品设计应该充分考虑消费者的审美特征和使用习惯。现代技术产品带给人的最大伤害就是技术异化,面对日渐增多的"电视眼""电脑脸""网络综合症"等症状,面对种种人被物奴役、人被异化的现象,企业在产品设计时有责任将技术理性与人文关怀相结合,设计出充满人文关怀的技术产品。

(四)满足社会需求,保护生态环境

产品设计在必须满足消费者需求的同时,还必须满足社会需求,承担保护生态环境的伦理责任。消费者需求同社会需求大多数时候是统一的,但有时也有冲突。例如,汽车满足了购车者出行方便的需求,却给大气带来污染;手机满足了手机购买者通信方便的需求,却给周围带来了电磁辐射并导致视力问题。在产品设计和开发上,尽量减少非再生资源的消耗,设计节能且可回收利用的产品以及低污染、无污染的产品,采用先进的能减少能耗的工艺和设备生产,严格控制"三废"排放量等。

案例6-1　肯德基"盲盒"

2022年,肯德基推出了DIMOO联名款盲盒套餐,根据设置概率,消费者购买72份套餐,才有较大的机会抽中隐藏款。有博主在社交平台晒出账单,显示一次性购买106份套餐,花销过万元。消费者们大量购买的行为,不是为肯德基,而是为联名盲盒,所以,出现抽到盲盒将套餐当场丢弃、在网络上花钱请人"代吃"肯德基等现象也就不足为奇了。

过于抢手的联名盲盒,成为市场上的稀缺品,吸引大量消费者"整套6份式"购买,营销带来的食物浪费现象和负面影响无可避免。中国消费者协会官网发布的《用"盲盒"诱导食品过度消费,当抵制!》一文认为,商品销售中的促销方式只要合理合法,无可厚非。但快餐食品属于限期食用的商品,以限量款盲盒销售这样"饥饿营销"的手段刺激消费者超量购买,易造成食品浪费。中国消费者协会对肯德基进行点评,表示在按需购买即时食用的商品类型上,通过限量款盲盒"饥饿营销"的手段刺激消费,诱导了消费者冲动购买、超量购买,造成食品浪费,有悖公序良俗和法律精神。

盲盒自诞生以来就被诟病"非理性""过度营销"等,大部分盲盒作为摆件,本身的功能便只有"观赏",不论摆在玻璃柜里还是书桌上,它始终是作为一种物品存在,不会被消耗,也并非生活必需品,更由于其收集元素与溢价市场的存在,哄抬价格的情况时有发生。诱导重复消费、讲究精神满足的盲盒,成为追求即时饱腹的快餐的附赠品后,其中的矛盾便会十分突出。

节俭品质在中华传统文化观念中的重要性不言自明,特别是对于粮食的浪费,更是"谁碰谁翻车"的价值观红线。《中华人民共和国反食品浪费法》明确提出:"餐饮服务经营者不得诱导、误导消费者超量点餐"。2022年8月16日,国家市场监管总局公布《盲盒经营活动规范指引(试行)(征求意见稿)》,明令禁止食品、餐饮行业经营者为牟利而制造不必要的资源浪费。

案例来源:https://m.thepaper.cn/baijiahao_16267472.

第四节 产品包装的伦理问题

产品包装不仅可以保护产品,使产品便于运输和携带,也能凭借一定的造型、图案和颜色,使消费者产生偏爱,从而增加产品销量,扩大企业利润。但是产品包装也存在一定的边界,如果过度包装、不当包装等,就会引来很多伦理问题。

一、产品包装的伦理问题

（一）过度包装

过度包装是指产品包装超过其所需的程度,形成了不必要的包装保护,其主要表现为包装层次过多、耗用材料过多、分量过重、体积过大、成本过高、不利于回收利用等,大大超过了保护和美化商品的需要,给消费者一种名不副实的感觉,使消费者产生到底是"买椟"还是"买珠"的错觉。一般来讲,商品包装成本不应超过商品总成本的15%—20%,包装费用若占到总成本的30%以上,即属于过度包装。过度包装不仅浪费资源、污染环境,还会加重消费者的购买负担。

（二）欺骗性包装

欺骗性包装是指产品只有精美的包装外表,内在质量却很低劣。这种"金玉其外,败絮其中"的包装手段严重误导了消费者,损害了消费者的正当权益,而且企业自身也不可能获得长远的发展,广告投入和产品包装反而成为企业的累赘和消费者的指责点。

（三）包装信息失真

包装信息失真是指包装上的产品信息和产品实际不符,不少产品的包装标签存在着故意遗漏一些重要信息现象,甚至一些产品包装上都有"绿色产品""有机产品""××标准认证"等字样,却名不副实,这种虚假信息会对消费者产生误导。

（四）模仿包装

模仿包装是指一些不法企业通过对知名产品包装的模仿,大肆生产山寨产品,误导消费者购买。比如,有商家曾推出"娃啥啥"产品来仿冒娃哈哈产品,而且其包装几乎和娃哈哈一模一样,使消费者将该产品误当作真的娃哈哈产品来购买,严重损害了消费者的利益。类似的案例不胜枚举,诸如大白兔奶糖、瓢柔洗发水、唐师傅、康帅傅等。

二、产品包装的伦理责任

为了使企业的包装设计与决策合乎伦理,企业除了要遵守国家相关的包装标准和法律规范外,还必须体现安全、实用、时尚、环保的伦理准则。

（一）商品包装应能保护商品和消费者的人身安全

在商品包装上应标注有关商品的搬运、贮藏、开启、使用、维护等安全注意事项,要有醒目的安全警示和使用说明。包装设计应便于搬运、储存、开启、使用和维护。

(二) 必须重视产品质量，切忌"金玉其外，败絮其中"的欺骗性包装

面对日益激烈的市场竞争，很多企业不仅重视商品包装问题，而且通过发掘包装功能取得了显著的经济效益。但一些企业不适当地运用包装策略，片面追求商品的包装效果，而忽视了内在产品的质量问题，对消费者产生误导，损害了消费者的权益。在商品包装与商品本体之间，商品本体永远是第一位的，包装只是辅助手段。商品最重要的是内在质量，外部包装只是锦上添花。

(三) 商品包装应避免浪费

适宜的包装会使物有所值，物有所用，作为生产活动的商品包装，其生产过程伴随着资源的消耗，当商品包装所形成的社会价值、经济价值远低于资源的自身价值时，包装生产就是一种浪费。

(四) 商品包装要符合绿色营销的要求

一些商品包装本身有着一次性消耗自然资源、一次性使用遗弃而导致环境污染等负面特征，由此产生的包装垃圾对人类的生存环境产生了极大的危害。大量的包装垃圾尤其是塑料包装未经无害处理而当场或异地遗弃，成为威胁人类生存空间、损害人类健康的大敌。企业不仅应该注重产品的使用价值，而且还应考虑包装的生态环境价值。

(五) 商品包装材料要符合 3R 原则

3R 原则即减量(Reduce)、再利用(Reuse)和再生循环(Recycle)。具体来说，就是企业使用的包装材料应简单、能回收、再生利用，这就要求企业必须使用标准化包装。很多国家都对过度包装进行控制，主要有标准控制、经济手段控制和加大生产者责任控制三种手段。标准控制就是对包装物的容积、包装物与商品之间的间隙、包装层数、包装成本与商品价值的比例等设定限制标准；经济手段控制主要是对非纸制包装和不能满足回收要求的包装征收包装税，通过垃圾计量收费，引导消费者选择简单包装；加大生产者责任控制主要是规定由商品生产者负责回收商品包装，通常可采用押金制的办法委托有关商业机构回收包装，如有些国家规定由生产者和包装货物的厂商承担包装废弃物的收集、分选和处理费用。

(六) 商品的标签必须清晰、准确、易读

这要求企业在商品包装标签中必须对商品的生产者、产地、性能、用途、质量、价格、规格、等级、主要成分、有效期限、使用方法、售后服务及服务的内容范围等有真实的表示，表示应当准确、清楚、明白，不能含糊其词，模棱两可，更不能含有虚假的内容，不能欺骗和误导消费者。

(七) 警示信息标识清晰

危险产品需要提供警示信息，包括产品的安全使用方式、产品潜在的风险，警示信息要容易识别，确保一般用户能看得懂，可综合采用警示文字和警示图片。

第五节　产品制造的伦理问题

一、产品定位的伦理问题

企业要在激烈的市场竞争中生存和发展，只有满足消费者的需求才能实现，不仅要满足

消费者的需要，而且要符合消费者和社会的长远利益。社会福利、环境保护、企业利润、消费需求四个方面要实现有机统一，也要考虑其他利益相关者的利益和社会公共利益。

一般来说，消费者的需求可归纳为四类：(1) 不合法的需求，如对毒品、私人枪支、黄色书刊录像等的需求；(2) 对消费者本身有利，但对他人和社会有害的需求，如一次性消费品造成的资源浪费、环境污染；(3) 对他人和社会没有直接损害，但对消费者可能存在潜在的不利影响的需求，如膨化食品、高脂肪食品等；(4) 对消费者有利，而且不损害他人和社会利益，或者对他人和社会都有利的需求。

从道德的角度来看，企业对消费者的合理需求应该绝对满足，在满足消费者需求的同时，实现企业自身利润，履行企业义务；对消费者不合法的需求，企业不能为了自身的经济利益而满足其需求；对消费者有利，但对他人或者社会有害的需求，企业也不能予以满足。根据社会营销和绿色营销观念，企业的产品定位必须对消费者有利，而且不损害他人及社会利益，或者对他人和社会都有利，只有这样，企业产品的定位才符合企业道德的要求。

二、产品质量责任的伦理观

（一）买者自负原则

买者自负原则是指买家在购买产品前有义务检查产品属性并对产品状况负责。该原则尤其适用于那些不受严格质量保证约束的产品。根据买者自负原则，一旦客户购买产品，生产商不再为其产品所带来的危险承担责任。因为这是自由交易，所以买方（而非生产商）应自行承担使用产品造成的任何损伤。在购买之前，买方有责任调查产品及其危害。反对买者自负原则的人认为，客户在识别产品危险方面不具备足够的知识和专业能力，该原则对买方显然是不公平的。

（二）合理注意理论

合理注意理论弥补了买者自负原则的不足，承认买方与卖方在对产品的了解及专业水平方面存在差异。随着产品技术含量的不断提高，这一理论的适用性越来越强，既然生产商比客户更了解产品，他们就有责任采取合理的措施防止产品伤害消费者。对产品的了解越多，所应承担的责任就越多。如果生产商没有尽到合理注意的义务，它就得承担过失责任。反之，受害方就不能以过失疏忽指责生产商。换言之，尽到合理注意义务的生产企业不存在过失责任。除了生产商，零售商和批发商也应尽到合理注意义务。

反对合理注意观点的人认为，要判断企业是否完全尽到合理注意的义务难度非常大。即便生产商严格遵守所有法律和行业安全标准，也有可能无法预见所有产品的潜在危险，无法预见用户可能会以某种危险方式使用产品，他们也就无法采取必要的措施规避或提前告知产品带来的风险，这种情况下认定生产商是否存在过失疏忽就比较困难。

（三）严格责任理论

按照严格责任理论，如果产品缺陷导致消费者受伤，即使生产商尽到了合理注意的义务，他们也必须承担赔偿责任。按照当时的知识水平，即使生产商在生产产品时不存在过失

疏忽问题，上述原则也同样适用。严格责任原则迫使生产商内化所有成本，有助于激励生产商为降低成本而尽全力生产安全系数最高的产品，由此降低消费者的风险。许多人认为，严格责任原则对企业不公平，而且贯彻这一原则会使企业面临巨大的赔偿支出，这些成本很可能会转嫁到消费者的身上。

（四）契约观

契约观是指生产商和客户的关系完全基于双方的合同。合同会对产品作出明确（如书面）和隐含规定。隐含规定与客户对产品的期望相关，具体包括产品的可靠性（产品正常运行的可能性）、使用寿命（对产品使用年限的要求）、易维护性（保持产品运转的难易程度）以及安全性（使用产品可能带来的风险）。

合同中隐含着卖方应该承担的伦理责任，具体包括：

(1) 买方必须在自愿的基础上订立合同；

(2) 遵守合同中关于产品可靠性、使用寿命、易维护性及安全性的明确或隐含规定；

(3) 不以任何方式歪曲产品；

(4) 公开产品属性。

契约观认为，产品的质量责任是契约双方共同承担义务。提供给消费者符合销售合同规定的产品，让消费者了解产品的真实情况，这才是厂商或供应商的责任；消费者应具有使用产品最基本的常识，如果因为使用不当而造成产品质量问题，厂商或供应商是不应该承担道德责任的，这触发了人们讨论是否消费者总是可以得到单方面的保护，而不用对自己的无知行为负责。

（五）应尽关怀论

应尽关怀论认为，任何消费者都享有一些无条件的权利。从道德观出发，无论商品提供者在契约中写出多少免责条款，他们都有义务提供应尽的关怀，因为厂家和商家拥有更多的关于产品的知识和信息，应尽关怀观要求生产厂商在合同规定的责任条款之上，还必须无条件地承担责任。

（六）社会成本论

社会成本论表达了要给予事故受害者以保护，把所有的责任归咎于肇事的源头——生产商，尤其是当事故原因复杂、责任无法归结于某个具体行为主体的事故，生产商必须承担起责任。生产商被看作危害消费者健康、致使消费者伤亡的罪魁祸首，因为产品设计上的技术错误是造成消费者伤害的根本原因。因此，生产商在任何情况下必须对产品引起的伤害负责，即使他们在产品设计、制造过程中给予了应有的关切，即使他们已将产品的适当信息告诉了消费者，即使严重的伤害是由消费者个人不当所为造成的，制造商也应予以赔偿。

不同的产品质量责任伦理观点表达了厂商承担产品质量责任的不同程度，它们普遍主张企业应该对消费者承担必要的产品伦理责任，例如，契约观主张承担平衡责任，应尽关怀论主张承担全部责任，社会成本论主张承担绝对责任。

案例6-2　人民日报评论：魏则西之死拷问企业责任伦理

被查出患有滑膜肉瘤这种罕见病的大学生魏则西，辗转多家医院，病情不见好转。后通过百度搜索找到武警北京总队第二医院，在花光东凑西借的20多万元后，仍不幸去世。魏则西生前曾在知乎撰文，详述此次经过，并称这种生物免疫疗法在国外早已因为"效率太低"而被淘汰了。据报道，该院也并没有如宣传中那样与斯坦福大学医学院有合作。

百度曾两度回应魏则西去世事件。先是称"武警北京总队第二医院是一家公立三甲医院，资质齐全"，继而表示"正积极向发证单位及武警总部主管该院的相关部门递交审查申请函，希望相关部门能高度重视，立即展开调查"。在涉事医院尚未发声的情况下，在众议鼎沸之际，唯有监管部门及时介入，通过彻查该事件，真相才能逐渐浮出水面。

办网站的不能一味地追求点击率，开网店的要防范假冒伪劣，做社交平台的不能成为谣言的扩散器，做搜索的不能仅以给钱的多少作为排位的标准。此次让"做搜索的"再度成为靶心的，正是竞价排名。

能力越大，责任也越大，大企业当有大责任。这种责任不是不作恶，也不是面对恶时睁一只眼闭一只眼，而是坚守企业伦理，在自身发展的同时思量该如何饮水思源，回报社会。将贴吧卖给生意人更能有利可图，开发竞价排名则可坐地生财，问题是，如果只追求经济效益而忽略社会效益，如果挥霍信任、丢掉责任，企业还能走多远？

不同于一般信息的竞价排名，医学信息的竞价排名与患者生命健康息息相关，更需规范、严谨和合法。毋庸讳言，曾有无良医院通过竞价排名而发横财，不仅谋财，而且害命。"当你凝视深渊时，深渊也在凝视着你。"当竞价排名联姻唯利是图的医院，谁能分得清谁的责任小一些？

只有积极承担社会责任的企业，才是最有竞争力和生命力的企业。企业不作恶不是底线，承担责任才是底线。一个企业的价值，不只体现在拥有多少市值，更体现在如何造福民众，多大程度地受人尊重。互联网企业该思考的是，如何更好地重塑价值观。如果仍然被动地应对质疑，而不能理清责任链条，拧紧责任螺丝，彻底内部整饬，结果就可能如网友所称的，让人们对互联网世界失去信任、对技术失去尊重。唯有坚持经济效益和社会效益并重，才能形塑良好的网络生态，让网络技术回报社会、造福人民。

案例来源：https://web.shobserver.com/news/detail?id=16327.

第六节　服务的伦理问题

一、服务营销中的伦理问题

当前，我国已经进入服务经济时代。企业管理者应树立起服务营销的理念，认识到服务

营销对企业发展的重要性,更应把营销伦理贯彻到服务营销中去,只有合乎伦理的服务营销,才能最终获得消费者的信任,才能成为企业长远立足于社会的竞争优势。企业为了满足顾客的需求,对服务质量的追求在不断发展,但同时也存在一些不符合伦理道德的行为,主要表现在服务质量问题和服务人员问题两方面。

(一)服务质量的伦理问题

1. 服务安全问题

服务的不安全性是指企业在服务过程中可能对顾客的生命安全造成伤害,比如,餐馆提供不卫生的食物,理发店、按摩店提供不道德的色情服务等。这些行为都是缺乏道德伦理的,是对消费者有害的。

2. 服务收费问题

服务收费问题主要是指服务人员向被服务者收取的费用不合理,即服务人员收取的费用与其提供的服务质量差距大,顾客没有享受到与他所支出的费用相当的服务。比如,有些理发店利用消费者不知情的情况,使用低劣产品而收取较高的价格,还有旅游行程安排中的强制性消费问题等。

3. 服务功能问题

功能是服务质量特性中最基本的要素,是企业提供的服务所应具备的作用和效能。一些缺乏伦理的服务企业经常通过提供虚假功能的服务来牟取不法收入。例如,一些美容机构宣传某项服务具有很多功能、优点,而事实上却毫无作用。

4. 服务时间问题

服务的时间要满足被服务者的需求,包括及时、准时和省时等要求。如果一项服务占用顾客太久的时间却不见效,或者服务没有达到事先承诺的时间,这项服务就不具备时间性。比如,有些教育培训班,实际培训的时间往往没有事先承诺的长。

5. 服务文明问题

服务文明性是提供服务过程中满足精神需求的质量特征。顾客总是期望在接受服务的过程中能享有一个自由、亲切、受尊重、友好、自然与受谅解的气氛,但现实生活中,一些服务提供者往往欠缺文明意识。

(二)服务人员的伦理问题

1. 态度问题

对于服务行业而言,服务人员的态度非常重要,员工要以热情真诚的态度对待所有的顾客,用心去服务好每一位顾客,这样才能营造出和谐的氛围。但我们有时会遇到这样的情形,当你穿着朴素进入商场,询问服务人员相关问题时,可能会遭遇到较差的服务态度;当你穿着华丽、高贵地出现在服务人员面前时,对方可能会以较好的态度帮你解决问题。

2. 侵犯隐私问题

在服务行业,特别是一些需要对顾客隐私进行保密的行业,在保护隐私方面对企业的服务人员提出了更高的要求。例如,在电信行业,如果企业将顾客的家庭联系信息泄露出去,将会给家庭带来很多不必要的麻烦;又如,在心理咨询行业,心理医生对患者隐私问题的保密措施更加严格,如果保密不当,侵犯了患者的隐私,将产生不可估量的后果。

二、服务的伦理要求

（一）售前服务

售前服务是企业为达到促进销售的目的，主动向客户提供有关商品知识、引导客户选购最适合自己需要的商品等方面的服务，包括售前咨询、代理设计、操作示范等主要形式。其作用主要体现在：指导客户了解和选择现有产品；协助销售人员了解客户的技术需求，提供合适的解决方案；通过售前沟通，了解客户需求，反馈给技术部门，为后续产品的研发设计提供参考；接受来自第三方（如设计公司、调查公司等）的用户和市场反馈，及时与研发部门沟通，使得客户的新需求能及时地得到满足。

售前服务并不是简单的产品导购服务，不仅是营销活动的一个环节，而且是企业重要的竞争战略。大部分企业比较重视售中和售后服务，对售前服务却重视不够，很大程度上是因为售前服务较少涉及敏感的商品质量问题，从而媒体与消费者的关注度较小。良好的售前服务能使消费者更深入地理解企业的产品及技术，可以激发客户的购买欲望，通过新闻媒介大力宣传展示和介绍商品、组织商品知识讲座等形式，与客户进行售前的良好沟通与协调，能够促进销售目标的有效实现。

（二）售中服务

在售出商品过程中提供的服务为售中服务，包括给客户提供自由的购物环境，及时、主动、热情、周到地引导客户购买本企业的商品，客户在购买商品时，由于对其性能、特点和效用等缺乏具体了解，常常难以作出判断。企业销售人员在向客户宣传介绍商品的同时，帮助客户挑选商品，有助于客户购买到合适的商品。

（三）售后服务

售后服务是指企业在客户购买其商品以后，为客户提供各种各样旨在使商品发挥其应有作用、方便客户的服务，如商品包装服务、运输送货服务、退货换货服务、安装调试服务、零配件供应服务、商品维修服务、产品服务咨询解答、解决投诉问题等。相对于售前和售中服务，售后服务的内容和方式更为多样化，当前，消费者对售后服务要求越来越高，售后服务成为影响消费者进行商品选择的重要参数。

商品成功销售并不是企业对产品责任的终点，如果没有售后服务或售后服务工作质量不好，将会影响企业的可持续发展，尤其是对客户的投诉，企业要给予足够的重视，认真对待客户的抱怨和投诉，并积极作出改进。顾客投诉是顾客给予企业的第二次机会。营销的实践证明，如果积极认真地处理投诉，67%投诉过企业的顾客会继续选择该公司的产品。

案例6-3　海尔——真诚何以到永远

海尔公司1984年创立于青岛。海尔有一个很著名的广告语，即"真诚到永远"。

海尔总裁张瑞敏认为，一个企业要永续经营，首先要得到社会的承认、用户的承认。

企业对用户真诚到永远,才有用户、社会对企业的回报,才能保证企业向前发展。"顾客永远是对的,"张瑞敏说,"不管在任何时间、任何地点、发生任何问题,错的一方永远只能是厂家,永远不是顾客,不管这件事表面现象看来是不是顾客的错。"

一位农民来信说自己的冰箱坏了。海尔马上派人上门处理,还带着一台新冰箱赶了200多公里到了顾客家,一检查是温控器没打开,打开温控器就一切正常了。海尔管理层却就此进行认真的反思:绝不能埋怨顾客,海尔必须满足所有人的需求,要把说明书写得让所有人都读懂才行。

案例来源:http://www.cslai.org/chengxinwenhua/heyexinyong/20191104/1975.html.

本章小结

本章首先介绍了市场交易的公平性原则和诚信原则。产品质量安全部分,主要介绍了产品质量标准、假冒伪劣商品、食品与药品的安全问题,以及企业在产品质量安全中的伦理责任,包括赔偿制度和召回制度等。在产品设计和包装部分,主要讨论了企业在产品设计和包装中常见的伦理问题及其伦理责任。在产品制造部分,主要阐述了不同的产品质量责任伦理观点,包括买者自负原则、合理注意理论、严格责任理论、契约观、应尽关怀论、社会成本论等。本章还探讨了服务中可能存在的伦理问题以及服务伦理要求。

复习思考题

1. 阐述市场交易公平性原则和诚信原则的重要意义。
2. 简述企业产品质量责任伦理观点。
3. 如何提升中国企业的产品质量安全?
4. 简述企业产品包装的伦理问题。
5. 简述企业服务营销中常见的伦理问题。

第七章 市场营销的伦理问题

学习要点

- ◆ 产品定价的伦理问题
- ◆ 推销人员的伦理问题
- ◆ 广告的真实性及非伦理广告的表现
- ◆ 营销渠道的伦理问题
- ◆ 侵犯消费者隐私的不道德行为

第一节 市场营销及伦理问题

一、4P 营销理论

4P 营销理论最早产生于 20 世纪 60 年代的美国,1960 年,美国密歇根州立大学的杰罗姆·麦卡锡教授在《基础营销》一书中将营销要素概括为四类,即产品(Product)、价格(Price)、渠道(Place)、促销(Promotion)。1967 年,菲利普·科特勒在其畅销书《营销管理:分析、规划与控制》中,进一步确认了以 4Ps 为核心的营销组合方法,从管理决策的角度来研究市场营销问题。

产品策略(Product Strategy)主要是指企业以向目标市场提供各种适合消费者需求的有形或无形产品的方式来实现其营销目标,包括对和产品有关的品种、规格、式样、质量、包装、特色、商标、品牌以及各种服务措施等营销要素的组合和运用。

定价策略(Pricing Strategy)主要是指企业依据市场规律制定价格来实现其营销目标,其中包括和定价有关的基本价格、折扣价格、津贴、付款期限、商业信用以及各种定价方法和定价技巧等营销要素的组合和运用。

分销策略(Placing Strategy)主要是指企业合理选择分销渠道和组织商品实体流通的方式来实现其营销目标,其中包括和分销有关的渠道覆盖面、商品流转环节、中间商、网点设置以及储存运输等营销要素的组合和运用。

促销策略(Promoting Strategy)主要是指企业以各种信息传播手段刺激消费者的购买欲望、实现产品销售的方式来实现其营销目标,其中包括和促销有关的广告、人员推销、营业推广、公共关系等营销要素的组合和运用。

二、市场营销的伦理问题

4P中的每个P都可能会成为重要的伦理问题。生产商对于产品质量负有什么责任?谁应该为产品所造成的损害负责?所有满足市场需求的产品都应该生产吗?消费者的需求是否决定所有的生产问题?同样的产品能否差异性定价?生产商是否可以歧视或偏好某一类消费者?价格对竞争者与零售商有怎样的影响?对欺骗性或误导性的广告等促销活动如何进行道德约束?如何保护市场营销数据的隐私?对老年人、儿童等弱势群体如何进行道德性保护?对于海外市场,生产商和供应商应该负有什么责任?这些都是围绕4P展开的市场营销伦理问题。

(一)产品中的伦理困境

产品策略是企业营销活动的基础与核心,只有实施正确的产品营销策略,才能取得良好的经济及社会效益。然而,有些企业在利益的诱惑下,只注重眼前利益,甚至采取不正当的手段牟取利润,如生产和销售劣质产品,产品设计过程中只考虑美观而不注重产品的使用安全性,对产品的质量、制作成分、性能、用途、生产者、有效期限、产地等信息进行虚假宣传,夸大产品用途,大玩文字游戏。

(二)定价中的伦理困境

定价是企业需要慎重决策的环节之一,相比产品特征、促销细节、分销渠道及服务内容的调整,价格的调整是最容易实现的,通过合理定价,企业能够实现预期收入。但是企业也非常容易在定价方面出现一些伦理问题。价格过高,很可能会流失市场份额;价格过低,可能涉嫌倾销,造成不正当竞争,而且产品或服务的价格应与其能够为消费者提供的效用相当,垄断定价、行业价格联盟、欺诈性定价等都会损害消费者的权益。

(三)促销中的伦理困境

促销常用的方法包括广告营销和人员推销。现实中经常会看到不真实和误导性的广告,推销人员在推销过程中也存在欺骗消费者、隐瞒商品的重要信息等行为,不当的促销手段会误导消费者的行为,影响市场的正常运行。

(四)销售渠道的伦理困境

在企业进行渠道选择时,如直销、在线销售等,要特别注意销售渠道可能存在的伦理问题,充分考虑渠道成员的利益诉求和冲突,解决在商品触达消费者的过程中,渠道成员可能对消费者带来的欺诈和侵权行为。

第二节　产品定价的伦理问题

价格竞争是企业参与市场竞争的重要手段，也是使用最为频繁的手段。价格竞争可以迫使企业在技术革新上加大投入，降低产品生产成本，节约社会资源，同时，消费者在商家的价格竞争过程中也可以获得实惠，从而增加消费福利。企业在进行定价时，主要运用的策略和方法有成本加成法、目标利润法、需求导向定价法、竞争导向定价法等。无论采取何种方法，其主要目的是实现利润最大化。定价是否合理不仅影响企业效益，而且关系到企业的伦理形象。为广大用户提供合理的价格以及提供真实的价格信息，是企业履行社会责任的重要组成部分。然而在现实中，有些企业严重违背了价格道德，产品定价中的不道德行为包括歧视性定价、串通性定价、垄断性定价、掠夺性定价、欺诈性定价等。

一、歧视性定价

歧视性定价也称差别性定价，是指对同一产品的不同买主索要不同的价格，对不同消费者的划分主要是根据收入、地域或教育程度等因素进行的。比如，年轻人折扣、老年人折扣或女士折扣等促销活动都属于价格歧视行为。价格歧视可以分为三个级别。

三级价格歧视是指垄断者对在可以分割的不同市场或人群中销售的同一种产品执行不同的价格。由于这些市场的需求弹性存在显著差别，通过区分不同市场的定价，垄断者可以实现利润最大化。二级价格歧视又称作批量定价，垄断者对一定数量的产品执行一种价格，对另外数量的同一种产品则执行另一种价格。二级价格歧视仅剥夺部分消费者的剩余。一级价格歧视是指对每多销售的一份产品都执行不同的价格，理论上完全的一级价格歧视可以剥夺所有消费者的剩余，这种情况在现实中很难发生，但存在类似的情况。例如，一些互联网课程学习的销售，经常针对单个客户定价。

差别定价是与价格歧视经常混淆的另一个概念，市场营销中经常会使用差别定价的方式。价格歧视因其有损消费者的公平和自由选择权，而被认为是不道德的竞争行为。价格歧视对相同成本执行不同的销售价格，而合理的差别定价则是因为相同的产品有不同的边际成本。例如，供电公司销售谷电和峰电、旅游业的淡季和旺季、民航业的日航和夜航价格的差别，通常不被看作价格歧视。

在大数据时代，信息不对称的情况更为突出，消费者处于信息劣势，大数据"杀熟"因其隐蔽性和精准性令消费者措手不及。大数据"杀熟"是指通过大数据进行分析和预测，对于同样的商品和服务，对不同的人群收取不同价格，而且老客户获取的价格信息反而比新客户要高得多，在机票、酒店、电影、电商、旅游等多个价格有波动的网络平台都存在类似情况。大数据"杀熟"通过对消费者进行特定的画像，对消费者的行为和状态进行智能化分析以及预测，进而采用差别对待。

经济学中的价格歧视是针对价格不同敏感度的消费者制定差异化的价格，而大数据"杀熟"虽然也是商家的定价策略,却是对顾客忠诚度进行差别定价,"杀熟"行为已经侵犯了消费者的知情权,构成了价格欺诈,是违法行为。

案例7-1　大数据"杀熟":看人下菜碟已构成价格欺诈

通过深挖消费者过往消费甚至浏览记录,让算法洞悉消费者偏好,不少互联网平台清晰地知道消费者的"底牌",因为信息不对称,于是就有了"看人下菜",这样的手法显得很隐蔽,能通过赚取更多的消费者剩余来获得超额收益,但对于普通用户而言,欢天喜地地拥抱新经济,认准了平台,反而深受其害,这就成了"最懂你的人伤你最深"。

尽管互联网从诞生之际,就被冠以"透明"美誉,但今天看来,这份透明是非对称的。一方面,平台化意味着新的中心化,平台手握海量数据,对个人生活轨迹以及消费偏好精准画像,让个人无处藏匿;另一方面,就像大数据"杀熟"案例所展现的,平台可以有所隐瞒,只以"有限真实"示人。

面向万物互联的未来,大数据的深度利用与广泛共享是无法扭转的趋势,无论是通过大数据营销快速撮合交易,还是依靠大数据分析完善社会治理,数据正在极大地改变我们的生活。但换个角度说,当大数据无孔不入时,也要谨防数据规则远远落后于数字生活,尤其要避免一些"数据王国"滥用数据权力。只有保证普通用户的数据权利与平台的数据权利之间的大致平衡,才能为大数据的长足发展赢得更多彼此信任的空间。

案例来源:http://finance.sina.com.cn/chanjing/cyxw/2018-03-23/doc-ifyspfps7047474.shtml。

二、串通性定价

串通性定价也称串谋定价或价格协定,是指生产经营者之间互相串通,订立价格协议或达成价格默契,以共同占领销售市场,获取高额利润。串通性定价主要存在于寡头市场。在寡头市场上,由于寡头垄断企业之间是一种相互依存关系,它们就有可能通过同行企业之间暗中协商、互换价格信息,将产品价格固定在统一水平上进行销售,或者统一默认行业领导企业的定价。

我国《价格法》第十四条规定,经营者不得相互串通,操纵市场价格,损害其他经营者或者消费者的合法权益。《反不正当竞争法》第十五条规定,投标者不得串通投标,抬高标价或者压低标价。串通性定价一般没有正式的协议,极为隐蔽,以逃避法律的监控,人为地垄断价格,坐享超额利润,造成价格信号失真,破坏了正常的经济秩序,违反了市场的公平竞争原则,损害了消费者的权益。

现实中还存在着一种备受争议的价格行为,即行业自律价格。行业之间自律是可以的,但不能制定自律价格。我国《价格法》明确规定,只有极少数商品和服务价格实行政府指导价格或政府定价,多数商品或服务价格由经营者自主定价,通过市场竞争形成。因此,擅自制定行业自律价格的行为违背了《价格法》的基本精神,属于串通价格或垄断价格行为,在商业伦理上也是不能接受的。

三、垄断性定价

垄断性定价是指处于自然垄断或行政垄断的企业采取远高于产品成本定价的行为，包括：(1) 水平价格垄断，即所有卖方同意以高于自由市场的价格来出售产品或服务，并由此产生垄断效果；(2) 垂直价格垄断，即卖方规定零售商以具体的价格将产品卖给客户。水平价格垄断在大多数国家都是不合法的，但垂直价格垄断是否合法，目前尚无定论。垄断性定价不仅会使产品的供应不足，使消费者的合理需求得不到满足，而且使消费者为了获得这种产品而额外付出，直接损害了消费者的经济利益，还容易滋生贿赂、拉关系等问题。

我国企业现阶段的定价主要采取市场调节价、政府指导价和政府定价三种方式。目前，市场调节价已达到90%左右，但在关系群众切身利益的公用事业、公益性服务、自然垄断经营的商品方面，仍然实行政府指导价或政府定价，其中又以政府指导价为主，这就为垄断企业制定垄断价格提供了空间。从我国商品或服务的实际价格来看，电信、铁路、民航、燃气、自来水、教育、医疗等领域的商品定价仍然存在垄断定价的问题。

四、掠夺性定价

掠夺性定价也称排挤性定价，是指某家企业为将竞争对手挤出，或吓退想进入该市场的潜在对手，而降低价格至成本以下，待对手退出市场后再提价。掠夺性定价将产品价格压得比竞争者更低，甚至导致竞争者无法在市场中生存，它以驱逐竞争对手、获得或增强市场控制力为目的。通常，在市场中处于优势的企业可能采用这种策略打击竞争者，迫使竞争者退出市场。消费者最终会尝到这一举措带来的苦果，因为掠夺性定价会让公司拥有垄断市场的实力，并因此获取产品定价权而获取高额利润。

我国《反不正当竞争法》第十一条规定，经营者不得以排挤竞争对手为目的，以低于成本的价格销售商品。但也规定了几种例外情况，如销售鲜活商品、处理即将到期商品或者积压商品、季节性降价、清偿债务、转产、歇业降价销售商品等。

企业试图通过掠夺性定价来获取垄断地位的行为于人于己都是一种不道德的行为。对于企业自身而言，损害了股东以及员工的利益，其主要的危害性表现在：

(1) 侵害其他企业的利益。这种定价行为迫使竞争对手只能低价销售，造成惨重损失，甚至走向倒闭，严重损害了竞争企业的利益相关者的利益，如造成失业、给社会带来不稳定因素、造成股东资本无法收回等。从根本上说，这种行为严重妨碍了市场公平竞争。

(2) 损害消费者的利益。采取掠夺性定价的企业在挤垮竞争对手之后，会造成事实上的市场垄断。此后，其凭借垄断地位抬高价格，损害消费者的利益，或者为了维持低价，在产品元器件、功能等方面大做文章，侵害消费者的利益。

(3) 造成社会资源的浪费。有序、公平的竞争可以实现资源的优化配置，但在低价竞争中，价格失去了导向功能，严重浪费社会资源。

五、欺诈性定价

欺诈性定价是指企业以不正当的价格手段,欺骗消费者并使其经济利益受损的行为,最常见的形式是商家采用"促销价""清仓价""跳楼价"等字眼吸引消费者进行购买,实际上却是商家先提高价格,再进行打折,进而造成降价的假象,欺诈性定价是最容易受到公众关注和非议的定价方式。

我国2002年施行的《禁止价格欺诈行为的规定》第六条,对价格欺诈行为作出了规定。经营者收购、销售商品和提供有偿服务的标价行为,有以下行为之一的,属于价格欺诈行为:

(1)标价签、价目表等所示商品的品名、产地、规格、等级、质地、计价单位、价格等或者服务的项目、收费标准等有关内容与实际不符,并以此为手段诱骗消费者或者其他经营者购买的;

(2)对同一商品或者服务,在同一交易场所同时使用两种标价签或者价目表,以低价招徕顾客并以高价进行结算的;

(3)使用欺骗性或者误导性的语言、文字、图片、计量单位等标价诱导他人与其交易的;

(4)标示的市场最低出厂价、批发价、特价、极品价等价格无依据或者无从比较的;

(5)降价销售所标示的折扣商品或服务,其折扣幅度与实际不符的;

(6)销售处理商品时,不标示处理品和处理品价格的;

(7)采取价外馈赠方式销售商品或提供服务时,不如实标示馈赠物品的品名数量或者馈赠物品为假劣商品的;

(8)收购、销售商品和提供服务带格外附加条件时,不标示或者含糊标示附加条件的;

(9)其他欺骗性价格标示。

该规定的第七条进一步明确以下行为也属于价格欺诈行为:

(1)虚构原价,虚构降价原因,虚假优惠折扣,谎称降价或者将要提价,诱骗他人购买的;

(2)收购、销售商品和提供服务前有格外承诺,不履行或者不完全履行的;

(3)谎称收购、销售价格高于或者低于其他经营者的收购、销售价格,诱骗消费者或者经营者与其进行交易的;

(4)采取掺杂、掺假、以假充真、以次充好、短缺数量等手段,使数量或者质量与价格不符的;

(5)对实行市场调节价的商品和服务价格,谎称为政府定价或者政府指导价的;

(6)其他价格欺诈手段。

以上定价行为由于主观上存在对消费者或其他经营者欺骗的故意,因此是一种不道德行为。目前,这种定价行为在生活中仍屡见不鲜,对这些定价行为除了要严格按照法律来进行规范以外,还必须大力加强道德规范的约束。

欺诈性定价主要包括虚假价格标示、虚构原价、不履行价格承诺等形式。

（一）高/低定价

在超级市场、百货公司、家具店等销售场所，几乎每天都能够看到"促销价""优惠价""清仓价"等字眼。销售商惯用的做法是开始时将产品定一个很高的价格，这个价格只维持很短的时间，销售商在其后的大部分时间内进行打折销售。不知情的消费者在将现售价和所谓的原价比较后，认为获得了优惠从而购买该产品。这种定价方式称为高/低定价，对这种定价策略的争议主要集中于消费者会错误地以虚高的原价作为参照并作出决定。

这种标价方式大多应用在消费品上，并且在消费者越难辨别价值的商品上用得越多，原价也标得越高。在工业品或者是购买者为公司客户的情况下，这种定价方式很少。因为相对于工业用户，消费者掌握价格行情、识别商品真正价值的能力差，容易被误导。

（二）建议零售价

对于产品包装上印刷的建议零售价，企业的典型辩解是，建议零售价可以约束商家擅自抬高价格或者压低价格，避免消费者利益受到损害，避免损害品牌形象。一般来说，零售商在采购标有建议零售价的商品时，通常会优先选择建议价高的商品，这样就会有更大的利润空间。因而厂家便将建议零售价逐渐抬高来刺激商家。企业的建议零售价应该是与商品价值相称的合理价格，但如果将建议价格远远地定于正常价值之上，企业的行为就是有误导性的。

（三）误导性定价

误导性定价是指经营者在经营活动中，使用容易使公众对商品的价格产生误解的定价模式，包括：（1）不公开全价，即所列价格没有将客户所需支付的全部费用包含在内；（2）诱导转向定价，即以低价宣传产品，但客户前往时却发现产品已售罄（店中往往只备了一件产品），或在销售人员的影响下将目光转向同类高价产品。

六、暴利价格

暴利是指通过不正当的价格手段在短时间内获得的巨额利润。高利润和暴利有一定的联系，但是并不能说高利润就一定是暴利，有些产品的高利润是由于高风险引起的。例如，一些高科技产品的研发时间长、投入高，而且成功率低，这些产品一旦开发成功，其售价远远高于产品本身的生产成本，这种定价行为是可以接受的，高价能弥补前期的研发投入以及其他失败的研发投入。暴利能激励企业和个人进行科技投入，推动科技的不断进步。

但是有些企业的暴利是通过垄断来实现的，有一些产品对消费者的情绪进行不当引导，而导致产品价格远远超过其价值，这种情况下，企业的高利润就是不道德的。对肆意哄抬商品价格的行为，应追究相关法律责任。

案例7-2　天价"炒鞋"

一款安踏哆啦A梦联名鞋，发售价格是499元，售卖价格却是3 699元，李宁韦德之道7（wow7）The Moment超越限量款，40码的售价为10 889元，相比发售价

1 699 元涨了近 6.4 倍,李宁韦德之道 4 全明星银白款的售价竟高达 48 889 元,而该鞋参考发售价仅 1 499 元,涨幅高达 31 倍!

人民网评论说,消费爱国心炒鞋,邪气必须狠刹! 炒鞋客在商言商没有错,但是不能为了大发横财,就扔掉了伦理,突破了底线。这种无底线炒鞋,不仅导致国产球鞋价格飙升,特别是一些爆款鞋出现了一鞋难求的现象,消费者要么买不起,要么买不到;还伤害了广大消费者的爱国情怀。从某种程度上讲,可以说是在消费广大消费者的爱国心。鞋是用来穿的,不是用来炒的。

得物 App 针对这三款中卖家所标价格波动过大的球鞋,已进行下架处理。得物 App 表示一向倡导理性消费,一旦发现恶意操纵价格的卖家,将进行包括下架商品、封号等在内的严肃处理。

注:作者根据相关资料整理。

第三节　推销人员的伦理问题

一、高压推销

推销人员的工作压力较高,众多推销人员都处于销售业绩的压力之下,这种压力迫使有些推销人员采取"不惜任何代价"的推销方法,迫使顾客购买不适合甚至完全不需要的产品,消费者在购物过程中会有压迫感,往往会导致很多售后问题。

二、顾客歧视

推销人员有时为某位顾客提供比其他顾客更殷勤的服务,一些顾客可以获得更快捷的送货,一些顾客可以获得低价格,一些顾客可以获得更高折扣等,而其他顾客可能没有这些优待。这种"看人下菜碟"的做法,不仅有可能会流失潜在客户,也极易受到消费者的投诉,影响企业形象。

三、误导宣传

当推销人员对产品和服务进行不正确的陈述或者作出错误的承诺时,误导行为就发生了。误导行为扰乱了消费者的自由购买意愿,通过不道德的手段来促成交易,例如,"限量销售"就是推销人员的一个惯用伎俩,通过这种方法,推销人员制造了产品紧俏的情景,他们有时宣称产品即将出现短缺,有时宣称价格即将提升,如果此类信息只是为促成交易而不属实,就属于虚假宣传,这种做法就是不道德的。推销人员也可能会毁谤竞争对手的产品,凸显自己产品的优势,以达到诱导消费的目的。

四、送礼和款待

大多数推销人员认同送礼和款待在销售过程中的重要作用。销售过程中推销人员必须与顾客建立亲近的人际关系,经常送礼给顾客以示对做成交易的诚意和感谢,尤其是在各种节日或假日来临时,推销人员愿意通过送礼来诱使顾客购买商品。所送礼物的价值量通常被作为区分送礼行为和行贿行为的标准,但这种标准并不准确。

款待就像送礼一样,同样会给推销人员带来伦理问题。如果款待被用来对顾客施加额外的影响和压力,超出了产品本身对顾客的吸引力,款待行为就会产生伦理问题,但是很难有明确的标准来判断款待到底是推销人员为了对顾客施加压力,还是为做成某笔生意而向顾客表示感谢。

推销人员也可能试图通过向消费者送礼和款待,来销售更多自己品牌的产品,并试图以此把其他品牌产品挤出市场,实行竞争排他的行为。

第四节 广告的伦理问题

一、广告的真实性

现代广告的种类繁多,包括电视广告、电台广告、报纸广告、期刊广告、印刷广告、户外广告网络广告、公众号广告、短视频广告等。这些广告通过文字、图像、声音以及这些元素的精心安排,向消费者传播企业或产品的一组特定信息。广告信息可以从两个方面进行分析:(1) 关键信息是真实的还是虚假的?如果广告所主张或陈述的具体内容与现实世界是一致的,它就是真实的;(2) 关键信息是完全的还是不完全的?在宣传和销售某种具有危险性的产品时,如果不向购买者提示产品的危险性,该广告就是不道德的。由此,可以将可能存在伦理争议的广告分为四类:吹捧性广告、不真实广告、欺骗性广告和半真实广告。

吹捧性广告包含一些富有表现力的陈述,大部分正常人能通过语言中的上下文、措辞、语调以及其他一些细微的线索分辨出广告的真实性。如果这类广告的实质内容或者关键内容是真实的,并且采用的这些吹捧手法不会对受众造成误导,在伦理上就是可以接受的;如果这种吹捧超过了合理的限度,对受众造成误导,在伦理上就是不能接受的,有些过度吹捧的广告甚至演变为欺骗性广告。

不真实广告是指客观上所陈述的内容与现实不一致,但主观上不存在故意欺骗或误导受众的广告。由于现实世界的复杂性、广告商知识的局限性或者疏忽大意,对广告做了错误的陈述。广告主、广告代理商、媒体应当对广告的真实性共同负责,并采取稳健性原则对广告的内容进行审核,以杜绝可能的不实内容。另外,在广告发布之后,如果发现其内容存在不实之处,应及时采取有效的补救措施。

欺骗性广告是指客观上所陈述的内容与现实不一致,而且主观上存在故意欺骗或误导受众的广告。判断这类广告，要看两个条件是否同时满足：(1) 该广告的内容在客观上是虚假的；(2) 主观上有欺骗或误导受众的故意。欺骗性广告是不道德的。

半真实性广告是指内容是真实的，但是没有揭示那些将会明显影响产品消费的效用或者安全的其他关键信息的广告。有时广告未提及的方面与它提到的方面一样重要。在宣传和销售某种具有危险性的产品时，如果不向购买者提示产品的危险性，该广告就是不道德的。

案例7-3　电子烟，你上瘾了吗？

2003年，中国药剂师韩力升级了电子烟制作方案，拿下了现代电子烟的第一项专利，他创办的如烟科技也是第一家量化生产电子烟的公司。2005年，如烟科技大肆宣传"抽电子烟就是戒烟"，很快在全球市场吸引了一大批拥趸，当年的销售额就快达到10亿元。

如烟科技当时生产的电子烟还很笨拙，烟油替换麻烦，而且价格昂贵，央视也曝光如烟科技在烟油里面添加过量尼古丁，导致一些健康问题。如烟科技的销售额大幅下降，国内电子烟也消沉了一段时间。

全新一代的电子烟来袭，更便捷的使用方式，更多种类的口味选择。2019年，电子烟行业疯狂扩张，不断涌现出各种新品牌，中国电子烟民也在同年增长到1 000万人，电子烟成为一个潮流或一种新的生活方式，甚至在一些视频的宣传下，电子烟已经和街头、亚文化、蒸汽朋克等联系在一起。

电子烟中混合着尼古丁的甘油本身极易吸收，加上雾化，电子烟产生的气溶胶会轻松地附着满整个肺部。相比传统烟草，电子烟的吸收速度和吸收率都会高很多，换句话说，如果你初次尝试电子烟，尼古丁成瘾也会快很多。一个电子烟包含一个外壳、内置电池、雾化器、烟油等几个部件。

电子烟目前没有统一的行业标准和规范，有时候，它的调味剂的危害比尼古丁本身的危害更大。雾化器产生的铅、锰等重金属会与气溶胶结合，一同沉积到肺部，气溶胶就是我们能看到的烟雾，在广告宣传中被称为无害的水蒸气。

国家烟草专卖局、国家市场管理监督总局在2019年10月30日发布了《关于进一步保护未成年人免受电子烟侵害的通告》明令，电子烟不得售卖给未成年人且不得通过线上售卖。2021年3月22日，将电子烟纳入烟草范畴的法案被提出，这意味着税率与传统烟草一致，从15%增至65.5%。

案例来源：https://www.hellohnb.com/TobaccoControl/10885.html；https://mp.weixin.qq.com/s?__biz=MzA4NDQwNTgyNw==&mid=2649907471&idx=1&sn=70a67d41a31460668d0c55ee4c1cd6ac&chksm=87e17a23b096f3354cd06ebdf271ab8b6ec71b0957fcad452d4c688d1a3eeb15727644942d71&scene=27.

二、虚假广告

虚假广告是对商品或者服务做虚假宣传的广告,一般包括信息虚假、品质虚假、功能虚假、价格虚假等形式。

(一)夸大事实

一般是经营者对自己生产、销售的产品的质量、制作成分、性能、用途、生产者、有效期限、产地来源等情况,或对所提供的劳务、技术服务的质量规模、技术标准、价格等资料滥用不切实际的夸张之词,夸大或渲染商品或服务的质量、功效等,甚至捏造相关信息,宣传的内容完全没有事实根据,带有明显的欺诈性质,以达到促销目的。例如,夸大企业产品的制造技术,无真实依据地宣称企业或产品在行业内的优势地位,滥用"药到病除""第一""首创""最优"等词对产品进行夸大宣传。

案例7-4 六个核桃

六个核桃产品可谓是在以形补形这条路上走得最成功的。自2006年,养元集团推出六个核桃产品以来,健脑一直就是其主打的特点,各种广告一直在不遗余力地宣传补脑健脑的相关知识。2010年那句经典的"经常用脑,多喝六个核桃"更是让其销售额一举突破10亿元。

翻看六个核桃的产品原材料表能发现,其中成本占比最大的,不是核桃仁,而是易拉罐。六个核桃单位产品原材料的总成本为1元,其中,易拉罐0.57元,核桃仁0.25元,白砂糖0.05元,其他原材料0.13元。

案例来源:https://mp.weixin.qq.com/s?__biz=MzA4NDQwNTgyNw==&mid=2649907471&idx=1&sn=70a67d41a31460668d0c55ee4c1cd6ac&chksm=87e17a23b096f3354cd06ebdf271ab8b6ec71b0957fcad452d4c688d1a3eeb15727644942d71&scene=27.

(二)语言模糊,令人误解

此类广告省略关键信息或含糊措辞,采用模棱两可、似是而非的用语进行宣传,宣传内容貌似真实,其实并无事实或科学依据,使消费者对真实情况产生误解,并影响其购买决策和其他经济行为。例如,故意使用迷惑性包装,让消费者误以为产品是进口产品。

(三)不正当竞争广告

不正当竞争广告也称贬低广告,是指通过贬低其他商品或服务,损害竞争对手的商业信誉、商品声誉,从而提高自己的知名度与美誉度的方式。2015年修订的《中华人民共和国广告法》(以下简称《广告法》)第十三条明确提出:"广告不得贬低其他生产经营者的商品或者服务"。此类广告的经营者通过诽谤、诋毁竞争对手的产品来宣传自己的产品,不但违反了《广告法》,而且还违反了《反不正当竞争法》,是一种商业伦理的缺失。

（四）虚假信息宣传

为了达到宣传效果，激起消费者的购买欲望，企业在广告中经常会对关键信息进行虚假标示和宣传，如在包装、广告等营销形式中，任意标注原产地信息和产品质量等级，篡改原料、配料信息，长时间悬挂"最后一天"促销标语，导致消费者无法搜集必要的信息，从而作出不正确的消费决策。

案例7-5　中华鳖精

1993年，马俊仁带着他的"马家军"在斯图加特世界田径锦标赛上包揽了女子1 500米、3 000米和10 000米金牌。"马家军"声名鹊起，马俊仁对着话筒说道："因为我们常喝中华鳖精。"中华鳖精号称是从中华鳖里提取了大量的营养物质，搭配传统中草药，能够益智健脑，补肾强身。短短一年，生产中华鳖精的圣达公司的销售额就直接破了5亿元。1995年，央视《焦点访谈》做了一期节目叫《保健品"疯了"》，暗访调查的记者在整个中华鳖精厂里就只发现一只鳖，所谓的鳖精就是糖精，这个事也被戏称为"一只王八养活一个厂"。

案例来源：https://mp.weixin.qq.com/s?__biz=MzA4NDQwNTgyNw==&mid=2649907471&idx=1&sn=70a67d41a31460668d0c55ee4c1cd6ac&chksm=87e17a23b096f3354cd06ebdf271ab8b6ec71b0957fcad452d4c688d1a3eeb15727644942d71&scene=27.

三、儿童广告的伦理问题

儿童是广告中易受影响的群体，缺乏对广告的识别和认知能力。大多数儿童到8岁才开始具备区分广告与普通节目的能力，儿童年龄越大，就越能理解广告背后的含义，但儿童广告确实能够影响家庭的购买行为。而且传统观念认为儿童是冲动型的购买者，广告商期望能够自小建立起儿童对某个品牌的忠诚，电视广告声画并茂、跳跃动感、短小精悍正好符合儿童注重感觉、好奇心强、活泼善变的性格特征，所以，儿童都比较喜欢观看电视广告。由于儿童缺乏对外界信息的完全判断和认知能力，在接受儿童电视广告信息时，有可能不能完全对广告信息进行处理并作出合理的判断，因此，许多家长和消费者团体都非常担心儿童会受到不良电视广告的影响。

儿童电视广告在儿童道德发展中有两方面的作用。

首先，它影响着儿童的道德观念，通过参与儿童道德认知的形成，决定着儿童道德行为的方向。儿童阶段是形成是非观念的重要阶段，由于儿童阶段道德认知发展的特点是被动接受多于主动选择，所以，电视广告多样化的制作形式及多元化的宣传内容很容易影响儿童道德观念的发展，渗透到儿童道德认知的形成过程中。一方面，广告中宣传的积极的价值观有助于促进儿童正确道德观念的发展；另一方面，广告中宣传的错误观念也会因为儿童认知能力的局限而对其产生消极的影响，误导其认知判断能力。

其次，它直接影响着儿童的道德行为，通过儿童模仿电视广告形象的行为，影响着儿童道德行为的表现。儿童电视广告中常以成人或者一群儿童充当主角，他们的语言、行为中表现的道德价值取向影响着电视机前的儿童的道德认知、情感和行为。因为儿童电视广告中的成人常是家长、老师、专家、明星等社会推崇的儿童榜样，他们代表的是权威、公正和榜样，儿童在心理上对他们极为信赖，当他们以教育、劝服的口吻来引导儿童时，常常事半功倍。儿童的模仿能力极强，甚至是那些他们并不是特别了解的事情也常常会引起他们强烈的好奇心，成为他们的模仿对象，电视广告就对儿童的这种模仿行为起着形象示范作用。

案例7-6　向未成年人推销死亡

在全球范围内，每年有400万名烟草公司的顾客死去，所以，雷诺兹（R. J. Reynolds, RJR）等公司必须持续吸引新的吸烟者。很少有人在成年之后才开始吸烟（88%的吸烟者在18岁之前就开始吸烟），烟草公司必须从未成年人中吸引新的吸烟者。所以，尽管1998年的美国一项法律裁决禁止将未成年人作为目标受众进行烟草推销，但RJR在《滚石》杂志中做了很多页的大型广告，宣传"骆驼牌香烟与独立的艺术家及唱片公司之间的合作"，而《滚石》杂志的读者在当时包括150多万名未成年人。

烟草广告以动物、怪物、外星人和宇宙飞船为特征，还设定在每个人都穿着黑色匡威鞋的另类次元中。2007年，RJR将可可味、亚洲薄荷味、甜苹果味和烤蜂蜜味的骆驼牌烟草投放市场。早前，RJR内部的一份备忘录建议生产"明显以未成年人为导向的烟草……例如，一种尝起来像糖果但同时带来烟草满足感的口味"。在读者包括很多年轻女性的女性杂志中，RJR宣传了一款粉色包装的新产品Camel No.9。自从这个宣传开始，那些认为自己最喜爱的广告是骆驼牌香烟的女孩翻了一番。

RJR和其他烟草公司正把更多的钱（占到125亿美元烟草宣传支出的90%）花在零售店和其他地方的广告上，这些地方的广告能够被孩子们看见，它们就贴在孩子们的视线水平或糖果架子旁边。大部分（75%）的未成年人每周至少去一次零售店，而80%的店里都张贴有烟草广告，60%的店把那些广告贴在店外。对于那些最受欢迎的烟草品牌，80%的未成年人每年平均会留意到17次。

"没有什么广告比用来推销烟草的广告更具欺骗性。独立的形象被用来推销创造深度依赖的产品。健康和活力的形象被用来宣传导致疾病和痛苦的产品。生命的形象被用来销售带来死亡的产品。"取缔烟草广告会极大地减少未成年人的吸烟现象，但烟草公司反对广告限制，他们认为这违背了言论自由，烟草广告不具有欺骗性质，吸烟者知道每个包装和广告上标明的吸烟危险，人们也有权利吸烟，了解烟草品牌的信息，广告不会使人们开始吸烟或加大吸烟量，广告只是吸引吸烟者忠于品牌，烟草广告也没有故意以未成年人为目标。

案例来源：曼纽尔·G. 贝拉斯克斯. 商业伦理概念与案例（第7版）[M]. 刘刚，程熙镕译，中国人民大学出版社，2013.

四、比较性广告

比较广告是指在广告中把所宣传的产品和同一竞争领域内的其他产品相比较的广告,可分为直接比较广告和间接比较广告两大类。直接比较广告是指商品的经营者或者服务的提供者,在其广告中"指名道姓"地与竞争对手的商品或者服务进行比较的广告;间接比较广告是指商品的经营者或者服务的提供者,在其广告中与不特定的同一行业的竞争对手的商品或者服务进行比较的广告。

不当的比较广告有以下四种表现:

(1) 以自己商品或者服务的长处与竞争对手商品或者服务的非关联短处相比;

(2) 不说明比较内容,只表现结果;

(3) 违背事实、片面夸大、无根据地引用最高级形容词;

(4) 对比性诋毁。通过拿自己的产品或服务与竞争对手的商品或服务的某些特点进行不真实、不全面的比较,来诋毁他人商品或服务声誉的行为。

比较广告必须真实、明白,不得误导消费者,比较的内容必须以具体事实为基础。广告主必须对商品和服务的特点及有关方面做客观比较,比较的论点必须建立在可以证实的公正选择的事实的基础上,不但应说明对比的是什么商品或服务,而且应说明是在什么基础上进行,对比的内容和条件不能人为地有利于某商品或服务而不利于另一商品或服务。其次,比较的内容必须具有证明力。比较广告中指名的商品或服务必须确定是相互竞争的,而且应拿出实在的数据来支持所作的宣传,任何结论必须有据可证,能够对比较的真实性提供令人信服的论据。再次,比较必须全面,其中包括对自己不利的比较。广告操作既然选择了比较的形式,则必须是有针对性的毫无保留的比较,应允许比较广告"以己之长,攻人之短",反过来,如果自己在某方面不如别人,也应广而告之。

案例7-7　农夫山泉

2000年4月24日,农夫山泉开发布会宣布,之后不再生产纯净水,只生产天然水,原因是:老师带着小孩做科学实验,用纯净水和农夫山泉天然水分别浇灌水仙花,一周后,纯净水浇灌的生长速度比天然水的慢。科学实验证明,纯净水对人体健康无益。

娃哈哈、乐百氏、景田等69家企业联合发表声明:养生堂(农夫山泉的母公司)用偷梁换柱、伪科学的手段从整体上否定和贬低纯净水,是不正当竞争;纯净水有国家技术监督局和国家卫健委的两个标准来管理,符合标准的纯净水是安全、卫生的健康饮用水;养生堂的所谓"天然水",实际上就是水库水,容易受到各种污染;水仙花实验是对消费者的愚弄和误导;"争当小小科学家"活动,打着科学之名,实际上是伪科学,不仅起不到开发智力的作用,反而容易使孩子们产生对科学实验的片面认识,严重影响少年儿童全面的科学的世界观的形成……

案例来源:https://mp.weixin.qq.com/s?__biz=MzA4NDQwNTgyNw==&mid=2649907471&idx=1&sn=70a67d41a31460668d0c55ee4c1cd6ac&chksm=87e17a23b096f3354cd06ebdf271ab8b6ec71b0957fcad452d4c688d1a3eeb15727644942d71&scene=27.

五、低俗广告

一些广告宣传全无文化内涵,更谈不上意境,一则好的广告不仅能精准地向消费者传达产品信息,更是承担了一种文化的宣传。一些广告词缺乏创意,平铺直叙,洗脑式的广告词很容易引起消费者的视觉疲劳,产生反感;一些广告利用谐音梗这样的文字游戏赢得消费者的关注,但却对青少年、儿童的文化传播造成障碍;还有一些广告创意不合理地利用女性形象,传递出不平等、歧视性的广告内涵,甚至大打带有色情暗示的擦边球,这些广告都违背了广告法中不得"妨碍社会公共秩序或者违背社会良好风尚",不得"含有淫秽、色情、赌博、迷信、恐怖、暴力的内容",不得"含有民族、种族、宗教、性别歧视的内容",不得"损害未成年人和残疾人的身心健康"等规定。这些不道德广告折射出企业文化建设的空白,只注重企业的经济效益,不顾社会效益,低俗营销违背了社会价值理念,理应受到抵制。

六、网络广告

某些网络广告带有强迫性质,既违反了广告伦理,也违反了科技伦理,会引起消费者的抵触,并不能带来良好的传播效果和营销效果。

(一)"关不掉""被迫打开"的引导型数字广告

通过技术手段,设置让消费者无法关掉的广告,来引导消费者注意其广告内容,甚至引导消费者点击不合规的购物网站,下载难以卸载的应用程序。

(二)"侵犯隐私"的定向型数字广告

在消费者不知情或未许可的情况下,通过搜集消费者的上网浏览记录、定位及身份信息等,向消费者有针对性地推送数字广告,近年来兴起的精准广告推广实际上侵犯了消费者的隐私。

(三)弹窗广告

这是一种由来已久的广告形式,随着移动媒体的兴起,开始逐渐延伸到手机等移动媒体上面,由于关闭按钮极其隐蔽,属于典型的"打扰型"广告,迫使很多受众不得不收看广告。

(四)"流量造假"的数字广告

这类广告主要分为机器作弊和人为造假。机器作弊是通过数字技术手段制造虚假流量,这类伦理失范广告的造假成本较低,非常容易被治理。人为造假是通过雇佣人员刷单、点击广告等形式伪造高流量,这类伦理失范广告的造假成本较高,查处困难,治理起来也较为困难。流量造假的广告非常容易误导消费者,刷好评的行为让消费者对鱼龙混杂的产品更难作出正确的辨别。《人民日报》曾专门发文抨击刷好评已形成灰色生产链。

案例7-8　刷好评已成灰色生产链，得治！

用户好评是消费者判断商品质量和商家信誉的重要指标，但也有一些商家为了增加交易机会，通过制造虚假好评等方式欺骗消费者。某些好评数量很高的网红店铺实际上商品质量有瑕疵或者服务不到位，存在制造虚假好评误导消费者的嫌疑，侵犯了消费者的合法权益。为了争取消费者的好评，商家想了各种办法。有些店铺会在快递、外卖中附上"好评返现"的小卡片，消费者给好评即可换取小礼物、现金。在一家烧烤店送来的外卖中就附上了这样一张卡片："全五星好评＋晒美食图片，可领取红包"，下方还详细说明："全五星"是指口味、配送、包装三项指标全部给出五星评价，评分完成后，便可添加店员的联系方式，获取小额现金。

记者调查发现，商家购买好评已经是公开的"潜规则"，甚至刷好评已经形成了一条灰色生产链：商家提出需求，刷手团伙针对电商和点评软件的推荐排名机制拆解成各类任务，通过自建网站或其他社交平台发展下线、发布任务。这样的一条生产链，制造了大量的虚假好评，给消费者造成了许多困扰。在一家"流量优化"网站的任务发布栏中，记者看到了形形色色的刷单任务："外卖评论单""App（手机应用软件）下载后评论，单价2元""转发文章有钱赚""观看视频即可通过任务，单价1.5元"，每条任务都有不少人认领。在刷好评生产链条上还有专业的好评写手。在某论坛兼职板块，记者在兼职招工信息中找到不少"写好评"的兼职。其中有的明码标价："评论20条得10元，有文案，可复制粘贴"，还说明"真实有效，大量招人"。发布者还会提供一份"攻略"，提醒在刷单、刷好评时如何规避系统检测异常流量，还详细介绍了制造虚假聊天、降低平台抽查风险的方法。

北京师范大学网络法治国际中心执行主任吴沈括表示，购买或提供诸如有偿虚假好评、点击量、搜索量等服务，不仅破坏了公平竞争的市场秩序，有损消费者的合法权益，情节严重的还可能构成不正当竞争，涉嫌违法。整治虚假好评要多措并举、形成合力，方能治本。互联网平台企业应当承担主体责任，通过科技手段精准识别和筛除虚假评论，对入驻商家进行严格的审核监督，对存在违规获取好评行为的商家进行降权处理，并予以公示。相关部门应与企业加强互动，多方联动，充分依托电商交易平台的大数据资源，建立数据异常预警机制，有助于及早发现和清理虚假评价。

刷好评，刷出来的其实是恶性竞争，加重了所有市场参与者的负担。能否在市场竞争中领先，终归是要靠产品质量说话，为了提升短期的数据表现而导致丧失消费者的信任，是因小失大。

来源：《人民日报》，2021-10-25。
案例来源：https://www.thecover.cn/news/8267202。

第五节　营销渠道的伦理问题

一、营销渠道中的伦理问题

营销渠道是产品从生产商到终端消费者的路径。生产商在为市场提供产品的过程中，要与营销中介机构发生业务联系，这些营销中介机构组成了营销渠道，也称为分销渠道。广义的营销渠道包括生产商、经销商、赞助商以及终端消费者和用户，狭义的营销渠道包括中间商、代理商等。营销渠道成员的目标本应该是一致的，就是在满足消费者需求的基础上求得企业的生存与发展，然而在实际运营中，渠道成员间却存在着不同的具体利益选择问题，都有可能为双方带来伦理问题。例如，生产商当前目标是打开市场，增加知名度；中间商的目标则是希望能获取更多的利润与返点；零售商想要提供多样的产品来满足消费者；批发商则要求主打一个生产商品牌，从而获得最大数额的回扣。不同的利益追求导致矛盾的产生，在矛盾冲突中又滋生了非伦理行为。

营销渠道冲突主要有三种类型。

（一）不同品牌的同一渠道之争

为争夺同一渠道，生产商、经销商会制定优惠的渠道政策来吸引渠道成员，或需要满足渠道商较为苛刻的入驻条件。

（二）同一品牌的内部渠道冲突

渠道成员之间为争夺销售区域会产生冲突，窜货与低价出货是冲突最常见的方式。较为严重的是跨区域延伸渠道——发展经销商、设立销售终端或抢占用户等。同一品牌的线上线下的销售模式也会产生这样的冲突，线下渠道可能会不满意线上渠道低价竞争对自己销售空间的侵蚀，由此而产生冲突。

（三）渠道上下游冲突

生产商或分销商从自身利益出发，可能采取直销与分销相结合的方式，生产商出于产品推广需要，可能越过一级渠道成员而直接向二级渠道成员甚至销售终端供货，但这就不可避免地要与下游经销商争夺客户，使上下游产生矛盾，挫伤下游渠道的积极性。

在营销过程中，营销渠道成员之间应根据各自的利益和条件，选择以合约的形式规定双方的权利和义务。如果违背有关规定，损害一方利益，就会产生伦理问题。例如，生产商要求零售商只能销售自己一家的产品，而不准销售其他企业的产品，但零售商为了自身利益而不顾合约的规定，销售其他企业的产品；某些零售商回避合法生产者和批发商，另从非法渠道进货，而损害了生产者、批发商及消费者的利益。同样，当生产者凭借自身的经营优势，为了自身利益，控制供货，采取威逼手段对中间商减少或停止供货，或者是生产者凭借自己的经营性垄断地位，迫使中间商屈服自己的指挥，限制中间商只能从事某种特别的经营活动。这些只考虑自身利益的行为，势必会带来渠道管理的商业伦理问题。

二、直销中的伦理问题

直销是指直销企业招募直销员,由直销员在固定营业场所之外直接向最终消费者推销产品的经销方式。直销是直接针对目标消费者的,广告到达率很高,可以为公司节约大量的促销资源,直销人员利用自己的人脉寻找并积累客户,通过个性化的、更具人情味的客户关系管理策略,和客户建立长期友好的关系,以实现销售目的。对消费者而言,由于中间渠道的减少,有机会购买到更低价格的商品和更有针对性的售后服务。直销是一种效率较高的销售模式,但也因为诸多伦理问题而受到质疑。

在直销模式下,直销人员为了尽快实现销售目标,需要经常与客户联系。消费者有可能频繁收到推销人员的推广信息,从而使消费者对直销模式充满反感。而且很多直销人员并不是公司的员工,公司较难对其提出要求和进行监管。一些销售人员为了自身的利益,在讲解和演示产品时,会故意回避产品的缺点,夸大产品的功效,随意作出不可能实现的服务承诺等,这些商业伦理问题直接导致直销模式下的产品质量和消费者权益无法得到有效的保障,也大大地削弱了直销模式的优势和效率。

三、线上销售渠道的伦理问题

在线销售模式下,消费者只是通过网络了解商品信息,而一些购物网站并没有向网上购物的消费者说明商品的真实情况,不少网店卖家对其商品做夸大的,或者杜撰的、不确定的宣传和描述,抑或故意隐瞒重要信息,对消费者关于质量、使用等问题的询问,作出的答复不明确或不符合实际情况。

消费者对线上销售的商品不满意时,退货程序往往也比线下消费难度大。而对于网络消费,退货体验很重要,线上消费者只能依靠商家的图文介绍,不能眼见为实,"无理由退货"就是一种高明、有效的营销策略,让线上消费者无忧购物。

为了避免线上线下渠道的冲突,线上线下商品存在差异,商家往往在线上特供不参与线下实体销售的商品,单从价格上看,网络购物似乎成为"淘便宜"的代名词,但却可能面临低质低价的情况,如果线上线下销售同一型号的商品,质量却明显不同,在宣传上谎称与线下高质量产品一致,则商家属于故意违反信息披露义务的行为,侵犯了消费者的知情权,是一种对消费者的欺诈行为。一些商家会推出"电商专供"商品,这些商品与线下同款在款式、功能和特性等方面有一定的差距,线上商品的价格优势往往暗藏玄机,商家应该履行告知义务,电商平台不得在推销产品的过程中以任何方式隐瞒、混淆产品的重要信息,避免消费者陷于错误认识,切实维护消费者的选择权。

第六节　消费者隐私保护

在向消费者提供产品和服务的过程中,厂商不可避免地需要收集消费者的相关信息,但当前存在众多侵犯消费者隐私的不道德行为,某些厂商过度收集消费者的隐私信息、未经消费者授权而不合理地使用或者转售消费者信息等。随着互联网信息技术的飞速发展,涌现出越来越多的侵犯消费者隐私的商业伦理问题,消费者隐私权问题就变得更为严重。

一、侵犯消费者隐私的伦理问题

(一)过度获取消费者信息

在当前"互联网+"的背景下,每个人几乎每天都会发生网上购物、网络社交、网上办公等网络行为,在给人们生活带来极大便利的同时,也势必会积累海量的网络数据。目前,厂商、平台开发者、内容服务商、移动通信公司无时无刻地不在进行信息搜集,甚至未征得当事人的同意就收集其个人信息,这些信息包含大量的消费者和互联网使用者的个人隐私。

(二)消费数据分析利用

消费数据分析利用指某些商家利用自己掌握的信息建立综合数据库,从中获得有商业价值的信息并用于生产经营。互联网和信息技术的普及,使大数据的收集、分析更容易也更具有商业价值,能够对消费者的购物心理、行为习惯等作出精准细微的分析判断,呈现出大批量完整的用户画像,从而使厂商能够更有针对性地进行广告推送,更有效地锁定目标消费人群。App获得的权限越多,提供的服务也会越有针对性和个性化。许多人有这样的经历,如果你曾经在网上购物或搜索某种产品,接下来你将会收到相关的广告推送,有可能给你造成不必要的麻烦。商家所有的个人数据只能用于特定的使用目的,具有不可传递性,更不可深度侵害消费者的隐私权。

对 App 供应商来说,收集的用户信息永不嫌多,信息越多,越有利于给用户或消费者"画像",许多人在享受各类手机 App 带来便利的同时,也饱受隐私被侵犯的困扰。目前,绝大多数网站和 App 都设有隐私政策,但如果用户拒绝授权,App 将被强制退出,用户没有充分的选择权。通过让渡用户隐私而换来的个性化服务,非但让人感受不到贴心,反而细思极恐。某些不良商家甚至将海量数据资源视为一种商品,擅自对这些数据进行买卖,牟取暴利,如将用户的注册信息出售或未经消费者许可二次利用,严重侵犯了用户的隐私权。

二、消费者隐私的保护

(一)健全消费者隐私保护的法规政策体系

在互联网信息技术迅速发展的背景下,消费者隐私保护的法律规制都亟待加强。与经济发达国家普遍地将隐私权视为人格权,并在法律层面高度重视和明确消费者隐私权不同,我国隐私权的立法明显存在滞后。20世纪90年代以来,最高人民法院、国务院及相关部门制定了一系列与消费者隐私保护相关的法规和政策,目的是加强对消费者隐私的保护。但从实践效果上看,消费者隐私权的法律保护范围仍然有限,互联网环境下消费者隐私权的法律保护处于真空,呈现法律零散、途径间接、手段脆弱等特征,相关政府规章制度缺乏法律意义上的强制性,引发了非法收集和滥用消费者个人隐私信息、消费者面临隐私权侵犯后司法救济缺乏针对性甚至缺失等问题。

有关部门应协同共治、动态监管,建立一个法规政策体系,自上而下地不断细化消费者隐私保护监管制度,从而使消费者隐私保护的实施具有明确的法规和政策准则,使政府对消费者隐私保护的监管具有法规政策依据,依法打击侵害公民个人信息的犯罪活动,不断提高企业的违法成本,这样才能从根本上保证消费者隐私保护规范有序地推进。比如,美国联邦贸易委员会曾因侵犯隐私问题对 Facebook 开出 50 亿美元的罚金,Google 也曾因隐私问题先后受到美国联邦贸易委员会和法国国家自由与信息委员会 2 250 万美元和 5 000 万欧元的罚款,震慑了相关违法违规的行为。自 2021 年 5 月 1 日起,我国《常见类型移动互联网应用程序必要个人信息范围规定》正式实施,明确了地图导航、网络约车等 39 类常见类型移动应用程序的必要个人信息范围,要求其运营者不得因用户不同意提供非必要的个人信息,而拒绝用户使用 App 的基本服务功能。对于侵犯消费者个人隐私信息的行为,要形成常态化监管机制,及时公示黑榜软件,提醒消费者谨慎下载。

此外,消费者在选择使用手机 App 时要选用安全合规的 App 产品和服务,并选择正规有效的渠道下载安装,认真阅读 App 的应用权限和用户协议或隐私政策说明,了解操作注意事项;要注意培育良好的使用习惯,不随意开放和同意非必要的读取权限,不随意输入个人隐私信息,定期维护和清理相关数据;一旦发现个人信息被泄露,要通过有效手段及时主动地维权,必要时向有关部门反映,让更多消费者免受其害。

(二)推进企业保护消费者隐私的自律建设

企业应该遵守数据收集、存储和传输阶段的信息安全或隐私的合规框架,合理、适度地搜集用户的隐私信息,加强数据安全制度建设,对用户数据中的重要敏感数据进行安全加密,控制数据访问,除非具备必要的权限,即便内部员工也无法随意读取,不留余力地强化企业保护消费者信息安全的意识和能力。

在搜集和应用消费者信息时,企业要得到客户的授权,通过简洁醒目、通俗易懂的方式告知用户隐私条款,让用户了解其收集数据的目的、数据存储和使用情况,企业使用收集的数据要能够为客户、社会和国家提供价值,而不只是一味地牟取商业价值,在利用用户数据进行商业推广时,要保证用户的知情权和可选择权,必须明确告知用户其个人数据的可能用处、使用场景,确保数据使用与客户服务密切联系。尊重客户的隐私信息不仅是企业的道德责任,更有利于企业赢得用户的理解和信任。

本章小结

本章基于 4P 理论,讲解了产品、价格、渠道和促销的伦理问题,重点阐述了产品定价问题,包括歧视性定价、串通性定价、垄断性定价、掠夺性定价、欺诈性定价和暴利价格的伦理问题;促销伦理主要探讨了推销人员和广告的伦理问题,重点分析了虚假广告、儿童广告、比较性广告、低俗广告、网络广告存在的伦理问题;营销渠道部分主要分析了不同渠道之间的冲突,以及由此带来的伦理问题;本章最后探讨了企业侵犯消费者隐私的行为,并提出了保护消费者隐私的策略。

复习思考题

1. 简述产品定价的伦理问题。
2. 虚假广告有哪些形式？应如何规范企业的广告营销行为？
3. 如何在大数据时代保护消费者的隐私？

第八章 市场竞争中的伦理问题

学习要点

- 市场竞争和垄断的基本形式
- 垄断的伦理问题
- 政府对市场垄断的干预措施
- 市场竞争的内容
- 价格竞争和非价格竞争的伦理问题

第一节 市场竞争和垄断

一、市场竞争的基本形式

市场的竞争形式包括完全竞争市场、完全垄断市场、垄断竞争市场和寡头垄断市场。

理想的完全竞争的自由市场具有如下四个显著特征：存在大量分散的买者和卖者，其中没有任何人能占据市场支配地位；买者和卖者可以不受限制地及时进出市场，所有资源在市场上充分流动；任何卖者所销售的产品包括质量、性能等都是没有差异的；消费者、厂商和资源的所有者掌握完全信息。在该市场上，买卖双方均期待以最小成本实现效用的最大化，不存在任何外部力量（如政府监管）对产品质量、数量、价格进行干预，由于不存在市场壁垒，当某一个行业能够获得较高的收益水平时，新的竞争者会不断进入，从而迫使该产业中的厂商无法获得长期的超额经济利润。在自由竞争市场下，存在厂商长期利益最大化的均衡点，此时，产品价格等于生产该产品的社会边际消耗。完全竞争的自由市场能够实现资源的最佳配置，任何买者和卖者都只是价格的接受者而不能影响价格的确定，自由竞争的结果将使买卖双方实现利益均衡，最终有利于提升整个社会的福利水平。

完全垄断市场是完全竞争市场的另一极端。首先,在完全垄断市场上不再有大量竞争者,而是存在唯一的、可以控制市场供给数量的卖者;其次,市场存在进入壁垒,使其他竞争者无法自由地进出该市场。在这种情况下,缺乏自由竞争,唯一的卖者获得了垄断地位,从而拥有超过正常水平的定价权。由于要素无法在行业间自由转换,信息资源被控制在一个卖者手中,买卖双方交易的公平性也无法得到保障。从资源配置的角度来看,垄断市场将造成社会福利的无谓损失,不利于社会经济效益的最大化。

现实中的市场则是介于完全垄断和完全竞争市场之间的两种类型——垄断竞争市场和寡头垄断市场。垄断竞争市场是与完全竞争市场相近似的一种市场状态。垄断竞争市场存在数量众多的竞争者,几乎没有任何一个卖者可以占据市场支配地位。他们所提供的产品之间存在差异,因而可以进行市场细分,且不同卖者之间的产品具有良好的替代性;由于不存在市场壁垒,竞争者可以自由地进出该市场;竞争者的决策和行为是彼此独立的,任何厂商的价格都无法影响整个市场的平均价格。自由竞争的存在,使市场上的竞争者必须不断改善产品质量、价格和营销策略,从而更好地配置市场资源。

寡头垄断市场上的竞争企业数量很少,单个企业占据相对的支配地位。当市场上只存在两个寡头时,被称作双卖主垄断。这些寡头企业数量稀少,各自均拥有很高的市场份额。寡头市场也存在数量和价格的竞争,经济学中的古诺模型和斯泰克伯格模型分别解释了实力均衡及实力相差悬殊情况下的寡头竞争决策,垄断者在确定价格策略时也必须考虑其他厂商的反应。由于寡头之间的竞争将削弱各自的利润,寡头们更倾向于通过彼此勾结以获得超额经济利润。如果市场不存在对垄断的监管,寡头之间相互勾结的可能性就远高于竞争的可能性。寡头之间的竞争,如果存在占绝对市场支配地位的寡头,则该寡头可以依照自身利益最大化确定价格,否则,就需要考虑领先寡头的定价策略。总体上,寡头垄断市场的效率高于垄断市场但低于垄断竞争市场。

二、市场垄断的类型

市场垄断是一种特权,这种特权可能来自无法抗拒的技术领先或经济需要,也可能来自制度性安排。不同类型的垄断的影响也不尽相同,需要对垄断进行适度监管的程度也不一样。垄断可以分为自然垄断、经济垄断、法律垄断和行政垄断四种类型。

(一)自然垄断

自然垄断多数是由于产品或服务兼具公共属性和商品属性的特征而形成的,如铁路、公用事业、电力行业。自然垄断行业由于具有规模报酬递增的特点,少数供应商就可以满足市场需求,且厂商数量越少成本越低;如果有许多竞争厂商,其平均成本将高于垄断成本。在有监管的条件下,垄断价格将低于竞争价格。

(二)经济垄断

经济垄断是随生产、技术和资本的高度集中而逐渐形成的,通常具有生产要素、技术和知识资源要素等高度的排他性。在某一市场中,企业数量较少甚至只有一个规模巨大的企业,其对生产要素或产品的定价权就具有支配地位。随着世界各国政府监管力度的不断增

 商业伦理学

强、科学和技术创新的加速以及生产要素的全球流动,当代商业竞争中,新垄断者不断出现,使单一垄断者难以长久地维持垄断格局。

(三)法律垄断

法律垄断主要是以专利、版权等知识产权和市场特许权形式存在。通常,政府会因公共利益而授予个人或企业排他性专有权利(如专利权),该权利禁止其他人在没有获得专利权人许可的情况下生产某种产品或使用某种技术。政府通过授予专利人一定期限的专利保护,使其能及时收回创新成本并取得创新收益。这种垄断的存在,是为了保护创新者的投资,鼓励创新和技术进步。市场特许权则是另一种形式的法律垄断,一般只适用于少数行业,这些行业通常与公共利益、国家安全等有关。

(四)行政垄断

行政性垄断的行为主体是拥有行政权力的机构,其形成是政府直接挑选市场竞争赢家和输家的结果,是通过行政手段和具有严格等级制的行政组织而实现的。国家行政机构通过计划模式直接干预或管理企业的投入、产出,从而控制全社会的生产和流通,形成绝对垄断。也有学者认为,行政垄断是国家经济主管部门和地方行政机构滥用行政权,排除、限制或妨碍企业之间合法竞争,造成市场竞争的不公平性,是一种破坏市场竞争的行为并产生寻租和权力化腐败等问题。

三、垄断的伦理问题

通常认为,垄断损害市场竞争的公正和自由原则,并损害社会整体福利和整体效率,仅在少数情况下,垄断具有一定的合理性。多数情况下,垄断与自由竞争的原则背道而驰,是很多国家市场监管的重点。

(一)对公正和自由原则的破坏

在一个自由竞争的市场上,产品生产要素的长期均衡价格等于其社会边际价值,买卖双方都只是价格的接受者,可以按照自由意愿以公平的价格进行交易。但在一个不受监管的垄断市场上,垄断者可以凭借其市场支配地位或者彼此串谋定价,从而获得超过公平水平的超额利润。垄断者通过操纵产品和要素市场价格而获取超额利润的做法,显然有违公平、正义原则,损害了与之相对的买方和卖方的权利。

(二)减少社会福利

虽然垄断者能够通过提高产品价格获得超额利润,但将减少了整个社会的福利水平。假定由一个垄断者替代完全竞争产业中所有厂商的产品,并且假定完全垄断和完全竞争两种市场具有相同的成本曲线,显然,消费者必须支付较高的价格,同时获得较少数量的产品。这意味着社会生产能力没有得到充分利用,资源配置效率低于竞争市场。这是由于垄断定价使一些对卖者和买者双方均有益的交易无法进行,是垄断者运用市场势力所引起的整个社会的经济福利减少。

(三)降低经济效率

垄断不仅降低社会整体的福利水平,垄断者的效率同样受到影响。在垄断组织中,技术性低效率是一种普遍存在的现象。由于享有垄断利润,企业内部利益集团的行为不受竞争

约束,就会倾向于偏离组织目标而追求个体或小群体利益,从而导致组织缺乏竞争力。

四、政府对市场垄断的干预

(一)政府与市场的关系

在现实经济中并不存在所谓的完全竞争市场,由于垄断、信息不完全、外部性以及公共产品等原因而形成的市场失灵,需要政府干预以保障公平、自由竞争。2008年的经济危机让人们重新认识政府与市场关系,即使美国这样历来反对政府干预的国家,也有相当多的声音支持政府干预。讨论政府与市场的关系,其本质是研究政府在干预市场资源配置中的作用。市场经济可以分为三种形式:自由市场经济、社会市场经济和政府诱导型市场经济。

自由市场经济以英美两国最为典型,主张政府调节市场环境、市场引导企业,企业是微观经济活动的主体。自由市场思潮起始于18世纪,亚当·斯密、穆勒等人所主张的思想一直在欧美国家占据主流地位。1929—1933年爆发的世界性经济危机使国家干预获得了合法性,以凯恩斯为代表的经济学家对市场失灵做了系统性论述,并为政府干预提供了理论基础。

社会市场经济又称莱茵模式。其认为市场经济不是放任的市场经济,市场自由应与社会保障相结合,必须从社会政策的角度加以控制。社会市场经济以鼓励竞争、限制垄断、稳定货币和价格、促进全民繁荣为目标,强调市场自由竞争与社会公平的结合,在诸如反垄断、劳工保护、社会福利等方面,政府控制的力度较自由市场经济更强。

政府诱导型市场经济主要以东亚国家为代表,政府在调整市场环境中起着关键性作用。经济计划和产业政策是政府干预市场的重要手段,政府对垄断的干预较少,甚至为推动经济发展而主动促成某些行业垄断的形成。日、韩两国被视为此类市场经济的代表,其经济体系带有浓厚的政府干预和指导色彩,是一种典型的政企同盟关系。

(二)政府对垄断市场的干预

尽管政府与市场的关系复杂而多变,但反垄断被认为是政府最重要的职责之一。

1. 反垄断干预

反垄断干预是各国政府调整市场竞争的主要手段,早在19世纪末,一些国家就已经开始出现反垄断立法,如1890年美国通过了《谢尔曼法》。进入20世纪90年代,为促进高技术行业的发展,美国修订了反托拉斯法,将垄断后果的判定由合理预见制改为实际发生制,这在一定程度上降低了反垄断的力度。反垄断监管的目标是禁止滥用市场支配地位限制竞争,而不是反对一个或几个企业在市场上占有支配地位。如果企业滥用其支配地位,就构成垄断。但在实践中,如何判断是否滥用市场地位仍存在很大分歧。

案例8-1 欧美对微软的反垄断调查

1998年5月18日,美国司法部联合19个州就浏览器捆绑销售问题对微软提起反垄断诉讼。1999年11月5日,美国联邦地区法院法官托马斯·彭菲尔德·杰克逊作出初步裁决,认定微软涉及垄断,并判决将微软分解为两个独立公司,一家公司专门从事计算机操作系统业务,另一家公司则负责操作系统之外的其他业务。微软公司随即诉至哥伦比亚特区联邦上诉法院,上诉法院驳回了杰克逊法官的判决,并要求地区法院重新指定新法官审理此案。

二审法官认为,由于微软的IE浏览器是免费赠送的,其捆绑行为因为未涉及固定价格安排,并不损害美国消费者的利益,故而不构成违法;但微软在其操作系统的适用许可中不允许OEM厂商改动Windows启动画面、要求互联网服务公司ISP使用微软浏览器且不得宣传或推广微软以外的网络浏览器,甚至与一些商业伙伴达成秘密协议以阻止其与司法人员合作的行为,被认定为不正当竞争。

最终,上诉法院维持了地区法院对微软在操作系统市场上"维持垄断罪"的认定,同时撤销了对微软"企图垄断浏览器市场"的裁决。2001年9月,美国司法部放弃了拆分微软公司的诉讼请求,并在11月1日和微软公司达成了一项临时性协议,宣布双方就"美国诉微软公司垄断案"进行庭外和解,微软由此避免了在美国被拆分的命运。

本案例是第一次针对高科技企业发起的反垄断诉讼。争论的焦点在于:(1)微软将IE浏览器与Windows视窗系统捆绑销售是否构成垄断法中所禁止的搭售?(2)其捆绑销售是否可以用"正当行使知识产权"的理由加以解释?

在美国本土的反垄断诉讼中,哥伦比亚地区法院在一审判决中认为捆绑销售行为本身就构成了搭售,且微软与制造商之间的排他性协议形成了纵向限制,因而构成垄断。哥伦比亚上诉法院驳回一审判决的主要理由是:虽然Windows95和Windows98分别占据全球PC市场85%与95%以上的份额,微软企图通过捆绑浏览器和视窗系统获得市场垄断地位的事实存在,但并未提高垄断产品价格从而损害消费者利益,二审法院最终认定微软在视窗系统上维持垄断罪名成立而在浏览器市场上的垄断罪名不成立。微软公司最终与美国司法部达成庭外和解,放弃捆绑销售,允许计算机制造商自行选择浏览器并决定是否更改视窗操作系统的原始画面。

注:作者根据相关资料整理。

中国对垄断的法律约束开始较晚,2007年8月通过并于次年8月生效的《中华人民共和国反垄断法》是中国第一部反垄断法,其中对垄断协议、滥用市场支配地位、经营者集中、滥用行政权力排除和限制竞争、对涉嫌垄断行为的调查、法律责任等方面进行了规定,明确禁止具有竞争关系的经营者达成固定或变更商品价格、限制生产或销售数量、分割市场或限制购买和开发技术、设备以及联合抵制交易等垄断性协议,禁止滥用市场支配地位从事高价销售或低价购买产品、倾销产品、搭售、价格歧视等活动,并对市场支配地位进行了明确界定:"一个经营者在相关市场的市场份额达到二分之一的,两个经营者在相关市场的市场份额合计达到三分之二的,三个经营者在相关市场的市场份额合计达到四分之三的,被推定为具有市场支配地位"。

该法还对政府行政垄断进行了明确的定义和禁止,具有积极的意义。2011年11月开始的对中国电信和中国联通两大巨头的反垄断调查是国内第一次针对国有企业的反垄断调查。该调查启动后,中国电信和中国联通向发改委提出了终止调查的请求,并承诺降低公众用户价格、改善与竞争对手的互通互联服务和加强价格监督,发改委的反垄断调查在实践中向市场传递了监管大型国有企业的一些积极信号。此后,各家公司开始逐步下调通信资费。

2. 其他干预

除了反垄断干预外,政府对影响市场效率的其他因素(包括信息不完全、外部性及公共产品、市场不完全等)也需要进行干预。

(1) 对信息不完全的干预。政府是否应当对信息不完全问题进行干预以及如何干预,对这一问题理论界还存在一定的争议。很多经济学教材喜欢用旧车市场交易作为例证。在旧车市场上存在所谓劣币驱逐良币的效应,但为了达成交易,买卖双方可以采取更积极的措施向市场发出积极信号,以消除信息不完全的弊端,他们认为二手车市场一直存在并运行良好,就证明市场有能力进行自我调整。

在市场经济条件下,信息透明是自由竞争的重要基础,因而很多国家通过了阳光法案和信息自由法案,以保障公民和市场竞争者能获得充分、公正和自由的信息。

(2) 对外部性的干预。所谓外部性,是指经济活动对他人造成影响但未计入市场交易成本和价格中的部分。外部性既有正外部性(有益的),也有负外部性(有害的),前者如技术创新所产生的技术溢出,后者如企业污染排放导致的周边居民的健康损害等。

(3) 对公共产品的干预。公共产品也许是最需要政府干预的领域之一,很多经济学家认为,在医疗、卫生、公共服务等具有重大社会影响的行业,政府应发挥积极干预的作用。

公共产品的缺乏,将严重影响社会、经济运转效率,因此,必须由政府提供。公共产品又分为纯公共产品(具有完全的非排他性和非抗争性)、准公共产品(具有部分的非排他性和非抗争性)和拟公共产品(采取公共产品支出方式的私人产品)。对公共产品的政府干预,并不排斥私人市场。自20世纪80年代以来,很多国家对政府垄断的公共服务进行了私有化改革,在这种条件下,政府干预仍然是必要的。

(4) 对不完全市场的干预。不完全市场是指即使消费者愿意支付高于生产成本的价格,私人市场仍无法提供相关产品或服务,比如公费疫苗市场、老年人的保险市场等。另一种情况则是因互补性缺失形成的不完全市场。在互补性市场还没有建立起来之前,需要政府进行规划和支持。

(三) 政府市场干预的伦理问题

1. 政府(公共)失灵

著名经济学家斯蒂格利茨曾提出了政府干预的四大优势:通过征税监督生产;行使行政权力禁止某些宏观上无效率活动;利用行政权实施比私人合同更严厉的处罚;政府作为常设性组织在交易费用上的优势。但斯蒂格利茨也指出,政府并不是市场的理想替代品,其本身的弱点同样可以导致公共失灵问题。例如,针对自然垄断产业的干预,政府可能通过引入激励性管制加以调整,但在激励过程中存在发生不道德行为的可能性(包括在实施特许投

 商业伦理学

标、价格管制的过程中可能存在投标企业之间合谋以及管制机构"寻租"的风险),这足以招致权利化腐败和效率低下。

2. 政府干预的伦理问题

政府干预和企业的自由竞争存在某种天然、系统性的冲突,二者的伦理要求往往相去甚远。政府伦理强调整体目标和利益,关注社会公平和正义,企业则强调个人主义伦理观。

在市场经济中,政府的主要职责是保障市场竞争环境,而不是直接参与竞争,如果政府不能够秉持公正、公平、公开的立场,既当运动员又当裁判员,很容易损害政府的公信力。良好的政府信用意味着必须对政府以及政府官员的行为进行道德规范,政府官员必须审慎地避免与公共利益发生冲突。国家为维护社会安全、经济安全和增进社会福利,在一些特殊行业利用国家强制力形成垄断,这些垄断企业在建立之初就不是以利润最大化为目标,而是以增进社会福利为目标。国有垄断企业的社会责任问题,与民营企业的公平竞争问题,都是政府干预的重点。

第二节 市场竞争中的伦理问题

一、市场竞争的主要内容

西方传统伦理偏向竞争,中国则偏重于中庸、和谐。中庸之道强调通过折中调和的方法,达到一种平衡与稳定,是调整中国商业市场竞争关系的重要原则。市场竞争源于资源的稀缺性,"物竞天择,适者生存"是自然界和人类社会生存发展的必然规律,竞争就是对立的双方为了获得他们共同需要的对象而展开的一种争夺、较量。商业竞争的竞争主体是企业,竞争场所是市场经济环境,商业竞争可以定义为不同企业在现代市场经济条件下,为实现自己的目标、维护和扩大自己的利益而展开的争夺顾客、市场、人才、资金、信息、原材料等各项资源的活动。

商业竞争既是一种激励机制,又是一种淘汰机制,使得参与商业竞争的主体不断进步,最终推动整个社会经济、文化的发展与进步。按照竞争内容的不同,商业竞争主要包括以下四个方面。

(一) 市场竞争

当今企业若想以合适的价格获得企业所需的人、材、物,想以合适的价格将产品销售出去,都必须通过市场这一媒介,依靠一定的市场机制和规则实现生产和经营的通畅,因此,市场竞争就是企业之间的相互竞争。

(二) 物质资源竞争

企业生产经营需要大量且稳定的资源投入,而资源总是短缺的,尤其是优质的资源,企业有可能为了稳定供给,确保企业不受原材料短缺等问题的困扰,而展开对物质资源的竞争。

（三）人才资源竞争

人是企业生产经营的最基本要素，也是最具主观能动性的要素，那些掌握特殊知识和技能的人才是企业难得的稀缺资源，人才竞争是企业之间竞争最激烈也是最重要的内容之一。

（四）信息竞争

信息已成为企业生产经营决策的主要依据之一，其价值也越来越为企业重视。但信息往往是稀缺的、不对称的，针对信息的竞争也是最为激烈的商业竞争。

面对激烈的市场经济，相互竞争的企业需要对各类稀缺资源展开争夺，竞争不可避免，有序竞争是一种良性的鲶鱼效应，会激发商业主体积极寻求成功之路，但很多企业在竞争中，采取了某种违背商业伦理公平竞争原则的不道德行为，恶性竞争破坏了正常的市场秩序，需要及时识别并制止。例如，美团外卖平台通过调高费率、置休服务（关店）、设置不合理交易条件（如调高起送金额，调高配送费，缩小配送范围）等手段，迫使商户放弃与饿了么外卖平台合作，构成不正当竞争，受到市场监督管理部门的处罚。

二、市场竞争的伦理原则

（一）诚实信用

信任是企业合作关系形成的基础，信任的存在可以降低合作双方的风险及保证未来的利益。考虑到合作中风险的存在，如果合作的一方相信对方不会采取机会主义行为，则意味着对另一方的信任。如果合作双方都相信对方不会采取机会主义行为，则建立了彼此信任的关系。

现代商业活动中契约关系的建立是以信任为基础的。如果缺乏信任，则契约订立的高成本将削弱契约建立的可能性。即便是非常明确的契约，也不可能穷尽所有细节。订约人是否遵守商业惯例和一般性守则，将严重依赖于彼此的信任。随着时间的推移，信任逐步累积在订约人的商誉中，从而加深信任的基础，建立更为长期的合作关系。

信任的维护与合作伙伴的能力、声誉有关，也与商业伙伴之间的合作规则是否规范、契约的合理公平性以及合作双方在合作过程中的制度性因素有密切联系。在合作过程中，如果不能减少机会主义行为或者合作的利益不断被弱化，合作将无法维持。卡特尔组织的实践就是一个很好的证明。虽然很多国家立法禁止和限制卡特尔组织的存在，但卡特尔组织自身在合作过程中存在的问题也是很多卡特尔无法维持的关键因素。观察石油卡特尔，卡特尔组织通过限制其成员产油量而获取超额利润。在卡特尔组织内部存在强烈欺骗动机的情况下，个别成员会私下提高产量以获取更高收益。当更多成员采取欺骗行为后，石油市场的价格将逐步回落到一般均衡价格，卡特尔组织的作用就不复存在。由于受到法律禁止，卡特尔或其他形式的价格串谋，无法用明确的契约加以约定，其试图限制产量或限制价格的串谋合作往往无法持久。

商业信用是商业活动的参与者之间的相互承诺和信任。如果缺乏诚实信用和公平交易，商业伙伴之间就很难建立利益共享和风险分担机制，难以形成持久的商业合作，这将导致企业之间的恶性竞争，从而损害整个行业甚至国家的竞争能力。信用约束作为一种机制，可以是双边信用约束或者多边信用约束。当交易一方违约时，交易另一方或交易方所属的某一群体内的任何一方都不再与其进行交易。

企业合作伙伴之间的信任问题，是制约中国产业整体竞争力提升的一个重要障碍因素。以即时库存管理为例，由于担心合作伙伴违约，一些厂商不得不提高其库存水平。在实际经营中，一旦失去合作伙伴的信任，企业需要用更多的时间和精力去挽回损失。

（二）公平与公正

公平与公正同样是商业合作中一项基本道德义务和伦理规范。在合作中占有支配地位的商业伙伴，是否愿意与其交易对象进行公平交易将直接影响合作质量、稳定性和长期性。从长期的观点来看，在不公平的商业合作中，占有支配地位的一方也无法获得长久利益。

在不公平交易下，合作相对方因难以从中获取稳定、可持久的收益，一旦有其他机会就将选择退出合作，占有优势地位的一方也将因频繁更换合作伙伴而必须支付更高的交易成本。在公平交易中，大企业往往被期待承担更高责任，社会普遍要求他们通过良好的供应链管理发挥更大的作用。一方面，大企业通过在供应链中对其供应商提出相应的道德标准，促进供应商持续改进以满足社会期待；另一方面，大企业通过自身与其供应商的公平交易，帮助供应商共同发展。

案例8-2　赵经理的选择

A公司是某集团公司下属的一家塑编企业，在行业内一直享有良好的声誉。2006年，由于原材料市场大幅涨价和同业低价竞争，公司销售收入和利润都呈下滑趋势。赵先生是公司销售部经理，按照公司的规定，业绩决定销售部门的薪酬，销售提成为销售额的1.5%，所有销售费用均由销售部门负担。为了完成当年的销售任务，赵先生带领销售团队加大了市场开发力度，全球最大塑编采购商S公司有意与A公司签署长期采购合同，如果能够顺利达成协议，S公司将采购价值3 000万美元的集装袋。

同时参与竞争的还有几家公司。在谈判过程中，S公司表示另外几家公司的报价均低于A公司的报价，如果A公司能够接受相同的价格，S公司愿意向A公司采购，这将使公司年的销售收入增加一倍以上。S公司的本次采购品为集装袋，承重要求在每条载重量1—15吨，远高于普通编织袋。根据A公司的测算，S公司的招标价格低于A公司的核算价格。其他公司的低报价，可能是在原材料中添加了10%的母料。这是一种常见的同业行为，虽然可以保证产品通过检测，但无法完全保证使用过程中的安全。此前，A公司一直实行零添加政策，并坚持1∶6的安全载重比例。

现在，赵先生必须决定是否接受降低报价的条件。

选择添加母料以降低成本，公司可以获得巨额合同，赵先生所在团队可以拿到300万元的工资兑现和奖金，但这一选择显然隐藏着很大的伦理风险和潜在的安全隐患；如果不选择添加母料，不仅销售人员的工资奖金泡汤，而且公司很可能会亏损，赵先生还可能面临离职的威胁。

　　A公司最终放弃了这笔生意,用他们的话说:"我们出售的是产品,不是隐患。因为质量问题可能导致企业的灭顶之灾,接受这笔生意无异于饮鸩止渴。"几个月后,S公司重新找到赵先生,按照A公司的报价签订了一份长期合同。据A公司事后了解,当时有三家公司与S公司签订了低价采购合同,其中有两家公司的产品出现了质量事故:集装袋在吊装过程中破损造成操作人员受伤和货物污损;另一家公司则要求涨价。S公司最终再次选择了A公司,并向其他公司进行索赔。

　　一些厂商经常为了获得商业合同而故意在商业谈判中压低报价,在签署合同后再设法调整质量或价格。有的经理人会把这看作一种策略,但实际上这是一种欺诈行为。即使能够获得短期利益,也仍然是得不偿失的。有时候企业经理人可能面临获得短期利益的诱惑,但从长期的角度考虑,任何商业欺诈总是得不偿失的。

　　在这个案例中,A公司坚持诚信原则获得了较好的收益。更多时候,坚持原则不一定能够获得短期收益。但谚语说得好:"有德行的行为,福虽未至但祸已远离;无德的行为,祸虽未至但福已远离。"道德的决策不一定盈利,却至少可以避免发生危机和损害公司声誉。

　　案例来源:于惊涛,肖贵蓉.商业伦理理论与案例(第2版)[M].清华大学出版社,2016.

三、市场竞争的伦理困境

　　由于部分企业缺乏对市场竞争的正确认识,认为竞争就是"你死我活,尔虞我诈",就是不择手段地赚钱,在生存压力和利益驱动下,总会有一些企业采用非法的或者是有悖于商业伦理的方法和手段参与市场竞争,以牟取公平竞争所难以获得的利益和竞争优势,进而损害其他竞争者的正当利益。例如,企业为争夺市场份额,提高销售量,常采用低价销售的策略,甚至出现低于成本的倾销,价格竞争直接导致企业的经济效益滑坡,甚至可能出现亏损、倒闭。企业在商业竞争中的非伦理行为并不能实现优胜劣汰,尤其是不理性的价格战很容易导致恶性竞争,会破坏正常的市场秩序,严重阻碍市场经济的健康运转。

　　(一)同业竞争的伦理困境

　　在同行业竞争中,当企业面临市场中的巨大利益诱惑、人才资源的匮缺、物质资源的短缺和信息资源的不对称等困境时,企业可能会为了自身短期发展而将伦理道德置之不理,采用不正当的竞争手段,破坏了市场的竞争规则。面对这种伦理困境,在自身发展与竞争对手发展的选择中,企业可能会只考虑短期利益,却难以使企业长远发展。如企业往往会面临是否接受或窃取竞争对手的机密文件困境,若接受或窃取了竞争对手的商业机密,必然可以给竞争对手以重击,甚至能够独霸市场,但这种做法违背市场规律,是一种不道德的行为。

　　(二)供应商管理的伦理困境

　　供应商管理中存在强行压榨供应商、不及时向供应商付款等常见的非伦理行为,大企业因占有较高的市场支配地位,掌握了更多的市场资源,在供应链中通常占据主动地位。大企业能否公平、合理地对待商业伙伴,不仅关系到自身的发展,也关系到供应商的发展,影响到商业伙伴形成良好的自我增值和自我发展能力。例如,国内一些大型超市经常会以要求供应商缴付合同外费用、提供节庆、店庆优惠折扣、强制性联营等方式,对供应商进行欺诈,且这些欺诈行为经常是发生在供应商与其签订合同进场经营后。由于供应商对大型连锁超市的高度依赖,在已经缴付各种费用并入场经营的情况下,很少有供应商能够抵制这些合同外的要求。那些愿意与供应商建立更为诚信、紧密合作关系的大企业,对社会信用环境往往有积极正面的影响。反之,会造成恶劣的影响,带来供应链的低效。

(三)经销商管理中的伦理问题

提供销售的产品无法正常销售,不恰当地履行合同要素,拒绝提供售后服务,歧视定价等行为,都是企业在经销商管理中常常面临的伦理困境。企业往往为了促销,通常会制定"多拿优惠、少拿较贵"的定价策略来鼓励经销商大批量采购,从而歧视小批量的经销商,大经销商更容易压倒小经销商。

(四)并购重组中的伦理困境

并购是企业兼并与企业收购的简称。企业的兼并通常是指一家企业以现金、证券或其他形式(如承担负债、利润返还等)购买取得其他企业的产权,使其他企业丧失法人资格或改变法人实体,并取得这些企业决策控制权的投资行为。收购是对企业的资产或股份的购买行为,是指企业用现款、债券或股票购买另一家企业的部分或全部资产或股权,以获得该企业的控制权的投资行为,被收购企业仍以法人实体存在。

企业并购是公司快速扩张的主要途径,能够拓宽企业的经营范围,提高企业的市场占有率。世界上大的 500 家企业全都是通过资产联营、兼并、收购、参股、控股等手段发展起来的。并购重组的本意是实现优势互补,使两个企业都能够健康快速地发展。然而实际上,当收购竞争对手后,企业往往为了扩大自己产品的市场占有率,而牺牲被收购对象的产品,不再对原目标公司产品进行品牌维护,致使竞争对手的产品和品牌销声匿迹。

第三节 价格竞争与非价格竞争的伦理问题

价格竞争或非价格竞争中的不正当竞争行为,与市场的自由竞争程度往往有直接的关联性。通常,垄断市场下的不正当竞争行为比自由竞争市场更多见。这主要是因为自由竞争将迫使经济活动参与者以更符合人们期待的方式提供更高质量的产品和服务。

一、价格竞争中的伦理问题

价格是企业参与市场竞争的重要手段,它与企业的生存和发展休戚相关。企业在制定价格时,除了要考虑成本外,还应该综合考虑市场特性、供求状况、消费者需求和竞争对手的状况。总的来说,价格竞争一方面要求企业不能故意哄抬物价、牟取暴利;另一方面要求企业不能故意以低价倾销,排挤竞争对手,大打"价格战"。价格竞争中的不道德行为主要表现为滥用市场地位控制价格(如价格操纵、排他性协议和搭售、价格歧视)和倾销等。

（一）价格操纵

价格操纵是指占据市场支配地位的垄断者,利用垄断地位或者相互串谋人为推高产品价格,其手段主要是串谋操纵或转售价格控制。垄断或寡头垄断市场的价格串谋行为通常都具有较强的隐蔽性。转售价格控制是另一种纵向价格操控,上游生产商(供应商)与下游经销商(分销商)会以契约的形式限定最终销售价格水平,从而操控市场价格。转售价格控制经常被用作消除价格竞争的工具,垄断者通过控制下游销售价格,减少价格降低的可能性。转售价格控制还有助于上下游厂商结盟形成卡特尔协议和水平价格协议,从而使竞争市场蜕变为垄断市场,这种行为在损害经销商自由定价权的同时,也减少了消费者剩余。转售价格控制不仅是不道德的商业行为,而且在很多国家属于非法行为。

我国的《反不正当竞争法》第六条规定,公用企业或者其他依法具有独占地位的经营者,不得限定他人购买其指定的经营者的商品,以排挤其他经营者的公平竞争。公用企业是具有一定程度的自然垄断性和公益性的企业。典型的公用企业有供电、供水、供煤、电信、民航、铁路、公路、邮政等部门。公用企业滥用优势地位限制竞争的行为主要表现在限定或强制用户只能购买和使用其提供的商品,而不得购买和使用其他经营者提供的符合技术标准要求的同类商品,不接受其不合理条件的用户将被拒绝、中断或者削减供应相关商品,或者滥收费用。

（二）排他性协议和搭售

排他性协议是指上游生产商不允许经销商销售其他供应商的产品或者向指定地区之外销售产品的行为。对排他性协议的道德评价具有不确定性,因为此类协议既可能消除经销商之间的竞争,也可能促进单个经销商与其他产品经销商之间的竞争。通常情况下,排他性协议如果不损害自由竞争和消费者的利益,则不被视为不道德的商业行为。

搭售则是指垄断者利用其支配地位,强制经销商搭售其他产品的行为。搭售实质上是对商业伙伴利益的剥削,也是一种不被接受的不道德商业行为。

（三）价格歧视

价格歧视是指垄断者凭借其市场支配地位,对不同的消费者执行不同的价格策略。歧视性定价是否涉及伦理问题,主要是考虑这种策略是否从根本上削弱了竞争关系。如果企业歧视性定价行为确实妨碍了社会的公平竞争,这种行为就是不道德的。

（四）倾销行为

倾销是另一种形式的价格竞争,《反不正当竞争法》第十一条规定,经营者不得以排挤竞争对手为目的,以低于成本的价格销售商品。低价倾销行为是指经营者为了排挤竞争对手,故意在一定的细分市场上和一定的时期内,以低于成本的价格销售某商品或服务,以挤垮竞争对手,造成自己长期独占市场的行为。经营者一旦实施该行为,企业若无强大的资本实力做后盾,长此以往,企业必将给自身的生存带来危机。即使企业有强大的资本实力,也经受不住常年的亏损。对于正当经营者而言,若竞争对手采取低价倾销行为,如果不作出回应,

就有可能被挤出市场,成为不正当竞争的牺牲品;如果作出回应,就会被逼采用同样的低价倾销行为,这样就进入了恶性竞争的循环,最终的结局也是两败俱伤。

低价倾销侵犯了正当经营者公平竞争的权利,严重干扰市场竞争的行为,是一种极为不道德的行为。倾销的界定需要若干基本条件,其中,以低于成本的价格销售并对竞争者造成损害作为最主要的两个判定条件。在全球贸易摩擦中,反倾销诉讼是经常被采用的手段之一,而中国是遭遇反倾销诉讼最多的国家。

二、非价格竞争中的伦理问题

商业企业可以使用非价格竞争手段,通过产品的差异化吸引目标客户,涉及产品创新和性能的改善、产品设计和包装的改进、广告与市场推销等多个途径展开有效的市场竞争。非价格竞争可以提升消费者的满意度和忠诚度,更有助于实现厂商利润的最大化。但非价格竞争中同样存在不道德的商业行为,这些行为的产生与竞争环境与竞争状态、企业组织伦理文化、决策者的个人道德水平等有密切关系。

(一)假冒

部分企业采用假冒、仿冒、伪造等手段,对自己的产品或服务做出误导性标示,使自己的产品或服务与特定竞争对手相混淆,从而侵害了竞争对手的利益,获得不正当的竞争利益。有些竞争者会故意用劣质产品仿冒他人产品,从而达到中伤、打击竞争对手的目的。

《反不正当竞争法》第五条规定,经营者不得采用以下手段从事市场交易:第一,假冒他人的注册商标;第二,擅自使用知名商品特有的名称、包装、装潢,或者使用与知名商品近似的名称、包装、装潢,造成和他人的知名商品相混淆,使购买者误认为是该知名商品;第三,擅自使用他人的企业名称,引人误认为是他人的商品;第四,在商品上伪造或者冒用认证标志、名优标志等质量标志,伪造产地,对商品质量做引人误解的虚假表述。

(二)侵权和盗版

商业竞争中会出现侵犯商业秘密和知识产权的情形。违反约定或者违反权利人有关保守商业秘密的要求,以不正当手段获取、披露、使用他人商业秘密或者允许他人使用通过不正当手段获得的商业秘密,以及不合法使用他人知识产权等,都属于此类不正当竞争行为。

在信息社会,网络侵权问题更加严重,信息的公共性和外部性导致通过技术手段可以轻而易举地获取并传播信息产品,网络上未经授权许可就随意下载他人智力劳动成果的类似事件屡禁不止,并难以实现有效监督,这是对他人知识产权的故意侵犯的不道德行为。

案例8-3　某网络文库侵权门

2011年3月15日,贾平凹、韩寒等50位作家公开发布针对某网络文库的声讨书,指责该文库"偷走了我们的作品,偷走了我们的权利,偷走了我们的财物。把该文库变成了一个销赃市场"。两天后,中国音像协会唱片工作委员会加入"战团",公开声援文学界维权的呼吁和行动。3月26日,该文库与出版界代表为解决侵权纠纷进行的谈判正式破裂,意味着这一侵权纠纷可能走向法律程序。3月28日,贾平凹、韩寒等知名作家状告该文库盗版,使得网络侵权再次浮出水面。

这使得该企业再次陷入知识产权侵权的舆论漩涡。此前,盛大文学也曾起诉该文库侵权,称"该文库不死,中国原创文学必亡"。2010年12月,中国文字著作权协会、盛大文学与磨铁图书公司共同发表了《针对××文库侵权盗版的联合声明》,称"必将与该文库的侵权盗版行为斗争到底"。面对"炮轰"和"声讨",该公司对外宣布,文库只是一种资料分享模式,因而并未侵害他人的权益。所有的文稿、档案等资料均来自网友上传。而该文库本身并不上传侵权的书籍和作品,因此也就不构成所谓的侵权。

文库的"资料分享"是对作品实施了分类等编辑加工行为,因而它承担了内容提供商(ICP)的角色,需要对内容产品负法律责任。2012年9月17日,作家维权联盟状告该文库侵权案在北京市海淀区人民法院进行一审宣判,法院判该公司侵权成立,需赔偿包括韩寒在内的3名作家经济损失共计14.5万元,但原告关闭该文库的请求被驳回。

案例来源:刘爱军等.商业伦理学[M].机械工业出版社,2021.

提供版权和专利保护的理由有两个:第一,某个作品的作者或某项发明的研发者往往对他们的产品投入了大量的时间、资源和金钱,如果有人简单地拿走产品的创意或技术,并从中获益,这种行为侵犯了原创者的劳动成果,是不公平的;第二,如果知识产权没有得到某种形式保护,一个新产品出现后竞争对手可以不花费大量的时间或金钱进行复制和生产,竞争者就能够将其产品价格定得远低于原始发明者和生产者制定的价格,其发明者就难以收回成本并获得利润,创新动机必将会扼杀,社会可以从中获益的作品和产品会减少,因此,应该对原创者的研发活动和创新产品予以鼓励和保护。如果专利所有者愿意,可以将其专有的使用权出售,或者许可他人使用,从而获得创新补偿。

虽然创作人有权利从其技术发明或其他作品中获利,但是保护年限是由法律来规定的,根据我国专利权相关法规的规定,发明专利权的保护期限为20年,实用新型专利权和外观设计专利权的保护期限为10年,均自申请日起计算,注册商标的有效期为10年。创新者在过短的保护期限内不能充分回收创新投资,但过长的保护期限不利于创新的推广应用,不利于社会进步和经济发展,也容易导致重复研发,浪费宝贵的创新资源。合理设置专利、商标或版权的保护期间,不仅能够激励创新,给申请公司带来竞争力,而且能够避免无序的市场竞争。

为保证从软件产品中获利的能力,企业通常要求用户接受限制使用数量的条款,在超过许可规定数量的设备上使用软件产品,都是侵犯版权的行为,但消费者可能认为自己只是用于私人使用,并未用作商业化,多终端使用软件产品不应该被判定为侵权。目前,数量许可行为是否涉及侵权,尚无统一的行业标准。有些软件制造商发现最有用的程序被分享得最多、用得最多,买的人也最多,最终企业将获得更大范围的忠诚用户,例如,微软Windows市场份额的扩大有相当一部分是源于盗版用户的贡献。无论是正版还是盗版Windows,当用

 商业伦理学

户习惯在Windows环境下开发应用程序,且随着这类应用程序的增加,Windows的使用者就会越来越多,对Windows的依赖程度也就越来越大。如果发展初期,微软就打击盗版,一部分客户将会使用免费的Linux操作系统,而随着Linux操作系统的用户量增加,与之兼容的软件开发公司也会增加,势必导致Windows的用户越来越少。

日前,一些视频播放平台开始限制登录设备的数量,如同一腾讯视频VIP账号只允许本人在最多5个设备上使用,同一时间同一腾讯视频VIP账号最多可在2个设备上观看,其他视频网站也出现了类似的规定。在侵权与违约之间,消费者和平台各有立场。优酷曾在官方微博回应称,优酷在其VIP会员协议早已明确约定,会员服务仅可用作个人观看,不得以转让、出租、借用、分享、出售等方式提供给他人。但对于同一个人用户能否多终端登录观看视频并未作出明确规定,用户享有知情权,视频网站在销售会员服务时与用户签订相应的电子协议,对于账号的使用方式以及违规处理应该具体写明。如未对用户进行充分告知,商家擅自修改电子协议,自行变更协议条款,就会涉嫌限制消费者的正当使用权利。

(三)诋毁信誉

《反不正当竞争法》第十四条规定,经营者不得捏造、散布虚伪事实,损害竞争对手的商业信誉、商品声誉。换言之,诋毁商誉行为就是企业为了达到某种目的,故意捏造散布虚假事实或信息,损害竞争对手的商业信誉、商业声誉,使其无法参与正常的市场交易活动,削弱其市场竞争能力,从而使自己在市场竞争中取得优势的行为。

企业诋毁商誉行为主要集中在故意制造虚假事实和故意捏造、传播虚假信息。在故意制造虚假事实方面,主要是指不正当经营者蓄意制造事实,破坏竞争对手的产品或服务质量,从而使消费者对其竞争对手产生误解、丧失信任,以使自己获利;在故意捏造、传播虚假信息方面,主要是指不正当经营者故意凭空捏造一些有关竞争对手产品或服务的不实信息,并通过广告等手段传播,诋毁竞争对手的商誉。

竞争无处不在,经济领域内的竞争更为激烈。在巨额利润的驱使下,部分企业只讲经济效益,为眼前的利益不择手段,最终必将破坏市场公平竞争的环境,每一个商业主体都应该诚信经营,公平竞争,共塑良好的营商环境,企业才能得以高质量发展。

 本章小结

本章介绍了市场竞争的形式,包括完全竞争市场、完全垄断市场、垄断竞争市场和寡头垄断市场,并阐述了垄断市场的伦理问题以及政府对垄断的政策干预,进一步分析了市场竞争中的主要内容以及价格竞争和非价格竞争的伦理问题。

 复习思考题

1. 垄断市场的伦理问题有哪些?
2. 价格竞争会遇到哪些伦理问题?
3. 如何解决市场侵权行为?

第九章 财务管理的伦理问题

 学习要点

- ◆ 会计人员的职业道德
- ◆ 会计活动中可能存在的伦理问题
- ◆ 信息披露的伦理责任
- ◆ 企业融资的伦理问题
- ◆ 财务管理的伦理问题的解决对策

第一节 会计从业人员的职业道德

一、会计的职能

会计工作是以货币为主要量度,使用特定的原理和方法对经济单位的经济业务进行全面的、连续的、系统的记录、计算、分析和检查,并定期以财务报表的形式反映财务状况和经营成果。

(一)会计的反映职能

会计主要是从数量方面反映各单位的经济活动情况,通过一定的核算方法,为经济管理提供数据资料。反映职能应包括事前、事中,事后的反映,即贯穿于经济活动的全过程。

会计对实际发生的经济活动进行核算,要以合法真实的自我凭证为依据,要有完整的和连续的记录,并按经济管理的要求,提供系统的数据资料,以便于全面掌握经济活动情况,考核经济效果。

(二)会计的监督职能

会计监督主要是利用会计资料和信息反馈对经济活动的全过程加以控制和指导,包括事前、事中和事后的监督。

会计监督除货币监督，还有实物监督。会计监督的内容是从本单位的经济效益出发，对经济活动的合理性、合法性、真实性、正确性、有效性进行全面监督，目的在于改善经营或预算管理，维护国家财政制度和财务制度，保护社会主义公共财产，合理使用资金，促进增产节约，提高经济效益。

（三）参与经营决策职能

决策必须建立在科学预测的基础上，而预测与决策都需要掌握大量的财务信息，这些资料都必须依靠会计来提供。

二、会计人员的职业道德

会计从业人员包括会计监督和核算、财产管理、出纳等人员。会计职业道德指在会计职业活动中应当遵循的、体现会计职业特征的、调整会计从业人员各种经济关系的职业行为准则和规范。

作为一个合格的会计从业人员，不仅要具有过硬的业务素质和实践经验，能够利用会计知识对企业所发生的经济事项进行会计核算，真实地反映企业的财务状况，还要具有良好的职业道德，必须坚守不做假账的职业规范，不隐瞒任何事实，不从事任何欺骗管理当局和股东的不道德行为。

政府部门、投资者、债权人、企业等利益相关者都需要借助会计信息作出决策，而会计信息需求者之间经常有利益冲突，且会计信息需求者与提供者之间存在严重的信息不对称，仅仅通过法律、制度以及规定程序无法保证会计信息的供给质量，还需要对会计信息提供者与相关利益当事人的互动行为在道德上加以约定。

（一）美国注册会计师协会发布的职业行为原则

美国注册会计师协会（AICPA）在其《职业行为原则》中提出了以下五项基本原则。

1. 责任

注册会计师应对利用其职业服务的所有人负责，应坚持不懈地与其他成员相互合作，以提高会计工作水平，维护公众的信任，并履行职业自律的特殊责任，维护和提升职业传统有赖于所有成员的共同努力。

2. 公众利益

成员有义务以服务公众利益、尊重公众信任、提升专业能力的方式开展工作。会计职业的公众有客户、信贷提供者、政府、雇主、投资者、商业与金融机构以及其他所有依赖注册会计师的客观和诚信来保持商业有序运行的个人和机构。这种依赖使得注册会计师有责任保护所有公众的利益。

在履行职责的过程中，成员可能遇到来自不同群体冲突的压力。在解决这些冲突的过程中，成员应正直行事，信守当成员履行对公众的责任时客户和雇主的利益能得到最好保护的理念。那些依赖注册会计师的个人和机构期望他们按照诚实、客观、应有的谨慎和关心公众利益的方式履行其职责，保证服务质量、收取合理费用、提供多种服务。所有成员都应该尊重公众的信任,为了不辜负公众的信任,成员应始终不懈地致力于追求卓越。

3. 诚信

为了维护和提高公众对于注册会计师职业的信任,成员应以最高意义上的诚信来履行所有的职业责任。诚信是一种职业得到认可的基本要素,是获得公众信任的源泉,并且应当是成员评价和判断的最终标准。

诚信原则要求成员在为客户保密的前提下,做到诚实和坦诚。不能把个人利益凌驾于所提供的服务和公众信任之上。诚信容许无意的差错和诚实的不同观点,但不允许欺骗和对原则的妥协。诚信原则要求成员以正当和公正作为行为准则,在缺乏具体规定、准则或指南,或遇到观点冲突时,成员应通过提出以下问题来检验决策和行为:我所做的是一个诚信的人应当做的吗?我保持了我的诚信了吗?诚信原则要求成员不仅在形式上而且在实质上遵守技术和道德准则。诚信原则还要求成员奉行客观、独立和应有的谨慎原则。

4. 客观性与独立性

成员应在履行职责的过程中保持客观,免于利益冲突。成员在提供审计及其他鉴证业务时,应保持实质上和形式上的独立性。

客观性是一种思想状态,是一种能够为成员的服务增值的品质,也是会计职业的一个鲜明特征。客观性原则要求不偏不倚、诚实和免于利益冲突。独立性要求在提供鉴证服务时排除会妨碍客观性的关系。

成员经常服务于多种利益,有的成员提供鉴证、税务和管理咨询服务,有的成员受雇于他人编制财务报表、履行内部审计职责,有的成员在企业、学校和政府部门中承担财务和管理工作。无论工作性质和提供的服务有何不同,成员都应该保持工作中的诚信和客观性,避免在决策上的任何妥协。

尽管非公开执业的成员无法保持形式上的独立性,但他们在提供职业服务时仍然有责任保持客观性。受雇于他人编制财务报表或提供审计、税务、咨询服务的成员,在客观方面应与公开执业的成员承担相同的责任,在运用公认会计原则时必须保持小心谨慎,在处理与公开执业的成员的关系时必须坦诚。

5. 应有的谨慎

成员应遵循会计职业的技术和道德标准,不断努力,以提高胜任能力与服务质量,并尽自己最大的能力来履行职业责任。追求完美是应有的谨慎的精髓,成员在履行职业职责时,应发挥专业才能并保持应有的谨慎,在遵守职业对公众的责任的同时,为服务接受方的最佳利益尽自己的最大努力。

(二)我国会计职业道德准则

中国注册会计师协会制定了《中国注册会计师职业道德守则》和《中国注册会计师协会非执业会员职业道德守则》,自2010年7月1日起施行。《中国注册会计师职业道德守则》具体包括《中国注册会计师职业道德守则第1号——职业道德基本原则》《中国注册会计师职业道德守则第2号——职业道德概念框架》《中国注册会计师职业道德守则第3号——提供专业服务的具体要求》《中国注册会计师职业道德守则第4号——审计和审阅业务对独立

性的要求》和《中国注册会计师职业道德守则第 5 号——其他鉴证业务对独立性的要求》。

中国注册会计师职业道德基本原则主要有以下五项。

1. 诚信

注册会计师应当在所有的职业活动中，保持正直，诚实守信。

注册会计师如果认为业务报告、申报资料或其他信息存在下列问题，则不得与这些有问题的信息发生牵连：(1) 含有严重虚假或误导性的陈述；(2) 含有缺少充分依据的陈述或信息；(3) 存在遗漏或含糊其词的信息。注册会计师如果注意到已与有问题的信息发生牵连，应当采取措施消除牵连。

2. 独立性

注册会计师执行审计和审阅业务以及其他鉴证业务时，应当从实质上和形式上保持独立性，不得因任何利害关系影响其客观性。会计师事务所在承办审计和审阅业务以及其他鉴证业务时，应当从整体层面和具体业务层面采取措施，以保持会计师事务所和项目组的独立性。

3. 客观和公正

注册会计师应当公正处事、实事求是，不得由于偏见、利益冲突或他人的不当影响而损害自己的职业判断。如果存在导致职业判断出现偏差，或对职业判断产生不当影响的情形，注册会计师不得提供相关专业服务。

4. 专业胜任能力和应有的关注

注册会计师应当通过教育、培训和执业实践获取和保持专业胜任能力。

注册会计师应当持续了解并掌握当前法律、技术和实务的发展变化，将专业知识和技能始终保持在应有的水平，确保为客户提供具有专业水准的服务。在应用专业知识和技能时，注册会计师应当合理运用职业判断。

注册会计师应当保持应有的关注，遵守执业准则和职业道德规范的要求，勤勉尽责，认真、全面、及时地完成工作任务。注册会计师应当采取适当的措施，确保在其领导下工作的人员得到适当的培训和督导。注册会计师在必要时应使客户以及业务报告的其他使用者了解专业服务的固有局限性。

5. 保密

注册会计师应当对职业活动中获知的涉密信息保密，不得有下列行为：未经客户授权或法律法规允许，向会计师事务所以外的第三方披露其所获知的涉密信息；利用所获知的涉密信息为自己或第三方谋取利益。

第二节　财务管理活动中的伦理问题

一、会计信息失真问题

近年来，中外资本市场上的少数公司诚信缺失严重，将上市作为圈钱的手段，为此不择手段地炮制假账、虚构盈利、蒙骗公众、牟取私利,从而引起不少知名上市公司因巨额造假纷纷破产倒闭,层出不穷的会计信息失真对社会造成巨大危害。

(一)会计信息的作用

1. 会计信息能帮助投资者和债权人进行合理决策

在市场经济环境里,企业的资金主要来自投资者和债权人,无论是现在的或潜在的投资者和债权人,为了作出合理的投资和信贷决策,必须拥有一定的信息,了解已投资或计划投资企业的财务状况和经营成果。

2. 会计信息能评估和预测未来的现金流动

企业内外使用者对信息的需求主要是为了帮助未来的经济决策。预测企业未来的经营活动,其中的主要内容侧重于财务预测,如现金流量、偿债能力和支付能力等。通常,预测经济前景应以过去经营活动的信息为基础,即以财务报告所提供的关于企业过去财务状况和经营业绩的信息作为预测依据。

3. 会计信息有助于政府部门进行宏观调控

国家财政部门根据企业报送的会计报表,监督检查企业的财务管理情况,税务部门通过阅读企业的会计资料,了解税收的执行情况。

4. 会计信息有利于加强和改善经营管理

企业将生产经营的全面情况进行搜集、整理,将分散的信息加工成系统的信息资料,传递给企业内部管理部门。企业管理者可及时地发现经营活动中存在的问题,作出决策、采取措施、改善生产经营管理。

(二)会计信息失真的分类

会计信息失真是指会计信息的形成与提供违背了客观的真实性原则,不能正确地反映会计主体真实的财务状况和经营成果。目前,各种各样的会计信息失真事件普遍存在,将会计信息失真进行恰当的分类,从而有针对性地采取相应的措施分别予以治理十分必要。

1. 主观性会计信息失真

此类会计信息失真是指会计行为人在处理或者披露会计信息的时候,出于主动或者被动的主观原因,有意识地降低了会计信息的真实性,这种行为实际上就是典型的会计造假。

2. 客观性会计信息失真

此类会计信息失真是指会计行为人在处理或者披露会计信息的时候,出于各种技术性原因而导致的会计信息真实性的降低。一般指会计人员在工作中,精神集中程度、精力投入程度、提防错误发生的谨慎程度没有达到正常、理性的水平。

(三)会计信息失真的常见形式

1. 原始凭证虚假

原始凭证本应是会计账簿的原始依据,然而,近年来原始凭证的失真极其普遍,严重影响了会计信息质量。原始凭证的造假行为主要表现在:

(1)不完整。原始凭证的填写不完整,凭证各项要素的填制不按会计基础规范的要求,漏填、少填、不填现象较为普遍。

(2) 不真实。一是会计原始凭证填写的经济业务项目与实际发生的项目内容不符;二是经济项目内容与发票使用范围、经营范围不符。

(3) 不合法。一是使用过期作废的发票及收费收据等;二是违规编制虚假的自制原始凭证。

2. 账务管理混乱

(1) 在会计账簿设置和会计科目使用上没有严格按照《中华人民共和国会计法》及财政部的有关规定来设置,会计核算缺乏系统性,随意性很大,账目混乱,账证、账账、账表严重不符。

(2) 账务关系处理不当,我国有些大中型企业存在企业部门之间、企业与企业之间账务关系混乱的现象,且资金收支、权责不清的现象也较为严重,导致企业中存在许多坏账,最终引起账务危机。

(3) 资金管理混乱,有些企业的经营资金并没有真正用到企业的生产经营上,而是被占用、挪用。如有的企业的领导缺乏自我约束意识,有的企业盲目追求高消费,购置价格昂贵的办公用品,挤占正常运营所需的资金。

3. 会计报表虚假

会计报表的虚假具体表现在人为地调整报表数字,粉饰财务报告,夸大经营业绩,甚至编制两套报表,一套自用,另一套对外提供,导致报表使用者不能了解企业真实的财务状况和经营成果。

(四) 会计信息失真的危害

第一,导致了宏观调控与微观决策的失误。如果会计信息失真,市场销售、资金流转、成本水平、效益状况等数据虚假,会导致宏观调控和微观决策失误,造成严重的经济后果。

第二,破坏了市场运行的有序性,干扰了市场资源的配置。

第三,为经济犯罪活动提供方便,滋生腐败。会计信息失真,不论其是故意的还是无意的,必然会造成管理混乱,漏洞百出,给不法分子有机可乘。

第四,会带来行业不良之风。一个企业不是想方设法地提高经济效益,而是挖空心思采取各种手段作假,往脸上贴金,这种"重任"最终落在会计人员身上。会计人员觉得事不关己,照做不误,因此,社会上流传着"不会做假账,不是合格的会计"的说法。

第五,削弱了国家财经法规的权威。

案例9-1　假账猛于虎

国务院前总理朱镕基一向"严"字当头,很少题字。但他却对新成立的国家会计学院亲笔题写了校训——不做假账。2002年10月28日,朱镕基总理到国家统计局考察工作,统计局的同志请他题词,总理再次破例,欣然命笔写下了四字赠言:"不出假数"。2002年11月19日,朱镕基总理在第十六届会计师大会上演讲时,再次疾呼诚信为本、不做假账。

"不做假账"是会计行业执业操守的底线,似乎不难做到,但是要做到,还真不是件简单的事。很多时候,会计从事人员为了工作需要,为了顾全大局,什么样的假账都可以做出来,就危害而言,其程度用"假账猛于虎"来形容一点也不过分。做假账让投资者利益受损,使很多统计信息及经济指标误差增大,严重影响了我国政府的正确决策和国民经济的良性运行。假账的大量存在,使社会公信度下降,误国害民。

案例来源:刘爱军等.商业伦理学[M].机械工业出版社,2021.

二、审计中的伦理问题

审计是由独立的专职机构或人员,依法对被审计单位的财政、财务收支及其有关经济活动的真实性、合法性、效益性进行审查,评价经济责任,用于维护财经法纪,改善经营管理,提高经济效益,促进宏观调控的独立性监督活动。审计本质上是一项具有独立性的经济监督活动。

我国注册会计师协会在其发布的《独立审计基本准则》中指出:"独立审计是指由注册会计师依法接受委托,对被审计单位的会计报表及其相关资料进行独立审查,并发表审计意见。"会计师事务所的责任是提供独立的第三方审计,虽然其雇主是被审计单位,但主要责任是为第三方和公众利益服务。这样就容易产生矛盾,导致注册会计师在执业中产生不当行为。

(一)造假

注册会计师造假是一种典型的会计舞弊行为,是违背注册会计师执业准则的行为。注册会计师是为社会提供鉴证服务和会计服务的执业人员,应当具备良好的职业道德。但在执业的过程中,存在注册会计师不能严格执行独立、客观、公正的职业道德准则的现象,例如,明知委托人的会计报表有重大错报和故意造假的行为,却不予指明,甚至无视职业道德的约束,直接参与伪造、编造会计凭证、会计账簿、会计报表,出具虚假的验资和审计报告。

(二)采取不正当手段招揽客户

在注册会计师行业,无序的竞争往往削弱了注册会计师的独立性,降低其服务质量。一些会计师事务所为了招揽客户,追求审计收入,不顾职业道德,无视审计的高风险性和复杂性,采取不正当手段竞争,具体包括:排挤竞争对手,随意降低收费标准,低价竞争屡禁不止;利用行政干预,搞行业垄断和地区封锁;以公关交际费、信息咨询费等各种名义支付高额的介绍费、佣金、手续费或回扣;与有关部门进行收益分成式的业务合作等。

(三)注册会计师专业胜任能力低

近年来,大量新型、复杂的经济业务不断涌现,会计知识、信息不断更新、发展,从而对注册会计师的素质、知识结构提出了更高要求。注册会计师如果不具有专业知识、技能或经验,就难以适应飞速发展的现实工作需要,无法保持职业谨慎,甚至构成欺诈。

(四)注册会计师执业环境不完善

一些地方政府、部门为粉饰地方业绩,经常暗示甚至命令会计师事务所及会计师,出具不符合事实的审计报告。一些企业本来不具备上市条件,但在策划上市过程中,律师、券商、评估师等在虚假的材料面前都出具了证明,再苛求注册会计师遵守规则,那是很难做到的。目前,我国上市公司的证券交易是投资与投机并存,股民关心的是股价上涨,有时候他们也需要虚假的会计信息来烘托股价上涨,注册会计师恪守职业道德的压力无形中减轻了许多。

(五)审计制度本身存在缺陷

第一,会计师事务所由客户自行聘用,会计师事务所与客户由原来的监督与被监督的关系,变成了客户与会计师事务所的雇用与被雇用的关系。客户变成了会计师事务所和注册会计师的主要经济来源,这时,会计师事务所和注册会计师不得不迎合雇主的需要,偏离职业道德。

第二,会计师事务所对同一企业的审计年限过长。这很容易导致会计师事务所与客户关系紧密,对保证审计的客观、公正及注册会计师的职业道德建设不利。

第三,收费标准不合理。现行的行业惯例是客户向会计师事务所预支审计费用。会计师事务所在收入固定的情况下,付出的努力越多,其利润就会越低。这种审计收费形式与标准不利于鼓励注册会计师对数据进行深入的调查与分析。

第四,会计师事务所同时向客户提供审计以外的服务。允许会计师事务所为客户提供管理咨询、税务服务、资产评估、会计咨询以及其他内容的服务的初衷是,希望借助注册会计师丰富的财务知识和经验,规范客户的会计业务和依法纳税等。但会计师事务所过度地介入客户的业务活动会促使其将自身与客户的双赢作为首要目标,而置法律、职责、良心及广大投资者的利益于不顾。

三、财务咨询中的伦理问题

当前,注册会计师业务呈多元化、全方位发展的趋势,由传统的审计服务逐步转型为全方位的专业服务组织,其业务范围早已超出了传统的审计与税务业务领域,转而向各种类型的客户提供多种多样的咨询服务,如为客户的管理制度、业务流程、内部控制、信息技术、财务和经营战略等提供可行性建议或信息,以帮助客户减少潜在的风险和实现可持续发展。这种咨询业务成为注册会计师行业的一个业务突破点。与其他专业咨询服务机构相比,由注册会计师在从事审计服务的同时提供管理咨询服务,不仅具有市场进入优势,而且具有相应的成本优势,将管理咨询交由同时从事审计的注册会计师,与另外寻找一家咨询机构相比,既节省人力,也节省财力。

对于非审计服务,是否影响审计独立性存在不同的观点。

一种观点认为,非审计服务会影响审计的独立性,主要有三个理由。

第一,非审计服务实质上影响审计的独立性。持该观点的人认为,审计监督的对象是决策行为或决策者,而注册会计师提供非审计服务(尤其是提供管理咨询服务)时,事实上就在某种程度上起了决策者的作用,因此,在既提供审计服务又提供非审计服务时,实质上是自己监督自己,监督行为自然难以客观、公正、独立。

第二,非审计服务至少影响形式上的审计独立性。持该观点的人认为,即使管理咨询不会影响实质的独立性,也会影响形式上的独立性。因为注册会计师在为管理层提供管理咨询的过程中,在第三关系人的眼里,肯定会在某些方面表现为不独立。形式上的独立由于其可观察性而给相关利益者以信心、以证据,从而和实质性独立一样重要。

第三,非审计服务容易使注册会计师与客户公司形成共同利益。持这种观点的人认为,即使注册会计师不被视为决策者,但由于他具有双重身份,同客户建立了密切的联系,这种联系促使客户和注册会计师的短期利益保持一致。

另一种观点认为,非审计服务不会影响审计的独立性,主要理由有三个。

第一,提供非审计服务是做大做强事务所的重要途径。提供非审计服务使事务所经营多角化,财务上更趋安全,且不断发展壮大。这样就更有能力承受失去某个客户造成的损失,从而利于提供审计服务时注册会计师的独立性。

第二,非审计服务与审计服务的目的、手段及对象都不同,因此,它不会与审计服务相冲突,不会损失独立性。

第三,注册会计师的独立性是相对的,不是绝对的。如果要绝对独立,甚至可以说审计向客户公司收费、对客户进行连续审计等都不能发生。在世界上实际上不存在绝对的、纯粹的独立性。

注册会计师的咨询业务同其他专业服务一样,应遵循一定的职业准则,这是保证咨询活动质量及职业信誉的前提。在美国咨询服务委员会制定的《咨询服务准则》中规定,注册会计师在向客户提供咨询服务时应满足:(1) 独立性准则。当注册会计师向同一客户既提供咨询服务,又提供审计等鉴证服务时,必须遵守独立性准则的要求,以避免两种服务的同时提供对审计独立性的损害。(2) 在执行某项具体的咨询服务时,应满足适用于注册会计师提供所有服务的四项一般技术准则:职业胜任、职业关注、计划和监督、充分相关的证据。(3) 鉴于咨询服务的非鉴证性,其工作性质和范围主要是根据客户的需求来决定的,这一区别于其他服务的独特性,所以,《咨询服务准则》规定注册会计师在提供任何一种咨询服务时都应做到:

首先,维护客户利益。通过对客户客观、公正的了解,完成预期目标,实现客户的利益。

其次,和客户签订协议。注册会计师应与客户签订一个书面或口头协议,以确定双方的责任,所提供咨询服务的性质、范围和局限,以及在协议期间,若环境发生变化应修改协议的内容等。

最后,与客户进行交流。注册会计师在执行咨询业务时,若出现以下现象,应及时通知客户:在保持客观、公正的基础上可能产生的利益冲突;与合约范围或利益有关的重大限制;重大的发现或事件。

案例9-2　安然与安达信不诚信自毁前程

2001年3月5日,《财富》杂志发表了一篇题为《安然股价是否高估?》的文章,首次指出安然的财务有"黑箱"。该文指出,安然2000年度股价上升了89%,收入翻倍,利润增长255%,18位跟踪安然公司的卖方分析师中有13位将其推荐为"强力买进",它的市盈率为竞争对手杜克公司能源公司的2.5倍,也是S&P指数市盈率的2.5倍。但没有人搞得清楚安然的钱到底是怎么挣的!原因是安然历来以"防范竞争对手"为由拒绝提供任何收入或利润细节,而其提供的财务数据通常过于繁琐和混乱不清,任谁都无法打开安然这只暗箱。

2001年10月,曾在《财富》杂志全球500强名列第七的美国能源超级大公司安然公司对外公布:公司1997—2000年虚报盈利5.91亿美元,增列6.28亿美元负债,直接导致投资者信心崩溃。

在不长的时间内,安然公司股价从最高超过90美元,股票市值超过630亿美元,一路狂跌至不足1美元,连续30个交易日其股价徘徊在摘牌底线的1美元之下,安然公司股票被摘牌。同年12月2日,安然公司正式向纽约一联邦地方法院申请破产保护,破产清单所列资产达631亿美元。

安然公司破产倒闭,使全球五大会计师事务所之一、创立于1913年的安达信国际会计公司碰到巨大麻烦,遭遇严重诚信危机,进而引发全球会计行业的强烈地震。从安然公司成立之始后的16年里,安达信一直担任安然公司的独立审计师,安然公司是安达信的第二大客户,在2001年会计年度安达信的业务收入为93.4亿美元,其中有5 200万美元的收入来自安然公司,而这其中有2 700万美元是管理咨询业务收入,只有2 500万元是审计鉴证收入。很显然,安达信担任安然公司的独立审计师可谓扮演了双重角色,即外部审计师和内部审计师,因此,安达信的审计失去独立性,无法做到公正。

2002年8月31日,安达信国际会计公司正式宣布退出审计行业,这家拥有89年辉煌历史的世界著名会计公司因为"安然事件"付出丢掉诚信的昂贵代价——被迫黯然关门。

"安然事件"后,各国增加了对会计师事务所从事咨询业务的限制。2002年7月25日,美国国会通过了《萨班斯-奥克斯利法案》,该法案对审计独立性作了专门而详细的规定,以提高注册会计师的审计质量,重树注册会计师的形象,如禁止会计师事务所为审计客户提供列入禁止清单的非审计服务,对于未明确列入禁止清单的非审计服务,也要经过公司审计委员会的事先批准,该法案对非审计服务禁止的范围大为扩大。

注:作者根据相关资料整理。

第三节　信息披露的伦理责任

上市公司为保障投资者利益,接受社会公众的监督,依照法律规定必须公开或公布其有关信息和资料。信息披露制度在各国的证券法规中都有明确的规定。每个人都有权获得其达成公平交易所需的信息,如果交易各方可以获得恰当信息并可以自由达成交易,这个交易就是公平的。实行信息披露可以了解上市公司的经营状况、财务状况及其发展趋势,从而有利于证券主管机关对证券市场的管理,引导证券市场健康、稳定地发展,有利于社会公众作出正确的投资选择,也有利于上市公司的广大股东及社会公众对上市公司进行监督。

一、信息披露的对象

（一）股东和潜在股东

在公司拥有股份的人都是公司的合法所有者,他们有权知道包括有关公司管理、财务状况以及对未来总体规划的信息,可以通过年度股东大会和公司发给所有股东的年度报告定期地了解有关这些事情的详细情况。

年度报告通常包括对公司活动的概括,有时还会有涉及研发的信息、董事会成员和公司管理人员的名单、资产负债表、有关公司负债和税务的信息以及一些有关退休计划和类似的相关信息。如果股东需要评估自己的投资如何受到管理,就需要这些信息,公司董事会的成员代表股东,因此,股东应该了解董事会的运作以及董事会成员的行为。

（二）董事会成员

董事会成员是股东的合法代表,所以,他们需要获取必要的信息,并有义务向股东提供恰当的信息,但是董事会成员并不需要将知道的所有事情公之于众。

（三）公司员工

员工有权知道工作条件、工作权利、利益和义务。员工有权了解管理层作出的和他们直接相关的以及有负面影响的决策,如工作环境对员工健康可能带来的危害、公司关闭工厂并辞退所有员工这样的决策,公司有道德义务告知员工。这些信息不仅仅对员工有直接影响,而且也改变了雇佣关系的背景条件。

（四）政府

政府有权了解公司是否遵守法律。大型跨行业联合企业和跨国公司报告的信息往往是汇总性的,并没有细分到每个分支机构的活动,要求这些大型公司合理报告信息存在难度,这也使得对它们的控制变得困难。

（五）供应商

从道德的角度来说,公司应该向供应商披露保证他们之间合同公平所需要的任何信息。

（六）消费者

消费者享有知悉其购买、使用的商品或者接受的服务的真实情况的权利。《消费者权益保护法》规定:"消费者有权根据商品或者服务的不同情况,要求经营者提供商品的价格、产地、生产者、用途、性能、规格、等级、主要成分、生产日期、有效期限、检验合格证明、使用方法说明书、售后服务,或者服务的内容、规格、费用等有关情况。"

二、信息披露存在的伦理问题

企业在信息披露时,应该遵循真实性、准确性、完整性、及时性的原则,但是企业往往会

利用一系列手段对许多重要信息采取隐瞒、欺骗等手段,以减少必要的信息披露。

(一)信息披露内容的虚假陈述

虚假陈述是指行为人对证券发行、交易及其相关活动的事实、性质、前景、法律等事项做出不实、严重误导或有重大遗漏的陈述或者诱导,致使投资者在不了解事实真相的情况下作出证券投资决定。公司信息披露失实主要表现在文字叙述失真和数字不实,即对有关事实做出不符合实际的陈述,包括歪曲事实和捏造事实,在招股、再融资和年报、重大事件披露等中表现得尤为突出。如通过关联业务虚增利润,将不良资产委托给关联企业经营,定额收取回报,使得上市公司回避了不良资产的亏损,又凭空获得了一部分利润,关联企业也可以将获利强的资产以较低的收益由上市公司托管,直接为上市公司注入利润。

某些企业出于经营管理上的特殊目的,蓄意歪曲或不愿意披露详细真实的信息,低估损失,高估收益。公司隐瞒或虚构事实的行为长期存在,势必动摇投资者对整个证券市场的信心,最终影响证券市场的长远发展。大多数情况下,虚假陈述都带有主观故意,因此,它的社会危害性较之其他的信息披露违规行为更大,后果更为严重。

按照虚假陈述的行为性质,可分为虚假记载、误导性陈述和陈述遗漏。虚假记载是在信息披露文件中作出违背事实真相的记载和陈述。如前所述,虚假记载是行为人做出某种投机行为的方式,如将不存在的情形记载为客观存在。误导性陈述则是使人发生错误判断的陈述,通常也属于作为形式,如将某种特定性质的行为表述为他种性质的行为。在许多场合下,虚假记载与误导性陈述难以清晰划分,但虚假记载更侧重事实上的虚假,误导性陈述偏重于使人发生误会的情况,而不论是否属于事实上的虚假,陈述遗漏是信息披露文件中未将应记载事项做出记载和反映,属于不作为的虚假陈述。

《证券法》规定,在发生虚假记载和误导性陈述场合下,无论性质及后果如何,行为人均应承担民事法律责任,至于是否承担行政及刑事责任,则要考虑行为人的主观态度。在陈述遗漏场合下,须以重大遗漏作为承担民事责任的条件,对陈述遗漏是否构成重大遗漏,须结合实际情况确定。

(二)披露时限中的伦理问题

由于证券市场信息不对称,投资者等市场主体并不能及时地了解和清楚公司经营状况的变化,所以,公司应及时地披露重要信息,以供市场主体作决策时参考。然而,公司信息披露不及时的行为在信息披露伦理中占将近一半的比例,信息披露不及时一般表现为在规定的披露期限结束后还未披露定期报告,以及在发生重大事件后迟迟不予以披露。这种信息披露的滞后性损害了投资者的合法利益,扰乱了证券市场正常的运转秩序,违背了信息披露的宗旨。信息披露时限中常见的非伦理行为主要表现为以下三点。

1. 未按时披露定期报告

定期报告反映了公司完整的经营情况和财务状况,是公司信息披露体系中的核心内容,也是投资者了解公司情况的主要渠道。因此,在规定期限内及时披露定期报告,是公司信息披露制度的根本要求。

2. 未按期披露年报

公司未按期披露年报的违规行为易于被发现,调查也比较简单,一般地,如果公司超期未发布年报的,证监会就能了解到公司涉嫌违规,发生此类违规行为多因公司与所聘任的会计师事务所出现意见分歧,公司既不同意会计师事务所提出的审计意见,又没有采取有效的措施保证年报及时公告。此行为违背了证券市场信息披露规则,损害了投资者的合法权益。

3. 未及时公布临时报告

未及时公布临时报告也可以认为是未及时披露公司重大事项,这是不及时披露中最主要的表现形式。主要包括不及时披露重大诉讼和仲裁、关联关系和关联交易、重大担保、关联方资金占用、重大资产抵押、质押、对外重大投资、重要合同等违规行为。

第四节 融资的伦理问题

近年来,我国企业出现了一些不道德的融资活动,实质上是融资者利用信息不对称,以各种欺骗的手段来诱骗投资者对不利于投资者或有很大风险的项目进行投资。

一、民间融资

民间融资是指出资人与受资人之间,在国家法定金融机构之外,以取得高额利息与取得资金使用权并支付约定利息为目的而采用的民间借贷、民间票据融资、民间有价证券融资和社会集资等形式暂时改变资金使用权的金融行为。民间金融包括所有未经注册、在央行控制之外的各种金融形式。民间融资属于正式金融体制范围之外的民间借贷,它游离于国家有关机关批准设立的金融机构之外,良莠不齐,既对社会生产、经济繁荣、产生过巨大的推动作用,也产生过危害较大的问题。

在2008年的金融危机下,出口行业受到很大影响,江浙一带经济发达地区,其民企较多,资金链更加紧张,迫使一些中小企业借高利贷,同时不排除部分民间融资借助银行融资进行套利,加大了金融伦理的风险性。巨额的利息使企业难以接受,以至于出现跑路等恶性事件,使得我国原本艰难运行的民间融资更加千疮百孔,一些融资主体成为此次金融危机下延续的民间融资的牺牲品。

二、表外融资

表外融资是资产负债表外融资的简称,指企业资产负债表中未予反映的融资行为,即该项融资在资产负债表中既不反映为资产的增加,也不反映为负债的增加。表外融资的实质是企业通过各种协议的方式控制、使用了某项资产,或与某项资产保持密切联系而又不将相关负债反映于资产负债表中。

表外融资的隐蔽性也容易被异化成欺骗社会公众的工具,给债权人和投资者的利益带来损害,给国家宏观经济监管理下隐患。表外融资的不良财务影响主要表现在以下两个方面。

(一)美化企业财务状况,粉饰财务报告

表外融资的负债以及形成的资产不在企业资产负债表内反映,表外融资活动所取得的经营成果却在利润表中反映,扩大了企业的经营成果。通过表外融资,将财务比率控制在期望的范围内,表现出较低的资产负债率和较高的资产收益率,显示出较好的资产利用效率和较低的风险。

(二)夸大企业举债能力,加大财务风险

为保障债权安全,借款合同往往会对借款人作出一定的限制,表外融资的债务不在资产负债表中列示,使企业负债总额因无须披露而从表面上降低,企业的资产负债率和净权益负债率随之下降,使企业可以规避借款合同的限制,夸大其举债能力。

三、偏好股权投资

国家对于企业上市发行股票是有相关法律法规明确规定的,符合条件并经过严格复杂的审批后企业才能上市。为了取得上市的资格和条件,从资本市场上获取现金,一些业绩并不是太好的公司,需要对企业进行"包装",粉饰财务信息。上市后,企业圈到了一笔数量可观的资金,但是经常由于不良投资、管理的混乱致使大量投资收不回来,企业的实际赢利很不理想,为了继续吸引投资人的注意,虚报业绩和项目是企业的常有之事。这种弄虚作假的行为不仅损害了企业的自身形象,也非常严重地影响了投资人和股东的利益。

由于处于信息劣势地位的投资者,特别是不具备财务专业知识的个人投资者,很难识别部分伦理丧失的会计师事务所协助公司所做的假财务报表,发布虚假财务信息的问题在我国各种类型的企业都普遍存在,其主要手段有如下五种。

(一)虚假销售

这种利润操纵现象在年终时表现尤甚,往往是在企业年终达不到既定的利润目标时,便采取虚假销售或提前确认销售,从而达到既定的利润目标。这种利润操纵现象比较普遍,一些企业通过混淆会计期间,把下期销售收入提前计入当期,或错误地运用会计原则,将非销售收入列为销售收入,或采用虚增销售业务等方法来增加本期利润,以达到利润操纵的目的。

(二)调整有关财务账目

按照会计制度的规定,企业所发生的处理费用应在当期立即处理并计入损益,在利润中予以反映。但部分企业会通过资产评估将待处理财产损失、坏账、毁损的固定资产和存货、待摊费用等确认为评估减值,直接冲减资本公积,或通过挂账等方式降低当期费用,以达到虚增利润的目的。

(三)转嫁费用

子公司与母公司之间的费用问题应该有明确的划分,但当子公司效益不理想,或不足以达到需要的利润指标时,便采取母公司替子公司分扣部分费用的办法来调节子公司的利润。

(四)资金拆借

通过资金拆借向关联企业收取资金占用费。按法律法规的规定,企业间不得相互拆借

资金,但这种资金拆借行为无法事先对外披露,因此,投资者及有关监管部门无法对其合理性作出判断,在某种程度上造成一些企业利用拆借资金调节利润。

（五）非经常性收入

其他业务是企业经营过程中发生的一些零星的收支业务,其他业务不属于企业的主要经营业务,但对某些公司而言,它对公司整体利润的贡献确有"一锤定千斤"的作用。其他应收款和其他应付款科目也能够调节利润,按照我国现行会计制度的规定,其他应收款主要核算企业发生的非购销活动的债权,其他应付款主要核算其他的应付暂收的款项,但一些企业违背其核算内容,通过这两个科目进行利润调节。

从企业价值最大化目标来看,成本低廉的内源性融资应该是企业融资的首选,当内源性融资不足而需要外部资金时,债权融资则成为企业的又一重要选项,只有当前两项都不能满足企业资金需求时,成本过高的外部股权融资才能成为企业融资结构的一种补充形式。但从总体融资结构来看,我国企业的股权融资比重最高,甚至出现过度融资现象,俗称"圈钱",最终会影响企业的经营业绩、治理机制以及社会经济等各个方面。

第五节　财务管理伦理问题的解决对策

随着经济的快速发展和经济活动多样性的提高,财务管理活动面临着更多形式、更加严峻的诚信挑战,只有强化外部的监督约束作用,提升内部从业人员的业务能力和道德素质,内外兼修,才能够避免财务管理活动中可能出现的伦理问题,对财务违规行为进行预警,有效遏制财务造假行为的发生。

（一）外部环境

1. 完善财务管理的奖惩机制

健全与财务管理诚信有关的法规和制度,综合运用行政手段、经济手段和法律手段等治理方法,促进奖惩机制的不断健全,推进财务管理活动以信用、诚信为主的伦理价值体系的构建。

2. 强化审计的监督和约束功能

审计在促进会计信息质量、保证会计信息可信性方面起着特殊作用,强化注册会计师和审计人员和监督机制,加大违法的处罚力度和违规成本,保证审计的独立性,对财务管理活动产生强有力的监督和约束。

（二）内部条件

1. 加强财务管理人员的道德教育

加强财务信用和会计职业素养的培训和教育,让财务人员具备明确的是非观念,树立良好的职业道德及守法意识,在对财务人员的考核中,应该将职业道德考核作为重要的一部分,引导财务管理人员的职业道德水平提升。

2. 加强会计从业人员的道德自律性和责任心

会计从业人员应自觉遵守会计职业规范,树立合规意识,不断提高自控能力,明确应该

做什么，不应该做什么，主动践行相关法律法规的规定，努力实现财务管理职能的同时，还应切实做到对他人、企业和社会负责。

3. 建立有效的企业内部控制制度

内部监督和审计工作能够有效防止财务活动领域中信用缺失现象，及时发现并纠正会计信息失真等财务管理的伦理问题，确保财务工作正常运行。

本章小结

本章首先介绍了会计人员的职能与应当具备的职业道德，论述了会计活动中不同环节存在的伦理问题，并分析了相关原因，如行业环境、法律规范等不同因素，并对在企业活动中的信息披露相关内容和企业融资的伦理问题进行阐述，最后针对财务管理活动的伦理问题从内部条件和外部压力提出了相应的解决对策。

复习思考题

1. 阐述会计信息披露的重要作用。
2. 会计活动中的伦理问题有哪些？
3. 财务管理伦理问题的应对措施有哪些？

第十章 环境保护的伦理问题

 学习要点

- ◆ 环境污染的伦理问题
- ◆ 资源浪费的伦理问题
- ◆ 污染转移的伦理问题
- ◆ 绿色营销和"漂绿"
- ◆ 可持续发展和循环经济
- ◆ 政府环境治理措施

第一节 环境污染与资源浪费问题

改革开放以来,我国依托资源优势,经济取得快速发展,生产力水平不断提升,人民生活水平快速提高。但是粗放式的经济发展伴随着高投入、高消耗、高污染,资源开发和利用不合理、不充分,环境污染、生态破坏等现象十分严重,生态赤字逐渐扩大,引发广泛关注。

一、环境污染的伦理问题

科技和经济社会的高速发展引发了诸多环境问题,如环境污染、生物多样性减少、气候变化等,这些问题引起了世界各国的重视,环境的持续恶化在很大程度上是人们的环境意识不高,缺乏参与环境保护的自觉性造成的。环境保护已成为人类面临的迫切而严峻的挑战,环境保护是指人类为解决现实或潜在的环境问题,协调人类与环境的关系,保障经济社会的持续发展而采取的各种行动的总称。

人类社会和自然环境处于同一生态系统中,人与自然如何和谐发展自古以来一直受到普遍关注。中国传统的伦理观念认为人伦效法自然,人与自然天地存在着一种不可分割的

统一关系。自然包罗万象,而人乃万物之灵长,天地之心,"天人合一""天地合德"追求一种人与自然环境和谐一致,"仁者以天地万物为一体",对中国伦理道德思想有着重大的影响。我国已把环境保护确定为一项基本国策,制定和颁布了一系列环境保护的法律、法规,但环境改善仍旧任重道远。

（一）"三废"问题导致环境污染

工业企业所排放的有害物质大体可分为气体、液体、固体,一般称为废气、废液、废渣,即工业"三废"。"三废"带来了严重的环境污染问题,主要是粗犷型的经济发展方式、企业环境意识薄弱所导致的。人们曾一度认为发展一定会带来环境破坏,因此很多国家发展初期都以牺牲环境的代价来实现经济的发展。

"三废"问题不仅关系到经济社会的可持续发展,与人类的生活更是息息相关。水污染、土地污染威胁人们的生存,工业废渣等垃圾的存在更是给人类的身体健康带来严重隐患。现代化工业社会过多燃烧煤炭、石油和天然气,释放出大量的二氧化碳气体进入大气,造成温室效应,不仅会对气候和生态产生影响,加剧了全球气候变暖的问题,而且直接威胁人类的生存,破坏全球的生态平衡,一些动植物种类可能会灭绝,农作物将减产。治理"三废"目前已成为世界各国的共识,要想实现可持续发展,就必须加强对"三废"的治理,以绿色技术推动生产经营过程转型升级。

（二）资源分配不公平

环境污染往往导致资源的不公平分配。一些企业或个人可能以牺牲环境为代价获取巨大的经济利益,而这可能对那些依赖该环境资源的弱势群体造成巨大的负面影响。这种不公平的资源分配违背了道德原则,剥夺了其他人的权利和利益。

（三）生物多样性遭到破坏

生物多样性遭破坏不仅指濒危野生动物数量的减少,也包括遗传（基因）多样性、物种多样性、生态系统多样性和景观多样性四个层次的破坏。随着环境的污染与破坏,比如森林砍伐、植被破坏、滥捕乱猎、滥采乱伐等,生物失去了赖以生存的生态,如今世界上的生物物种正以每小时一种的速度消失。而物种一旦消失,就不会再生,消失的物种不仅会使人类失去一种自然资源,还会通过生物链引起连锁反应,影响其他物种的生存。生物多样性是人类赖以生存和持续发展的物质基础,它提供了人类所有的食物和重要的工业原料,可以说保护生物多样性就等于保护了人类生存和社会发展的基石。

环境污染与破坏使生态系统的结构和功能失调,致使环境质量下降,甚至造成生态危机,人们的衣食住行各方面都受到影响,空气、水、食物等的污染严重危害人类的健康,直接威胁到人类的生存,制约着我国经济和社会的可持续发展。

二、资源利用与保护的伦理问题

资源是人类赖以生存和发展的物质基础,企业的生产和发展离不开对资源的需求,如果一再地忽视对资源的保护和再生利用,将对物质环境带来极大的破坏,所引发的资源短缺问题会日益突出。

（一）水资源利用与保护中的伦理问题

水是人类和其他生物的生命源泉。它既是生命诞生和进化的条件、生态系统不可或缺的要素，也是一切生产的基础。随着社会经济的发展，中国的用水量在逐年增长，水资源利用上存在着缺水严重与水资源浪费并存的现象，而这种状况多是人为原因引起的。

受经济利益驱使且环境意识薄弱，人们肆意地向自然界排放废弃物，使得水资源遭到严重污染。相较于生活污水的排放量，工业废水的排放量更加巨大，而且许多污水未经处理就直接排入了江河湖海。中国地表水资源污染严重，地下水资源污染状况也不容乐观，浅层水或深层水均遭到不同程度的污染，目前，水污染已从江河支流向干流延伸，从地表向地下渗透，从陆域向海域发展，从城市向农村蔓延，从东部向西北扩展，中国水资源质量不断下降，水环境持续恶化。由污染所引发的事故不断发生，不仅使工厂停产，农业减产甚至绝收，也造成了不良的社会影响和巨大的经济损失，严重威胁了社会的可持续发展。

（二）土地资源利用与保护中的伦理问题

随着经济的快速发展，对土地资源的需求也越来越大，加剧了对土地的开发利用，同时也加剧了对土地的破坏，这种现象的出现绝大部分的原因在于土地规划的不合理，为追求短期的经济效益而忽视了社会的长期发展，使一些地方的自然资源遭到了掠夺性开发，严重违背了可持续发展的要求。

生活垃圾、医疗垃圾、工业废物、矿渣、核废料等固体废物也会极大地破坏土地资源，固体废弃物中的各种有机和无机毒素会直接进入土地形成污染，还会随着雨淋、风化等自然力的作用，进入大气循环和水循环中，造成大气污染和水体污染，进一步污染土地，水土流失、荒漠化、盐碱化等问题日益突出。

我国是世界上荒漠化面积最大、受影响人口最多、风沙危害最严重的国家之一。我国每5年组织开展一次全国荒漠化和沙化土地调查工作。2019年，第六次全国荒漠化和沙化调查结果显示，我国首次实现所有调查省份荒漠化和沙化土地"双逆转"，沙区生态状况呈现"整体好转、改善加速"的态势，实现了从"沙进人退"到"绿进沙退"的历史性转变。

（三）森林资源利用与保护中的伦理问题

我国森林资源的利用率远远低于国外水平，对森林的破坏尤其严重。一些地区不顾国家法律规定及宏观调配的需要，乱砍滥伐、哄抢山林，由于不合理开发利用森林资源而带来的森林生态危机越来越严重。温室效应、水土流失、土地退化、水旱灾气候反常等自然灾害往往由此而生，森林减少还使得2 000多种动植物面临灭绝的威胁，生物多样性锐减，全球气温将加速升高，气候异常。

森林犹如一个绿色宝库，源源不断地为人类的衣食住行提供木材、燃料、食物、药材以及其他工业原材料，成为人类生存和社会发展必不可少的重要物质资源。如何充分合理地开发利用森林资源成为一项重要课题。人类日益清醒地认识到必须充分利用森林资源可再生的特性，通过植树造林、更新采伐基地来恢复森林植被，通过对林木及其他林副产品的深度机械加工和化学加工来最大限度地发掘森林资源的潜能，以提高森林资源的利用价值。

（四）能源利用与保护中的伦理问题

随着经济的发展，能源问题已成为当今世界普遍关注的问题。尽管我国的能源利用率在不断提高，但与世界大多数国家相比还比较落后。造成这一状况的原因除了产业结构不合理，以重工业为主、能源利用技术相对较低以外，观念问题也是重要原因，很多企业追求短期的经济利益，对能源资源采取粗放的利用方式，不仅造成了严重浪费，而且很难再生利用，造成了资源的永续浪费。

我国是世界第二大能源消费国和能源生产国。在我国的能源消费结构中，煤炭消费居于世界第一位，石油消费居于世界第二位，高能耗产业的发展更是使得我国的能源消费持续在高位增长状态。企业为了眼前利益而牺牲生态环境，引发了一系列的环境问题，空气污染严重，雾霾现象频发。

三、协调经济发展与环境和资源保护

（一）经济发展与环境和资源保护的囚徒困境

自然环境和生态资源表现出公共物品的属性，因为其没有明确的权属和成本，人们在追求经济利益最大化的过程中，会不计代价和后果地使用环境资源。由于负外部性的存在，市场主体对环境、资源等公共产品所造成的不利影响通常转嫁给全社会，自身并不承担相应的责任，经济主体却只考虑私人成本，不考虑社会成本，由此产生了环境污染、不可再生资源枯竭等问题。不需要为污染问题付出任何成本，却享受了污染治理所带来的好处，对环境有益的正外部性活动却得不到相应的补偿，改变环境污染状况的进程也就非常缓慢。

环境问题本质上是有限资源的分配问题，是一种经济问题，能够通过市场途径来部分解决。资源供应的减少以及价格的上升，会促使企业主动寻求更多的替代资源，只要收益大于成本，企业就愿意支付一定的成本来实现收益平衡。但是市场并不能为一些重要的社会商品创造价格，一些公共产品（比如清洁的空气和良好的生态环境），并没有市场价格，也没有既定的交换价值，通过市场途径就不能实现合理的供给水平，不能保证这些重要的公共产品得到保护，仅凭借市场来调节污染水平或者环境保护程度无法达到满意的效果。

当然，通过外部成本内部化，以及将无主货物产权化，也可以有效地解决市场失灵的问题。但是市场只能通过失灵时所提供的信息来预防对环境的损害。当公共政策涉及一些不可替代的公共产品时，如濒危动物、珍稀野生区以及不可再生的资源等，这种保守的市场策略是不明智的。

（二）协调经济发展与环境和资源保护

改革开放以来，我国经济社会发展的重心是一切以经济建设为中心，大力推进工业化与现代化，但生态环境意识淡漠，中国为此付出了巨大的生态环境代价。经济发展与环境保护是"新常态"下中国的发展进程中必须守住的两条底线。不焚林而猎，不竭泽而渔，统筹经济发展与资源和环境保护有利于解决企业效益和社会发展目标之间的矛盾，既不能不惜一切代价地追求经济目标，又不能不惜一切代价地追求环境目标，要把生态环境保护放在经济社会发展的大局中去考量，留住更多的青山绿水，创造适当的金山银山。

第一,守住经济发展的底线,将对环境保护起到重要的推动和促进作用。经济发展不仅为环保工作提供充足的资金支持与保障,而且有利于推动资源的合理利用和环保技术的进步。随着经济发展水平的提高,人们改善生活环境的意愿越来越强,对环境保护的关注度也越来越高。

第二,守住生态环境的底线,才能为经济的可持续发展创造必需的支撑条件。忽视环境保护的短视行为,会引发不可逆转的环境问题和未来的高额治理费用,积极的环境保护将减少经济发展的长期成本。而且,有效的环境保护可以为经济发展提供可持续的资源供给,水、森林、矿产、生物等资源是工业生产和社会经济赖以运转的基本要素,只有合理地开发和利用环境资源,才能保证经济的可持续发展。

在可持续发展的经济中,经济发展与环境保护和资源合理利用不是相互冲突的,而是协调的、共进的、互促的,使人们既能享受经济发展的成果,又要让人们自由地呼吸清洁的空气,在新发展格局下,经济增长速度会相对放缓,但经济质量反会提高,要在资源环境的约束下推动中国经济向绿色低碳循环发展。

第二节 污染转移的伦理问题

一、污染转移及其本质

污染转移包括国家之间的污染转移和国内污染转移。国家之间的污染转移是经济比较发达的国家将污染转移给其他相对落后国家的行为。国内污染转移即污染在同一国家内不同地区之间的转移,通常是由经济发达地区转移到经济落后地区,或是由城市转移到农村。

由于发达国家或发展中国家的城市对有毒有害废物的控制较严格,发达国家或城市的生产者便将这些废物运至发展中国家或农村予以处置,并支付处置者一定的费用。经济发展水平较低的国家和地区具有较低水平的环境标准,促使大量发达国家、地区的污染密集型产业和被市场淘汰下的落后产品甚至废弃物在发展中国家和落后地区找到归属地,污染转移对于输入地区来说是百害而无一利的,但某些集团为了其短期利益,仍旧通过不正当的渠道进口垃圾。

发达国家向发展中国家转移污染产业的根本原因在于,发展中国家因环境管制宽松和补偿机制缺乏,使企业在资源环境方面的投入成本较低,从而在国际贸易中获得了比较优势。跨国公司通过这种产业转移既节约了环保成本,又保护了本国环境,可谓名利双收。污染转移已经成为发达国家处理各种有害废物的重要途径,但与此同时,发展中国家为此付出的昂贵的环境代价,严重阻碍了输入国的经济发展。

污染转移的本质是规避环境治理责任,牺牲环境利益换取经济利益;污染转移既是一种经济行为,更是一种政治行为;污染转移是环境污染的一种特殊形式,它不是在原生地产生的环境污染,而是将原生地的环境污染转移到异地,但是污染仍然存在;污染转移是威胁环境安全的行为,侵犯了转移接受国的环境平等权。污染转移将污染的成本转移到不发达地区,使得它们在新一轮的竞争中又失去了机会,因而贫富差距越来越大,而且由于不发达地区处理污染的技术水平、设施比较落后,一旦发生污染事故,消除污染的能力非常有限,可能造成污染由局部地区向外扩散,使威胁进一步加剧。发展中国家在加快经济全球化的同时,必须时刻注意避免污染的转移。

二、污染转移的伦理问题

随着经济全球化以及国际投资与国际贸易的蓬勃发展,国际社会中的污染转移问题日益严重,一些高成本、高污染、高能耗的产业越来越多地由发达国家向发展中国家转移,严重破坏了发展中国家的生态环境。我国作为最大的发展中国家,是世界上主要的污染受转移国,对我国的环境造成了严重破坏。在国内,地区间经济发展水平的巨大差异也诱发了区域间的污染转移问题。东部沿海地区工业基础雄厚,随着经济发展的要求以及国家政策的影响,东部地区的部分工业产业开始向中西部转移,在为中西部地区带来经济发展机遇的同时,也必将会带来一定程度的环境污染。中国面临着国际、国内环境污染转移的巨大风险,成为直接制约我国可持续发展的重要因素之一。

从 20 世纪 80 年代开始,发达国家为避免环境污染和高昂的处理费用,将大量洋垃圾输出转移至我国,各种有毒有害废物交易日益增长,美国、日本等国家的严重污染行业,相继落户我国的珠三角和长三角地区。在 20 世纪 90 年代末期,污染物进口更是达到了历史最高峰,并在国内形成畸形的贩运和分拣产业链条。大量的"洋垃圾"走私入境严重威胁我国的生态环境和人体健康。处理洋垃圾对环境的破坏是不可逆的,在加工利用过程中产生的有害物质污染了空气、水源和土地。"洋垃圾"对中国的环境影响触目惊心。我国已明令禁止进口"洋垃圾",加强了监管力度,取得了显著的成果。

案例10-1 2021年1月1日起,我国禁止以任何方式进口固体废物

固体废物是指在生产、生活和其他活动过程中产生的,丧失原有的利用价值,或者虽未丧失利用价值,但被抛弃或者放弃的固体、半固体和置于容器中的气态物品。自 2021 年 1 月 1 日起,我国禁止以任何方式进口固体废物。

很多人可能不理解,既然是垃圾,我国为何还要进口? 这得追溯到改革开放初期。当时,我国工商业快速发展,为了缓解原料不足,开始从境外进口可用作原料的固体废物。依据《固体废物进口管理办法》,我国目前进口较多的固体废物主要包括废塑料、废纸、有色金属、废钢铁、废五金、冶炼渣、废纺织原料、废船舶等。

进口固体废物最大的优点就是成本低,可以获得大量的再生资源。以 2015 年为例,通过进口固体废物,我国可获得再生纸约 2 335 万吨、再生塑料约 749 万吨、钢铁约 482 万吨、再生铝约 166 万吨、再生铜约 167 万吨。折算下来,在源头上可以节约原木 2 102 万吨、石油 1 498 万吨至 2 247 万吨、铁矿石 820 万吨、铝土矿 789 万吨、铜精

矿833万吨。这不仅缓解了工业发展材料不足的矛盾,也降低了过度开发对生态环境造成的伤害。

但是,固体废物终究是环境污染源,除了直接污染,还经常以水、大气和土壤为媒介污染环境。在补充低价原料的同时,进口固体废物也给我国的生态环境带来不小的压力。早在2017年4月,中央深改组会议就审议通过了《关于禁止洋垃圾入境推进固体废物进口管理制度改革实施方案》。此后,相关主管部门也多次发文要求严禁"洋垃圾"入境,打击"洋垃圾"走私。从数据来看,我国固体废物进口量逐年大幅减少。2017年、2018年和2019年,全国固体废物进口量分别为4 227万吨、2 263万吨和1 348万吨,与2016年的4 655万吨相比,分别减少9.2%、51.4%和71%。对于违反相关规定,将境外固体废物输入境内的,根据相关法律法规,由海关责令退运,并处以罚款;构成犯罪的,依法追究刑事责任。同时,承运人对固体废物的退运、处置与进口者承担连带责任。

案例来源:https://www.gov.cn/xinwen/2020-12/03/content_5566564.htm.

除污染产业转移及污染物转移以外,许多跨国公司"入乡随俗",利用当地监管不严,法律法规不完善等漏洞,在所在地实施不同的环境标准,以远低于本土的标准进行生产经营,降低生产成本,给所在地造成了严重的环境问题。在环境问题越来越严重的今天,我国作为发展中国家,应采取措施来应对发达国家高污染产业的转移,重视解决经济发展和环境保护之间的问题。

由于我国各区域的经济发展不平衡,一些沿海经济发达地区的污染企业也开始了向经济欠发达地区的转移过程。江苏、浙江、广东等省份的高污染企业纷纷到安徽、四川、贵州、甘肃等中西部地区落户。一些西部地区也把降低环保要求当作招商引资的优惠条件之一,内陆地区环境污染问题越来越严重。

环境保护不能降低标准,不能为了短期经济发展目标而牺牲生态环境,这样的经济增长必然不能持续,污染转移要有切实的问责制度和补偿机制,欠发达国家和地区要统筹考虑经济发展和环境保护,既要金山银山,又要绿水青山。

第三节 企业环境保护举措

一、企业绿色环保理念

企业是造成环境问题的主要责任者,必须要对环境问题负责。企业经常会被询问"是否消耗过多的资源""如何控污""物资消耗是否可循环""生产过程是否绿色""产品是否具有绿色属性",这些问题的合理回答关系到企业的社会形象,影响社会、公众、媒体等对企业的支持程度。企业要建立真正的绿色营销、绿色生产的观念。

(一)绿色营销

消费者绿色意识的提高促使企业的营销行为开始改变,随着绿色营销理念的兴起,各种"绿色"词汇应运而生,如绿色科技、绿色营销、绿色物流等。绿色营销是以保护生态环境为宗旨的绿色市场营销模式。企业在生产经营过程中,将自身利益、消费者利益和环境保护利益三者统一起来,对产品和服务进行构思、设计、制造和销售的过程就是绿色营销。绿色营销要求不仅是产品环保,产品的生产、包装、运输及销售过程都要达到环保要求,在生产中既要做到提高能源利用效率,还要在产品包装、运输过程及回收过程中都做到绿色化。

案例10-2　聚焦节能降碳　发展绿色快递

顺丰、中通、圆通、申通、韵达、菜鸟、京东物流等都已陆续发布企业2021年社会责任(ESG)报告。从电子面单、瘦身胶带,到新能源车、光伏屋顶,快递业在各个环节持续推广绿色方案,推动智慧与绿色紧密结合。

顺丰研发定型系列可降解胶袋"丰小袋"、降解封箱胶纸,并对34款常规贴纸启动无底纸化研发,预计可减少约50%的纸张用量。同时,顺丰推出丰多宝(π-box)循环包装箱,截至2021年年底已投放72万个,实现280万次循环使用。京东物流激励品牌商推行原发包装,目前已有数千个商品SKU实现出厂原包装可直发,每年可减少纸箱使用量超20亿个。2021年,京东物流已使用青流箱超500万次,循环保温箱超6 000万次。

绿色运输是快递物流行业绿色发展的重要一环。自2015年起,顺丰进行新能源汽车的批量采购,并由"丰能"专项组负责新能源项目的运营与实施。截至2021年年底,新能源车辆投放已覆盖215个城市;20台氢燃料供能的轻型卡车在上海地区运营,2台LNG牵引车在北京地区运营。2021年,京东物流在全国50多个城市投放使用的新能源车已达2万辆,每年可减少约40万吨二氧化碳的排放。除此之外,京东物流还积极探索新能源车换电及氢能源车辆技术应用,2022年上半年将完成新能源换电车辆及氢能源车辆测试并投入使用。

2021年,京东物流通过打造"绿色基础设施+减碳技术创新"双核动力,不断优化园区仓储科技,提升能源的循环利用效能。其中,京东物流西安"亚洲一号"智能物流园区已获得认证,成为我国首个"零碳"物流园区。截至2021年年底,已经完成第一批12座智能产业园的光伏发电系统安装,宿迁"亚洲一号"智能物流园区的碳中和工作也已启动。

顺丰在末端收派环节应用自研大、小型无人机,扩大业务投送的范围,提供高效率、高经济性且低碳的物流服务;在中转环节,引进全自动化分拣和场地管理系统,实现仓储和转运的效率提升,提高能源的使用效率;在运输环节,应用智能地图进行运输路线规划,结合快件时效、距离等因素,通过智能算法提供路径最优解。

案例来源:https://www.spb.gov.cn/gjyzj/c204524/202206/ce7a0537b360462282dbfe6905221d8d.shtml.

绿色营销反映了企业界对环境保护运动态度的转变,由消极应付转变为积极参与。企业积极开展绿色营销活动,主动承担消除环境污染的重任,这不仅是保护自然资源与环境,保证人类社会可持续发展的需要,而且也是企业树立良好的形象,参与国内与国际市场竞争的需要,关注环境保护的产品能在竞争中取得胜利。虽然用于治理污染的费用较高,但从长远来看,将给企业带来较好的经济效益、环境效益与社会效益。

(二)"漂绿"中的伦理问题

1. "漂绿"的定义

"漂绿"概念最早于1986年由美国环保主义者Jay Westerveld提出,用来描述企业为了自身利益而进行的虚假环保行为。"漂绿"现象经常出现在描述一家公司或单位投入可观的金钱或时间在以环保为名的形象广告上,而非将资源投入到实际的环保实务中。

"漂绿"的主要模式分为三类:(1)通过包装将非绿项目打造成为绿色项目,却从事有悖于环保低碳、ESG理念的投融资业务等;(2)夸大项目的绿色属性、绿色环保绩效等,以获取资金方面的支持,虚有绿色名称,缺少实质的绿色属性;(3)为绿色项目筹集得到的资金在后续没有被用于该项目,而是流入到非绿色领域。

2. "漂绿"的原因

无论是跨国公司还是中国本土公司,对于"漂绿"总是乐此不疲的。企业通过"漂绿",可以完善公司形象,获得消费者的信任与好感,以期提高利润,提升竞争力,而且通过"漂绿"可以吸引更多投资和政策优惠,不仅能够吸引那些关注社会责任和道德公平的投资机构,而且能获得政府的环境补贴和政策倾斜。

3. "漂绿"的危害

"漂绿"本质上是一种虚假的环保宣传,是对企业社会责任的亵渎。国家应对其给予足够重视,从根源上杜绝或减少"漂绿"行为的出现。从消费者、公众、企业、社会等角度分析,"漂绿"的危害体现在以下四个方面。

(1)"漂绿"行为引发了社会公众对绿色产品的不信任。这一行为混淆了消费者的视线,损害了绿色产品的可信度,造成了假冒绿色产品泛滥,严重伤害了消费者的感情。

(2)对真正实行绿色营销的企业造成打击。消费者由于信息的不对称,很难辨别真正的绿色产品,可能在受到欺骗以后选择集体无视,因而会给那些真正实现绿色营销、践行社会责任的企业带来损失。

(3)"漂绿"行为最终可能会反噬自身。对企业来说,"漂绿"是一种机会主义行为,虽然

在目前的制度环境下,被发现的风险很低,但并非不存在风险。"漂绿"行为一旦被发现,企业长期积累的品牌资产与品牌声誉会瞬间崩溃。

(4)"漂绿"行为长期泛滥,很有可能会造成绿色产品整个体系的崩塌,伤害的就不只是"漂绿"企业和那些真正旨在生产环境友好产品的企业,整个产业体系及其信任体系将会崩塌。

随着消费者绿色意识的增强,绿色产品畅销,市场上的"漂绿"行为也日益严重。从跨国公司到中小企业,在产品、网站、宣传册以及新闻发布会上,企业的"漂绿"行为正在愈演愈烈。绿色成为企业通用的社会责任标签,但却没能真正转化为企业的自我约束力。

2022年3月,中国人民银行研究局发表的《绿色金融助力碳达峰碳中和》一文中就提到,将强化监督,让绿色金融信息"暴露在阳光下",要求金融机构公开披露发放碳减排贷款的情况以及贷款带动的碳减排数量等信息,并由第三方专业机构进行核实验证,让每一分绿色资金的使用接受社会公众的监督,防止"漂绿"行为的发生。

在"双碳"目标的引导下,越来越多的上市公司愿意主动披露ESG报告。ESG报告又称企业的"第二张财报",是Environment(环境)、Social(社会)和Governance(公司治理)三个英文单词的首字母缩写,衡量的是一家公司在环境保护、社会责任和公司治理方面的综合协调能力。但目前披露ESG报告并非多数上市公司的强制任务,绝大多数国家尚未就ESG投资中的"漂绿"行为处罚予以明确,ESG投资"漂绿"不受惩处或违规成本极低,例如,一些资管机构发行标榜"绿色投资概念"的基金,以伪ESG吸引注重ESG和可持续理念的投资者,将对社会和经济造成不良影响。

二、企业环保的措施

人类的生存离不开自然环境,自然资源不可能取之不尽、用之不竭,保护自然环境就是保护人类自己,环境治理被提到刻不容缓的高度,严峻的环境问题对企业来说既是一种挑战,也是一种机遇。

(一)环保产业的兴起与发展

环保产业在国际上有狭义的和广义的两种理解。对环保产业的狭义理解是终端控制,即在环境污染控制与减排、污染清理以及废物处理等方面提供产品和服务;广义的环保产业则包括生产中的清洁技术、节能技术,以及产品的回收、安全处置与再利用等,是对产品从"生"到"死"的绿色全生命周期管理。

全球环保产业萌芽于20世纪70年代初期,21世纪,全球环保产业开始进入快速发展阶段,逐渐成为支撑产业经济效益增长的重要力量,并正在成为许多国家革新和调整产业结构的重要目标和关键。随着环境保护向产业化、商业化、国际化方向发展,环保产业也推动了相关技术和行业的发展。

环保产业是环境保护的物质基础和技术保障,是推进节能减排的重要支撑。1986年,麦当劳开始使用可生物降解的包装,以回应环保主义者对堆积如山的塑料泡沫的批评。1997年,日本丰田首次推出混合动力车普锐斯,推动了一场提高燃油效率的运动。2003年,埃隆·马斯克创立了特斯拉汽车公司,推出了一系列电动汽车新的技术创新,帮助提升了对环境有利的技术。2018年,面对每年800万吨塑料进入海洋的残酷现实,星巴克弃用普通塑料吸管,研制出一款不需要吸管的新杯盖。环保产业的发展,一方面增加了污染治理能力,为改善环境质量提供了条件;另一方面,带动了相关产业技术升级和产业结构调整,增加了就业机会,促进了社会发展。

中国的环保产业发展自20世纪80年代开始萌芽,90年代形成一定的规模,进入稳步发展阶段,从2000年开始步入快速发展阶段。随着中国环境污染状况日益严重,国家对环保的重视程度也越来越高,环保产业被纳入国家战略性新兴产业,在我国保持着强劲的发展势头。我国环保产业目前已建立起门类比较齐全并具有一定规模的产业体系,产业规模和结构、技术水平和市场化程度得到大幅提升,已经形成若干个具有比较优势和特色的环保产业集群,但是整体环保产业的创新能力不强,尚未完全掌握核心环保技术,环保行业市场集中度较低,企业规模偏小,竞争力有待进一步提升。

环保是企业的一项伦理决策,不应只强调环保的成本,环保带来的价值是不容忽视的。企业承担环保责任的行为可赢得消费者的忠诚,环保产品所带来的差异性更能为企业带来更持久的竞争优势。

(二)发展可持续经济

当前,发展中经济体巨大的市场潜力只能在可持续的方式中得到满足,寻求新的可持续技术和产品成为必然,这对于企业来说是个巨大的商机。

可持续发展是指既满足现代人的需求,又不损害后代人满足需求的能力的发展,它将经济与环境目标相结合。可持续性行为可以节约大量能源和材料的成本,不仅能减少环境废弃物,而且还能再利用废弃物,为企业带来生态效益。率先走向可持续发展的企业,既能够吸引有环保意识的消费者,又能吸引员工,增强员工对企业的认同感与忠诚度,为企业带来竞争优势。主动走向可持续发展的公司能够避免为不可持续产品承担法律责任,一些公司由于没有适应资源环境变化的形势,而面临着生存危机。

案例10-3 绿色包装的商机

2022年中国快递业务量完成1 105.8亿件,同时也伴随着快递包装使用量的大幅提升。我国快递包装以纸箱和塑料袋为主,纸箱类快递包装约占44.03%,塑料袋类包装约占33.5%,套袋纸箱约占9.47%,还有其他包装材料如编织袋、泡沫箱、文件袋等,以及运单、胶带、填充料等辅助材料,其中,纸箱类只有不到5%被重复使用,按重量计算有80%的纸箱被回收,有15%的纸箱混入生活垃圾;塑料袋的回收程度更低,除了泡沫箱一类能达到70%—80%的回收率外,胶带、运单、塑料袋都是"回收困难户",按重量计算,有99%的快递包装废塑料混入生活垃圾,被焚烧或填埋。

塑料作为人工合成的大分子聚合物,其最大危害是不可降解性,而且燃烧产生的

> 有毒气体(如甲苯、氯化氢等)会导致失明。此外,得不到有效利用的快递垃圾,会额外增加垃圾处理的成本。按照快递行业的增长速度,有报告估算,到2025年,中国需要填埋的快递包装将达609万吨,处理费用需要近43亿元。泡沫塑料回收后能做成泡沫塑料砖,但体积大、重量轻、物流仓储成本高,大部分地区很难推进,而快递外包装袋属于二级塑料,理论上回收后可炼油,但也因成本过高,执行中被作为不宜列入可回收物的垃圾品种。
>
> 为了解决垃圾问题,政府部门频频出动。2020年12月,国务院办公厅转发八部委《关于加快推进快递包装绿色转型的意见》,提出到2022年电商快件不再二次包装比例达到85%,可循环快递包装应用规模达700万个,并争取到2025年实现电商快件不再二次包装,可循环规模达1000万个。快递公司也纷纷响应号召,菜鸟推回箱计划,京东投放可循环快递箱青流箱,苏宁推可循环共享快递盒。2021年,顺丰启动对胶袋、胶纸、贴纸、封条等八大类物料的减量化、标准化、场景化创新开发,通过绿色包装总计减少温室气体排放27.9万吨,并首次发布减碳行动路线图,于2021年6月5日世界环境日当天发布《顺丰控股碳目标白皮书2021》,承诺在2030年实现每个快件包裹的碳足迹相较于2021年降低70%。
>
> 案例来源: https://baijiahao.baidu.com/s?id=1688846538922011925&wfr=spider&for=pc.

(三) 发展循环经济

对废物综合利用,使其资源化,成为当前许多企业提高经济效益、加强环境保护的重要手段。2002年,威廉·麦克唐纳和迈克尔·布朗加特合著的《从摇篮到摇篮》(Cradle to Cradle)一书向公众介绍了生物模拟和清洁设计的理念,引发对所有人工制造过程的反思,提倡终结废物以及为所有废物找到新用途的理念。"垃圾堆里有黄金",循环经济正在世界各地兴起,开始成为世界环境保护中的一种潮流。循环经济是指在经济发展中,实现废物减量化、资源化和无害化,使经济系统和自然生态系统的物质和谐循环,它是对大量生产、大量消费、大量废弃的传统增长模式的根本变革,企业的生产过程要满足3R原则,即减量化(Reduce)、再利用(Reuse)、再循环(Recycle)。

循环提供了一种既能减少垃圾填埋又能节约自然资源的方法,是公认的保护环境的关键。传统经济是一种由"资源-产品-污染排放"构成的物质单向流动的经济。循环经济倡导的是一种建立在物质不断循环利用基础上的经济发展模式,它要求把经济活动按照自然生态系统的模式,组织成一个"资源-产品-再生资源"的物质反复循环流动的过程,使得整个经济系统以及生产和消费的过程基本上不产生或者只产生很少的废弃物,从根本上消除长期以来环境与发展之间的尖锐冲突。在理想情况下,一家企业产生的废物成为另一家企业的资源,废物离开经济系统后作为一种生产资源又重新回到经济循环当中。

目前,我国的废物综合利用水平还较低,对有害废物的处理也缺乏较好的措施。因此,我国企业在废物资源化以及资源的循环利用方面具有极大的发展空间,通过对废物的循环再利用,提高资源的有效利用率,发展循环经济,能够有效地控制污染的产生及扩散,为企业和社会带来环保和经济价值。

第四节 环境治理的制度及措施

一、环境保护的法律制度

20世纪70年代,美国制定了许多重要的环境法规,企业必须遵守这些最低标准。1970年4月22日是第一个地球日,当时美国大约有2 000万人走上街头,为提高人们对人类活动影响环境的认识而呼吁。

在这一时期,美国制定了大量的法律和政策来解决各种环境污染问题以及由此带来的社会问题。1970年4月22日,为了解决环境污染问题,美国自发地掀起了一场声势浩大的群众性的环境保护运动,促使美国政府于20世纪70年代初通过了《水污染控制法》和《清洁大气法》的修正案,并成立了美国环保署。1972年的《联邦水污染控制法》(1997年修正为《洁净水法案》)以及1973年的《濒危物种法案》都是为解决环境问题的宏观法案。1974年,美国环保署开始禁止含铅汽油,这一过程于1995年完成。铅这种有毒元素最初是为了提高发动机性能而添加的,但科学家最终发现,铅正在土壤中积聚,并成为严重的空气污染物。美国环保署估计,每年有5 000多名美国人死于与铅中毒有关的心脏病。自该禁令实施以来,美国人血液中的铅含量平均下降了75%以上。1976年出台的《有毒物质控制法案》对新进入市场的化学品进行监督。那些被发现对人类健康或环境构成重大威胁的化学物质将受到限制或禁止。1978年,在纽约尼亚加拉瀑布附近废弃的拉夫运河有毒化学废料填埋地上盖起的住宅区里,因大量有毒废物泄漏导致居民纷纷患病,引起人们对工业污染危害的关注。

除了《宪法》《中华人民共和国环境保护法》对环境保护作出明确规定外,我国现行的环境保护方面的法律体系可分为三类:(1)自然资源保护法,如《森林法》《草原法》《渔业法》《矿产资源法》《水法》《野生动物保护法》;(2)污染防治法,如《水污染防治法》《大气污染防治法》《固体废物污染防治法》《噪声污染防治法》《海洋环境保护法》;(3)其他类的法律,如《环境影响评价法》《清洁生产促进法》《循环经济促进法》。

征收环境保护税是国际社会常用的政策,采用税收杠杆,让生产效率低、污染物排放强度高的企业多缴税,让生产效率高、污染排放强度低的企业少缴税,可以有效促进绿色发展。环保税制度的实施是重要的生态文明制度创新,例如荷兰较早开征了垃圾税,以每个家庭为单位,根据垃圾产生量收取垃圾税,用于垃圾回收和资源化利用,从而实现了城市生活垃圾处理和运营管理的可持续发展。1972年,美国开征二氧化硫税,规定二氧化硫浓度达一级和二级标准的地区,每排放一磅二氧化硫分别课征15美分和10美分,以促使生产者安装污染控制设备,并转向使用含硫量低的燃料。

2018年1月1日,我国的《环境保护税法》正式实施,明确了应税大气污染物、应税水污染物、应税固体废物和噪声的种类,规定应税大气污染物的税额幅度为每污染当量1.2—12元,水污染物的税额幅度为每污染当量1.4—14元。征收环境保护税,可以减少污染物排放、保障保护生态环境的收益问题,有利于提高纳税人的环保意识,引导企事业减少污染物排放,将污染物排放的外部性损害内部化,倒逼高污染、高能耗的企业转型升级,改进技术工艺,履行企业环保责任,提升产业竞争力,使环境友好型产品的市场占有率更高。

如果只依靠法律保护环境,环境保护最多只能做到法律所规定的程度。然而,大多数环境问题,尤其是污染问题,都不在某些法律的管辖范围之内。只有将市场途径和法律规范有机地结合起来,才能够有效引导和规范企业的环境保护行为,未雨绸缪,才能在经济成本、环保需求和社会责任之间达成平衡。

二、环境治理措施

（一）发挥政府主导作用,加强国际合作

政府应将环保问题置于战略高位,创新环保的制度和经济手段,在全社会树立"绿色"观念,促使企业和个人形成环境的伦理责任意识,无论是生产还是消费,都要以低碳环保为前提,重塑整个经济社会的发展方式,引导企业绿色转型和可持续发展。

环境治理中通常面对的是全球环境问题,需要加强国际合作。中国积极参与国际气候治理行动,推动环保科技创新、推进低碳制度设计。2020年9月,中国向世界承诺,二氧化碳排放力争2030年前达到峰值,力争2060年前实现碳中和,并呼吁全球经济体通过合作对话,共同推动世界经济绿色复苏。各国政府应自觉遵守相关的国际法律法规,借鉴学习先进的治理经验,减少对他国造成的污染与破坏,主动承担环保的国际责任。

（二）引导绿色消费,加强外部监督

当前,产品的"绿色"化越来越成为影响消费者购买决策的主要因素,消费者的绿色理念在企业产品和生产决策中的作用越来越显著,成为推动企业绿色生产的重要力量。外部组织包括非政府组织和新闻媒体等对企业环保决策发挥的监督作用也越来越强,建立多方参与和监督机制对推进企业绿色生产经营和可持续发展十分必要。

（三）提高企业环保意识,推动绿色生产技术

企业应采取环境友好的措施,在经济活动的源头注意节约,尽量寻找对环境危害最小的原料来控制对环境的污染,尽量采用可再生资源替代不可再生资源来减少不可再生资源的消耗,合理利用自然资源和环境容量。在生产经营过程中也要主动采用适宜的技术控制污染,追求绿色化、减量化生产方式,在物质不断循环利用的基础上实现自身的可持续发展。如谷歌(Google)设定了碳中和目标,推出了一系列节能和可持续发展措施,包括数据中心的能源效率改进和减少电子垃圾的回收和再利用;耐克(Nike)实施了"Move to Zero"计划,旨在减少碳排放、水消耗和废物产生,推广循环经济和减少资源浪费。

保护环境是我们的责任和义务。环境治理任重道远,需要各方共同努力,减少污染,合理利用资源,推动清洁能源和可持续发展,实现经济社会和生态环境的协调、可持续发展。

本章小结

本章介绍了环境污染和资源浪费的伦理问题及产生原因,并探讨了污染转移的本质及存在的伦理问题。针对环境伦理问题,本章从企业和政府的角度提出环保措施,研究了企业绿色理念、环保产业、清洁生产、可持续发展和循环经济以及环保相关政策和政府环境治理对策。

复习思考题

1. 产生环境污染和资源耗竭伦理问题的原因是什么?
2. 如何解决环境保护和资源利用的伦理问题?

第十一章 跨国经营的伦理问题

 学习要点

- 文化差异对伦理行为的影响
- 相对性对伦理决策的影响
- 跨国公司的腐败与贿赂问题
- 跨国公司市场歧视以及资源与品牌掠夺
- 跨国公司的员工歧视问题
- 跨国公司的逃税问题
- 人权保障问题
- 跨国经营伦理问题的应对措施

第一节 伦理文化冲突

一、文化差异对伦理行为的影响

荷兰学者杰尔特·霍夫斯坦德(Geert Hofstede)对文化作了大量研究,其文化框架包括五个维度:(1) 个人主义/集体主义;(2) 权力距离;(3) 不确定性回避;(4) 男性化/女性化;(5) 长期化/短期化导向。

(一) 个人主义/集体主义

个人主义/集体主义反映了人们为促进自我利益的行为取向,强调个人主义的文化反映了一种以自我为中心的思维,强调自我或个人成就;集体主义文化则反映的是一种以集体为中心的思维,强调个人服从集体。

(二) 权力距离

权力距离指数衡量人们对社会不平等的容忍度,即人们对上下级之间的权力不平等状况的容忍度。在权力距离指数较高的国家,人们往往倾向于接受等级制;在权力距离指数较低的国家,人们重视平等,并视知识和尊重为权力来源。

(三) 不确定性回避

不确定性回避指数反映了社会成员对模棱两可或不确定性的容忍程度。不确定性回避指数较高的文化,往往难以忍受不确定,因而对新思想或新行为持怀疑态度,其社会成员往往显得较为忧虑、紧张,并且较为关注安全感和行为的规范性,以求减少不确定性;不确定性回避指数较低的文化,则与较弱的忧虑、紧张相关,易于接受反常规的思想和不同的观点,并且乐于冒险。

(四) 男性化/女性化

男性化/女性化指数反映了人们对成就或创业的一种倾向。具有较高男性化/女性化指数的国家,往往呈现出这样的文化特征:充满自信,喜欢自我表现,追逐金钱和社会地位等;男性化/女性化指数较低的文化,则与多变的性别角色及性别间平等相联系,强调相互服务和相互依赖。在这一维度的得分衡量了其男性化的程度。

(五) 长期化/短期化导向

长期化/短期化导向指数衡量一种文化是强调未来还是强调过去和现在。长期化导向代表了追求未来回报的价值观,而短期化导向强调过去和眼前。

基于霍夫斯坦德文化理论框架形成伦理与文化的五项假设。

假设1:个体主义者比集体主义者对伦理问题更加敏感。

个体主义社会的人们经常质疑其社会中已经建立的伦理标准,集体主义文化的成员则是盲目地接受这些伦理标准。同时,集体主义者更愿意为了维护群体的荣誉而采用"掩盖手段",而这一"掩盖手段"可能并不被认为是不道德的。如果说谎会使群体获益的话,集体主义者可能会接受它,而个体主义者则更可能认为说谎违背了社会规范,是严重违反道德的事。

假设2:男性化个体不如女性化个体对伦理问题敏感。

男性化维度在伦理上的含义主要体现在人们怎么看待进取心和伦理上可接受的行为之间的关系。与女性化个体相比,男性化个体更能容忍攻击性的、有疑问的行为。人们认为某种行为不合伦理,最常用的理由是贪婪和好竞争等,而这些都是男性化个体的特征,野心、个人主义、获取金钱和对成功的追求是导致不道德行为的最主要因素。另外,男性化的管理者会雇用与组织的攻击性目标相一致的人员。而女性化的个体更关注伦理问题,不太能容忍那些攻击性的、由金钱驱动的行为。

假设3:高权力距离的个体对伦理问题更为敏感。

权力距离在伦理决策上的一个重要含义就是在上级压力下,下属是否会做出不道德行为。高权力距离的个体会遵守其伦理准则,而低权力距离的个体则不大会遵守其群体的伦理准则。与相对高权力距离国家(印度和韩国)的管理者相比,来自低权力距离国家(美国)

的管理者将那些有疑问的商业行为看得更不道德。

假设4：高不确定性回避的个体对伦理问题更加敏感。

低不确定性回避的个体更可能去冒风险，而从伦理的角度看，冒风险的倾向与不道德行为高度相关，他们强调实质胜过形式，认为如果对群体有利就可以考虑破坏规则。

假设5：长期化导向的个体比短期化导向的个体对伦理问题更加敏感。

长期化文化下的个体更消极地看待"走捷径"获取短期利益这种方式，表明长期化导向的个体比短期化导向的个体更加理想化。

二、相对性对伦理决策的影响

道德相对论有三种观点较为普遍：第一种常被称为道德相对主义，认为道德判断源于实践，必须是具体情境下的行为，外来指责是无效的；第二种是认识相对主义，否定文化之间道德沟通的可能性，认为在一种文化中合乎伦理的行为，在另一种文化中可能是不道德的；第三种是应用较为广泛的文化相对主义，认为在普适性规范下可以存在各种不同的道德实践。

理想主义者和相对主义者判断行为好坏的标准是是否遵守社会和政府机构制定的规则和法律，并以此作为道德判断和伦理选择的依据。在相对论者看来，人类历史的不同时期、不同社会或相同社会的不同群体或个人之间，甚至相同个体的一生中，其道德判断都可能有所不同。相对主义判断行为是否合乎伦理性的基础是该行为是否能满足多数人的最大利益，在涉及需要考虑伦理因素的情况下，它们会比较所有可能的方案，从中选择最佳方案。较之理想主义者，相对主义者更可能为了个人利益而违反社会规范，更倾向于原谅满足自我利益的不道德行为。

普遍存在的文化差异导致人们倾向伦理相对性，在有些文化中，人们更偏爱那些努力的人；而在有些注重结果导向的文化中，情况可能正相反。这一事实并非否认伦理普适性，但却反映了伦理普适性在实践中的差异。在看似不同的道德判断背后，一些最基本的价值和原则普遍存在于各种不同文化中。例如，在有些国家普遍盛行贿赂行为，但这不意味着贿赂在道德上是正确的，因此，某个社会普遍接受的价值观和行为，并不一定是可接受的伦理规范。但某些普适性的伦理原则不分社会、群体或时代而适用于所有道德主体，决定了所有公司都应该遵守最低限度的伦理标准，尤其是对人类尊严、基本权利和公民权利的尊重。在履行伦理原则的过程中，由于理解和应用上的差异，即使完全认同这些核心价值，其伦理实践也会千差万别。

第二节　跨国经营的典型伦理问题

各国企业在进行跨国经营时，都面临着各种文化差异或者因缺乏完善的法律体系而产生的一系列伦理挑战，如在商业活动中贿赂、逃税、不平等人权、歧视性营销等，究其根源，这一切都与商业利益有关。

一、跨国腐败与贿赂问题

对贿赂的接受程度在不同的国家是各异的。商业贿赂在美国是违法的,可能在其他国家则属可接受的范围。提供惠赠以达成商业目的,在某些国家并不被认为是贿赂,而是一种被认可的礼仪。大多数国家普遍承认,贿赂有损害消费者并破坏竞争的潜在风险。

随着中国加入WTO和改革开放的深入,众多跨国公司涌入中国,随之而来的腐败与行贿事件也不断增多。跨国公司通过贿赂,可以获得丰厚的回报,包括获得大额的政府合同和订单、获得廉价的土地等资源、逃避监管和惩罚、加速政府审批速度等。跨国公司的行贿破坏了市场公平竞争原则,扭曲了资源配置,助长了社会商业风气的恶化,阻碍了民族企业的健康发展,理应受到严厉打击。

然而,由于缺乏明确的标准,贿赂是否违规依然模糊不清,尤其是全球经营的背景下,跨国贿赂问题更难以判断。正因如此,各个主要国家都制定了海外贿赂的监管条例。例如,美国的《海外反腐败法案》禁止美国企业以获得或维系经营为目的,向海外官员支付酬劳。1998年,美国和其他33个国家签署了一份协议,旨在在国际贸易领域内打击贿赂海外官员的行为,除非是为了便利或加速政府的常规行为(称为疏通费或加急费)。随着美国司法部将违反《海外反腐败法案》的优先级提至最高,贿赂已成为一些大企业面临的重大问题。IBM、戴勒姆、辉瑞集团都曾因违反《海外反腐败法案》而遭起诉,支付了大量罚金。

英国制定了可能是目前最为彻底的《反腐败法律》,该法案与美国《海外反腐败法案》有部分的重叠,但其在判定贿赂方面更为深入,例如,在该法案下,英国居民、企业及在英国运营的外国企业都可能要对贿赂负责,不论是在何处犯法,或是企业里谁犯了法,甚至贿赂本身与英国一点关系也没有,都得负责。此外,该法案将私人企业家之间的贿赂定为违法,这与美国《海外反腐败法案》允许加急费的条款不一样,该法案将贿赂罪的最长刑期由7年延至10年。

目前,中国对跨国贿赂和腐败进行重罚和制裁的法案尚有待进一步完善。如果惩罚力度太轻,导致跨国公司违法成本太低,达不到教育和警示的作用。跨国公司在华不断发生腐败行为,而且跨国公司的这些"洋腐败"案件相比"土腐败"案件来说,查处难度更大,例如,通过多次关联交易行贿,即使是专业律师或执法机构,也会对其复杂程度望而却步。

案例11-1 跨国公司在华的腐败与行贿

沃尔玛、IBM、西门子等国际知名企业都曾卷入涉华商业贿赂案件。让"洋巨头"铤而走险的重要原因在于,与巨额回报相比,行贿投入着实显得微不足道。曾创有史以来最大商业贿赂罚单记录的"西门子案"便是一例。美国证券交易委员会(SEC)的报告显示,德国电信巨头西门子公司在2001—2007年向多个国家的政府官员至少行贿4 283起,总金额约为14亿美元,其中相当一部分涉及在华项目。2002—2007年,为获得7个总值超过10亿美元的地铁工程合同及华南地区2个总值约为838亿美元的电力高压传输线项目,西门子向中间人提供了约5 000万美元的经费用以打通各个环节,仅据已披露的这些数字,就不难算出西门子在这几桩买卖上收益率有多高。

从国内熟知的另一宗贿赂案——2004年的"朗讯案"中也可见一斑。据报告,朗讯公司在2000—2003年曾出资千万美元为中国官员、电信运营商管理层的实地考察买单,朗讯中国4名高管因此在2004年4月被撤职。此后,朗讯中国的营业额占公司整体营业额的比例下滑到10%以下,而就在此前的2003年,朗讯中国的营业额还达到9亿美元,占公司整体营业额的11%,是除朗讯美国总部之外唯一一个营业额贡献达两位数的海外分公司。由此可见,以行贿手段牟取的业绩对公司收入影响很大。

案例来源:http://www.chinanews.com.cn/cj/cj-plgd/news/2009/08-13/1815913.shtml。

二、市场歧视问题

跨国公司在中国市场表现出种种不合理的歧视行为,对待中国消费者和发达国家消费者的态度截然不同,甚至提供不同品质的产品但索取相同的价格或更高的价格。跨国公司的市场歧视行为在短期内可能为其带来巨大的收益,但从长远来看,这种行为深深地伤害了中国消费者的感情,让中国消费者对"洋品牌"不再盲目地崇拜和追求,从某种程度上会促进消费者理性消费,给跨国公司本身带来反噬。

(一)双重标准

中国消费市场一直是国际双重标准歧视的重灾区。目前,很多跨国公司在我国销售的产品(包括服务)都存在不同程度上的双重标准,包括要求中国消费者为同样品质的国际产品支付更高的价格,以及在中国销售的产品有明显的质量歧视,采用更低的产品标准。这些品牌"耍大牌"的形式还不限于此,更有甚者在我国连售后服务电话都没有。

中国媒体和政府部门越来越关注跨国公司的市场歧视问题,每年都会曝光不少跨国公司的歧视案例。目前,我国在产品质量安全监控上和发达国家相比还有一定的差距,有的行业标准过低、过粗,缺乏精细化的评判,这让跨国公司执行双重标准钻了空子。一些洋品牌进入中国后,逐步走上本土化路线,甚至用国内外两个标准管理公司,雀巢、杜邦、宝洁、百胜、联合利华、亨氏……众多的在华跨国企业近些年均不同程度地遇到信任危机,这种危机无一例外地是双重标准的体现。跨国公司为其歧视性的市场行为辩护的理由同样如出一辙:产品符合中国标准。

案例11-2　"洋品牌"双重标准的伦理问题

雀巢奶粉碘超标、强生婴儿用品含毒、丰田汽车召回门、沃尔玛销售假冒绿色猪肉……国内消费者受洋品牌双重标准之苦已久。

2011年,耐克把中国市场的ZoomAir篮球鞋中前脚掌的气垫摘掉,而海外版无一缺少,但在中国的售价反而高出了40%。当时,有消费者上门维权,耐克均以产品无问题回绝。最终,北京市工商局经过调查后认为,耐克公司侵害了中国消费者的权益,对其开出了487万元的罚单,这是工商部门针对企业"双重标准"开出的首张罚单。同年,经抽查发现,立顿铁观音中的稀土竟然超标60%,而大剂量稀土进入人体后,可引发急性中毒,严重时甚至会导致死亡。2012年,立顿再次被查处,在被调查的4份样品中,竟含有共17种不同农药残留,还含有高毒农药灭多威。但立顿却找借口说:"茶叶中的农药残留很可能来自土壤基底,而非人为喷洒。"甩锅中国土壤。2011年,宣传"不刺激眼睛、安全放心"的强生婴儿洗发水,被曝出含有致癌物质,但就在该产品在国外停售时,仍在中国继续销售。在美国,其爽身粉全部以维E和玉米粉为主制作,而在中国,则全部以低端材料滑石粉为主,但却卖着和国外产品同一层次的价格。

2013年,宝马就被曝出其曾在美国和加拿大召回近57万辆问题汽车,但同样批次、同样型号在中国销售的产品却不予召回。跨国车企的双标非宝马一家,而是普遍存在,在丰田、本田、现代-起亚、大众等车企上同样存在,而且这种双标行为一直延续至今。2019年,大众又被曝出在中国销售次品的状况,其旗下的帕萨特汽车在中国保险汽车安全指数测试中,获得最低P评级,但同款汽车的美版则达到优秀的G评级。

苹果公司在"三包"规定、问题产品召回等问题上,几乎处处双标。苹果公司长期在国际宣传"以换代修""整机更换",在更换维修时,在韩国、澳大利亚、英国等国,连同后盖一起更换,但在中国却不更换,还变相地让"三包"有效期缩水,在问题手机被维修后,正常会重新计算90天保修期,但苹果公司在中国市场却宣布不重新计算,甚至在"3·15晚会"被曝光后,苹果仍以强硬姿态回应,说自己完全符合法律要求。2017年2月,苹果宣布,将召回88 700部可能存在问题的iphone 6s设备,但对于同受自动关机影响的中国消费者来说,却被排除在外。2020年,苹果曝出降速门,其软件更新会降低旧版iPhone的速度,为解决消费者的愤怒,苹果在美国支付5亿美元与用户和解,但中国消费者被排除在外,无任何赔偿。傲慢的苹果公司被曝光涉嫌歧视中国消费者后,尽管象征性地修改了维修条款,但并没有对中国消费者的歧视性政策作出任何实质性改变。面对舆论批评,苹果公司用假大空的声明来搪塞,其傲慢之态昭然若揭。

案例来源:https://www.163.com/dy/article/H44H0L7L0545MKOS.html。

部分在华"洋品牌"之所以敢持双重标准,歧视中国消费者,与中国当前相关法律法规尚未健全,许多行业标准过低、过粗以及消费者维权意识薄弱等直接相关,而税收、用地优惠等

"超国民待遇"和违法成本较低、处罚金额较少等制度设计,也在很大程度上助涨了"洋品牌"的傲慢。为了引进外资、带动地方经济增长,我国一些地方政府对待外资企业,特别是对跨国公司的态度实在过于宽松,不仅在审批、征地、税收方面给予一系列的"超国民待遇",对于外资企业的产品质量、服务水准的要求,甚至比对国内企业的要求还要低。

双重标准是对公平交易权的蔑视,市场公平、消费公平作为最起码的商业道德,既是市场经济的基础,更是企业生存和发展的底线,必须捍卫。让"洋品牌"在中国市场变得规矩,使其对中外消费者一视同仁,需要政府部门、企业和社会共同努力。消费者对"洋品牌"应该有更加理性的认识,不能过度信任和盲目崇拜"洋品牌",一旦权益受损,要勇于维权、敢于维权。根治双重标准的乱象,还需建立发达的民间维权组织和成熟的公益诉讼制度,只有在全社会形成依法维权的氛围,并让消费者拥有便捷的维权渠道,维权才不会只是一句空话。不仅需要消费者观念的改变,国内企业也要奋起追赶,提高企业竞争力,给消费者带来实惠。

在国家层面,建议要加快完善市场监管机制和法律法规建设的进程,让相关部门执法时有法可依,提高企业的违法成本,当违法成本远远超越违法收益之时,才有可能去震慑违法行为的出现,提高监管的主动性,从制度上保障消费者和劳动者的权益,不让跨国公司钻空子。监管部门不能因为是跨国企业,就对其违规行为网开一面,损害的是整个市场的公平和广大消费者的权益,也损害了我国法律的尊严和权威。另一方面,相关行业的国家标准修订工作要与时俱进,防止因为存在标准洼地而给部分不良企业可乘之机。只有各级政府、各职能部门敢于以更高的标准严格要求外资企业,外资企业才不敢歧视中国的消费者;只有政府部门真正尊重消费者的权益,处处为消费者打抱不平,不管是外资企业、跨国公司还是国内企业,才能真正尊重消费者,以更高、更严的标准规范自己的商业行为。

(二)攻击性营销方式

攻击性营销方式是指跨国公司在争夺海外市场时,通过各种进攻性的促销手段,利用信息不对称,夸大和美化自身产品的功能,并诱导那些读不懂产品说明或不能正确使用产品的人购买它们的产品,进而间接地损害了消费者的权益。

1974年,一个名为"消灭贫困之战"的英国慈善组织出版了一本28页的小册子《婴儿杀手》,点名批评雀巢公司在非洲的营销策略,认为雀巢公司直接或间接地与第三世界国家婴儿的死亡有关。雀巢公司为了开发一些不发达国家的市场,一方面,通过专业人士的诱导使用户相信奶粉喂养要比母乳喂养好,刚为人父母的用户在这些专家面前几乎没有任何抵抗能力;另一方面,雀巢在广告中将母乳喂养描述成原始的和不便的行为,而奶粉则被视为先进医学的产物和身份地位的象征。但这些国家的大批消费者生活在贫困之中,卫生条件差、文化水平低,因而极易出现婴儿奶粉使用不当的情况,如不卫生、冲泡方法不当、稀释等。在跨国乳品企业的诱导下,1966年,墨西哥母乳喂养的人数与6年前相比下降了40%。而在智利,1973年靠奶粉喂养的3个月以下的婴儿死亡率是母乳喂养的婴儿的3倍。

(三)文化渗透

跨国公司的文化渗透是指跨国公司在海外地区经营的过程中,一方面通过公司文化对本公司的员工进行渗透,另一方面通过公司的经营和形象对消费者及公众进行渗透,使得人们渐渐适应并且慢慢地成为跨国公司国家文化的维护者和执行者的过程。这种渗透一般是隐性的，在潜移默化中影响公众的思想及行为。

有些跨国公司自认为英美文化具有天然优势，并将某些经济理念甚至是政治主张强加到发展中国家，甚至凌驾于东道国的法律之上，在广告营销上表现出忽略了东道国的传统文化。在2003《汽车之友》第12期上有一则广告：一辆丰田霸道车行驶在卢沟桥上，所有卢沟桥的狮子全部纷纷抬手致敬！这伤害了中国消费者的情感。跨国公司文化入侵在很大程度上不仅会造成东道国员工的不适应与反感，而且会给其本身的正常发展带来影响。解决文化歧视的根源在于跨国公司本身，它们必须摒弃文化中心主义，学会尊重他国的文化传统、习俗和宗教信仰，并设身处地地站在消费者的立场上思考问题，做到"己所不欲勿施于人"，而不是"己所欲必施于人"。

面对日益严峻的文化渗透的形势，我们要高度警惕西方思想的侵蚀，从政治、经济、文化、国家安全等角度分析、筛选西方文化，以做到取其精华、弃其糟粕，同时，树立正确的理想信念，继续发扬我国的优秀文化传统，使其走向世界。

三、资源与品牌掠夺型并购

资源与品牌掠夺型并购是指跨国公司利用其雄厚的资金、技术等实力，在海外市场发展的过程中，通过掠夺式行为迅速获取本土市场资源，兼并本土竞争力较弱的品牌资源。1994年，北冰洋与百事可乐合资实行捆绑销售，帮助其打开中国市场，但百事可乐却不断追加投资，获得了北冰洋的控制权，并将其雪藏15年。小护士自2003年被欧莱雅集团收购以后，市场上就很难再见到小护士的踪影。2014年，被收购3年多的本土品牌丁家宜停止在市场销售。本土品牌在被外资企业收购后便销声匿迹，这引发了消费者对外资企业的信任危机，同时也警示部分中国企业，试图与跨国公司合作打开国际市场之前一定要做好调查，慎重决定是否要"外嫁"。

通过开放市场来获取先进技术并不是一条捷径，出于自身利益的考虑，很多跨国公司在并购或和东道国企业合资后，仍牢牢把控核心技术的专有权，与跨国公司短暂的合作后，跨国公司获得宝贵的市场渠道，中国企业却没有获得核心技术，反而失去了曾经的优势品牌，让渡了本土市场。在收购本土品牌后，跨国公司会将更多的资源配置到原有品牌，刻意限制东道国品牌的发展，直至本土品牌被市场遗忘，而跨国品牌利用本土品牌的原有销售渠道顺利地开拓市场，给东道国的经济和技术发展带来困境，导致东道国大规模裁员和劳工权益受损。资源品牌掠夺型并购是一种不道德行为，严重损害了东道国各方利益。

四、员工歧视问题

跨国公司在内部人员管理中，对东道国员工区别对待这一问题正日益被大众所关注。在华跨国公司在对中国员工和其他员工的管理上往往存在很大差别，不仅体现在文化冲突、晋升天花板上，在薪酬和福利待遇上更明显。2014年，中国多地遭受雾霾天气，一些跨国公司为部分员工购买了健康保险并给予一定程度的补贴，但中国员工多数是排除在外的，跨国公司给出的解释是雾霾问题由中国引起的,所以,中国员工不享受此项福利待遇。当然,也有一些跨国公司为稳定内部员工采取相应政策减少这种差别,但要想实现本土员工与外籍员工的同等待遇较为困难。

在跨国公司的全球经营过程中,最低工资标准也是必须面对的一个挑战。最低生活工资是指工人满足基本需要的最低工资标准。很多国家通过了最低工资立法,但具体最低工资标准在不同国家之间有所差异。比如,美国联邦立法规定的最低生活工资为 7.25 美元/小时,澳大利亚的最低生活工资为时薪 21.38 澳元,卢森堡的最低时薪为 14.12 美元,考虑到更高的生活成本,这些国家中的某些地区可能会采用更高的最低生活工资标准。中国 2022 年的小时最低工资,北京为 25.3 元/小时,上海为 23 元/小时,最低的是云南 15 元/小时。

一些跨国公司主动承担社会责任,不局限于满足东道国的最低工资标准,而通过道德采购来提升东道国劳工的生活水平,从而为跨国公司带来更优良的员工关系,增强与员工和社区的纽带。全球首个道德规范国际标准社会责任标准(SA8000)强调通过有道德的订单采购活动改善全球工人的工作条件,最终确保工人公平而体面的工作。星巴克 99% 的咖啡都以合乎道德的方式采购,星巴克全球农民基金会为咖啡种植户提供融资,借助这些贷款,支持农业恢复和基础设施改进,让在全球咖啡社区种植咖啡的 100 万农民和工人更加富裕。

五、逃税问题

2007 年,我国首超美国,被评为"对投资者最有吸引力的国家",中国已成为全球最大的外国直接投资流入国之一,但大量的外资企业在账面上却处于大规模的持续亏损状态。一些国际知名企业在中国的业务蒸蒸日上,增长惊人,但更惊人的是它们的账目无一例外地都显示亏损。这些跨国公司其实是通过合法做账来制造亏损假象,以达到逃税的目的。跨国公司逃税一般通过转移定价和避税港的形式来进行。

转移定价又称转让定价或划拨定价,指跨国公司根据全球营销目标在各关联企业之间转移商品、劳务或技术交易时所采用的一种内部交易定价。这种转移定价服务于跨国公司的整体利润追求,不符合市场交易规律;价格的制定是由公司少数高级管理人员决定的,不受国际市场供求关系的影响;价格的适用仅限公司内部,实际转移的是成本费用或利润收入。跨国公司通过转移定价,达到转移公司利润、减少税负、规避风险、应对东道国外汇管制以及减轻配额限制影响等目的,从而获取整体的、长期的最大利润。

跨国公司的转移定价行为对中国有巨大的危害,它不仅会造成我国税收流失,减少我国的财政收入,使我国在国际收支中处于不利地位;而且这种行为侵吞中国合资者的利益,破坏了公平竞争的市场环境,扰乱了正常的经济秩序,更为重要的是转移定价策略使其账面显示低利润甚至亏损,在一定程度上造成了在中国投资无利可图的假象,这必然影响那些正考虑来华投资的外商的积极性,不仅损害了我国投资环境在国际上的声誉,还对引进更多境外资金和先进技术极为不利。

避税港是指那些对所得和财产不征税或按很低的税率征税的国家和地区,一般可分为无税避税港、低税避税港和特惠避税港三种。跨国公司通过在避税港设立公司,而该公司实际上不从事生产经营活动,只是作为境外公司的所得和进行资产转移的一个工具,以达到避税的目的。采用避税港不仅使跨国投资者获取不正当利益,给相关国家造成税收的损失,且扰乱了公平的税收秩序,还助长了洗钱等腐败活动。

跨国公司的逃税问题更多的是一种商业伦理问题,因其形式上的合法性与实质上的违法性,不能简单地判定其合法或违法。确切地说,它是一种"脱法"行为,是指行为虽抵触法律目的,但在法律上却无法加以适用的情形。这就使得这一问题的解决更多地需要依赖于跨国公司的道德自律,跨国公司应本着对国家负责、对社会负责、对全球经济健康发展负责的态度,来正确认识和处理避税问题。

六、人权保障问题

(一)"血汗工厂"

"血汗工厂"这个词最早出现在1850年,指那些让工人受到不公平待遇的工厂或车间,如工资低、工作时间长、工作条件差的工厂,现代"血汗工厂"是侵犯人权和剥削他人劳动成果的代名词,以童工、剥削与奴役、不尊重工人、低工资、恶劣的工作条件、虐待工人、违反健康和安全规定等为特征的"血汗工厂"伦理问题非常突出。这些"血汗工厂"目前多数出现在发展中国家,如印度、泰国以及非洲、中南美洲等地。

案例11-3 新塘牛仔裤产业的发展困境

新塘是著名的"世界牛仔裤之都",每年生产超过2.6亿条牛仔裤,相当于中国牛仔裤总产量的60%,以及每年在美国销售的牛仔裤的40%。新塘街道上的大大小小的工厂,以及临时棚屋内的家庭作坊,到处都是人们忙着手工制作和加工牛仔裤。

走进新塘的牛仔加工厂里,首先映入眼帘的是触目惊心的脏。通风扇上,沾着厚厚的粉尘,废气不过滤直接排放;窗外的水沟流淌着污秽和恶臭,流水线上的员工每天工作十五六个小时,每月只有一天休息,和工作强度配套的,是工作环境的恶劣和危险。闷热且通风不良的工作间,弥漫着蓝色的絮状粉尘,它们粘在工人们的脖子上、脸上、头发里,有些粉尘则被吸入体内。这些粉尘中掺杂着酚类和偶碳化合物,其中的大部分可以致癌。化工部门则仿佛一个慢性毒气室。用高压气枪处理牛仔裤时,气枪的声音尖锐而刺耳,但操作工却没有任何耳罩、耳塞作为防护。被全世界禁止使用的喷砂法,这里依旧在使用,也许工人们不甚清楚,喷砂时的细小微粒会让他们患上硅肺病。

整个时尚业,形成了一个残忍的剥削链条。站在顶端的发达国家品牌,掌握定价

商业伦理学

的权力,赚取最大的利润;最终接到外贸订单的生产商,为了保证利润,不得不玩命减少开销以压缩成本,而他们首先考虑要去掉的不必要开支就是污染物净化装置,其次是防护服和口罩等保护工人的装置。

在经济发展初期,这些发展中国家的"血汗工厂"的确带动了当地的经济发展,解决很大一部分人的就业问题,但牛仔裤背后的"血汗工厂"摧毁了工人的健康,也给新塘产业带来不容忽视的污染。2010 年,绿色和平组织的调查结果显示,在新塘 3 个不同地点采集的 5 个样本中,镉、铜、铅或 pH 值等指标均有超标现象,其中 1 个底泥样本的重金属镉含量是国家限值的 128 倍,1 个水样的 pH 值更是高达 11.95,这些重金属和其他污染物一起,通过河流进入饮水系统,通过土壤被农作物吸收,最终进入人体,给新塘镇人的健康带来了极大的危害。

案例来源:https://baijiahao.baidu.com/s?id=15688850829722291&wfr=spider&for=pc。

"血汗工厂"问题的产生是多方面因素共同作用的结果,要想从根本上解决这一问题,需多方共同努力。经济的发展不应建立在牺牲劳工权益的基础上,建议政府相关部门在解决"血汗工厂"问题上应该主动承担更多的责任,全面维护工人的权益。

(二)新药试制

为了节省成本和逃避本国的严格监管,欧美制药企业往往选择在海外进行药物试验。在所有的海外试药国家中,中国和印度是西方制药公司的首选之地,两者之和甚至超过了世界其他地区的总数。由于在海外国家更容易获得有利于新药审批的试验效果,越来越多的西方药厂将试验转移至海外。在美国 FDA 收到的新药申请中,约有 80%使用海外临床数据。

案例11-4　西方制药公司将发展中国家当作试药场

印度对新药研究人员特别有吸引力,不光是因为监管松、几乎所有医生都通晓英语,还因为印度人口众多,具有遗传多样性。印度在 2005 年放宽对药物试验的限制后,试药业务规模迅速扩大。至 2010 年,印度有超过 15 万人参加了至少 1 600 项临床试验,涉及阿斯利康、辉瑞和默克等英国公司与欧美公司,试验总值可能高达 1.89亿英镑。博帕尔毒气事故的幸存者在不知情的情况下也成为实验品,参加了药物公司的至少 11 项试验。

在新药试验的过程中,虽然从表面上看,参加试验的志愿者需要签署同意书,但由于他们大多缺乏相关专业知识甚至没有阅读能力,根本不明白同意书的内容便盲目签字,因此很可能在不知情的情况下被误导参加试验。一些药厂为了规避监管或者将来可能引起的法律诉讼问题,采用外包方式将试验委托第三方机构进行。这些第三方机构采用欺骗性手法劝说病人参加试验,而药厂支付的费用多数落入第三方机构(很多是当地医院或医生)手中,患者仅能获得少量报酬或者获得所谓的"免费医疗",中介行业则趁机牟取暴利。

制药企业将在低收入国家取得的试验数据用于发达国家,实际上也是一种欺诈行为。表面上看,发达国家公民是海外试验的受益者,他们无须承担药物试验风险却能够享受其成果,但事实并非如此简单。以法国赛诺菲-安万特公司开发的泰利霉素为例,该公司虽然未能在美国通过试验,但依靠在匈牙利、摩洛哥、突尼斯以及土耳其的试验结果,仍然在 2004 年获得了美国 FDA 的批准。随着时间的推移,该药品的副作用越来越明显,在美国国会的干涉下,2006 年,FDA 下令停止该药品的试验,并对该类药物标记黑框警告。在类似的试验中,发达国家的患者实际上也是药厂欺骗行为的受害者。

注:作者根据相关资料整理。

(三) 经济制裁

1. 经济制裁及其手段

经济制裁是一个或多个国家(实施国)主动发起,通过剥夺另一个或多个国家(目标国)某些经济利益的方式惩罚目标国,并使其行为在一定程度上符合实施国的目的。经济制裁是一种目标较为复杂的限制性经济行为,其效果一直备受争议,即使经济制裁对目标国经济产生了严重影响,也不等于制裁是成功的,还要看政治目标是否实现。美国是历来采取经济制裁措施最多的国家,且越来越频繁。1945—1969 年,美国实施制裁 46 次,平均每年 1.8 次;1970—1989 年,美国实施制裁 88 次,平均每年 4.4 次;1990—1998 年,美国实施制裁 48 次,平均每年 5.3 次。俄乌冲突爆发以来,美国等西方国家对俄罗斯实施了规模空前的制裁,新制裁措施超过 5 000 多项。美国使用的经济制裁常见的方式包括贸易制裁、金融制裁和其他待遇制裁。

贸易制裁主要包括:禁止向被制裁国出口特定产品、服务或技术;对被制裁国实行出口许可制度,要求出口前预先审查;禁止中立国向被制裁国出口包含美国技术或部件的产品;禁止从被制裁国进口特定产品或服务;对被制裁国实施全面进出口禁运等。

金融制裁主要包括:禁止或限制向被制裁国放贷;禁止向被制裁国企业提供出口信贷和担保;禁止被制裁国在美投资;停止美国向被制裁国进行官方援助;要求国际金融组织(如世界银行、国际货币基金组织等)停止向被制裁国提供援助或贷款;冻结被制裁者在美国本土的资产或在海外金融机构中被美国控制的财产;对被制裁者处以罚金;对违反规定与被制裁者进行交易的个人处以罚金或监禁等。

其他待遇制裁主要包括:禁止向被制裁者发放入境签证;取消被制裁国船只在美国管辖海域的捕鱼权;禁止被制裁国船只进入美国所控制的港口;禁止被制裁国飞机在美国机场降落及加油等。

2. 经济制裁的道德困境

第一个道德困境是联合国体制下的经济制裁如何决定及由此带来的合法性问题。

在联合国经济制裁问题上,始终存在着代表全人类和多数国家共同利益的联合国与满足私利的少数西方大国之间的矛盾。冷战后,联合国经济制裁日益受到大国的控制,大国强权意识凸显,倾向于采取符合狭隘国家利益的制裁方式,削弱了联合国制裁的道义基础,强权与道德的冲突加剧,特别是美国等国家常担任制裁的决策者,这更加深了国际社会对联合国制裁变成不公正的大国工具的疑虑。根据《联合国宪章》,为维护世界和平与安全所采取的经济制裁行动由安理会作出决定,而在安理会中,常任理事国拥有否决权,这意味着任何一个常任理事国的否决意见都将使国际社会消除危机、维持和平的努力付诸东流,同时,否决权的使用也使各种制裁无法施加到常任理事国的身上。

第二个道德困境是联合国经济制裁的人道主义理想与现实问题之间的冲突。

人道主义干预是为使别国人民免遭超出主权行事限度的专横、持续的虐待而正当使用的强制。《联合国宪章》将促进人权规定为联合国的宗旨和原则,因此,人权不再是一国国内管辖的事务,而成为国际社会合法关心的问题,基于人道主义原则进行的经济制裁得到联合国安理会的授权而具有法理依据和合法性。联合国实施经济制裁的意图和初衷基本上是公正的,但是由联合国发起的制裁是由几个国家具体实施执行的,这就极可能使联合国维护秩序的最初动机异化为为少数国家利益服务的利己主义动机,超出了安理会的授权范围,甚至未经安理会授权而擅自行动,偏离了中立和公正的原则,背离了人道主义干预的本质目标,甚至酿成人道主义灾难。

第三个道德困境是联合国经济制裁程序的合法性与制裁执行部门政策透明度之间的道德冲突,如联合国极少数官员利用工作之便在执行经济制裁行动中的"寻租"行为。

案例11-5 经济制裁的典型案例

1. 美国政府对朝鲜的制裁

2006年10月,朝鲜核试验之后,美国政府联合其他国家加紧了对朝鲜的制裁。联合国安理会一致通过了关于朝鲜核试验问题的第1718号决议,除了禁止向朝鲜运送战争物资之外,还禁止对朝鲜输出奢侈品,包括白兰地酒、雪茄香烟、葡萄酒、等离子高清电视机、苹果牌的MP3、游艇等。

2. 阿盟对叙利亚进行经济制裁

2011年11月26日,阿盟经济和社会委员会在埃及首都开罗召开会议,决定经济制裁叙利亚。制裁措施包括:停飞往返叙利亚的商业航班;暂停与叙利亚中央银行的往来;对部分叙利亚高官发出旅行禁令;冻结叙利亚政府银行账户并中止金融交易。为避免影响叙利亚民众,除一些战略物资外,阿盟将中止与叙利亚政府的商业贸易。另外,与会的阿盟各成员国财政部长呼吁本国冻结叙利亚官员的资产,撤出在叙投资。

3. 美国对伊朗的经济制裁

2018年5月8日,美国总统特朗普在白宫宣布美国退出伊核协议,并将对伊朗实施最高级别的经济制裁。主要制裁措施包括:禁止伊朗在国外参与核领域的投资活动;禁止各国向伊朗出口坦克、战斗机和军舰等重型武器装备;禁止伊朗进行任何与可运载核武器弹道导弹有关的活动;加强在港口和公海对涉嫌运送违禁品货船的检查措施;禁止各国与伊朗进行与核活动有关的金融交易,同时禁止伊朗在国外开设可能会被用于资助其核活动的独资或合资金融机构。

4. 美国对中国芯片产业的技术制裁

近年来,美国政府一直企图通过对华科技封锁来扼杀中国半导体领域的进步,不断升级对华"芯片战",强行与中国"脱钩断链"。为了削弱中国自行开发生产芯片的能力,2023年1月27日,美国政府成功地拉拢盟友日本及荷兰加入对中国芯片制裁阵营,开始发布最严格的对华芯片禁令,限制中国取得美国的芯片制造技术,以减缓中国的科技与军事发展。欧盟也表示将全力支持美国来限制中国半导体产业发展,"我们完全同意剥夺中国拿到最先进芯片的目标,在确保共同的技术安全方面,欧洲始终站在美国一边"。

这种做法不仅严重威胁全球半导体供应链的安全,也沉重打击了美国本土的芯片制造商。美国制裁中国的反噬逐渐显现。高通、英伟达和美光等美国芯片企业实际上在中美芯片之战中承受了极大的压力,它们过去的极大一部分市场来自中国,"芯片战"打响后,它们从中获得的利益便大幅缩水了。英特尔的最新财报显示,2022年第四季度净利润亏损达6.61亿美元,全年净利润同比下降60%;美国知名芯片制造设备供应商泛林集团日前宣布,因受最新一轮对华芯片制造设备出口禁令影响,将解雇1 300名全职员工。

"造不如买"的时代已经过去,别人卡脖子的感觉也确实是难受,国内公司开始响应国家号召纷纷加入芯片自主研发的行动中。2019年开始,先后有8 000多家企业加入了芯片半导体与集成电路中来,就是为了早日突破美国的技术壁垒。

注:作者根据相关资料整理。

2005年,中国政府发布《中国关于联合国改革问题的立场文件》,关于联合国经济制裁机制调整改革问题,明确提出了三点主张:第一,中国一贯主张谨慎使用制裁,强调必须以用尽和平解决的所有手段为前提。一旦安理会决定实施制裁,各国均有义务严格执行;第二,中国支持改进联合国制裁机制,设立严格标准,加强针对性,设定明确时限,并尽可能地减少制裁引发的人道主义危机和对第三国的影响。各制裁委员会应定期评估制裁造成的人道主义影响;第三,国际社会应帮助发展中国家加强执行制裁的能力。

经济制裁往往是双刃剑,在给其他国家造成损害的同时,也会损害中国自身的利益。中

国在联合国多次强调各国要共同发展，倡导推动建设开放型世界经济，不搞歧视性、排他性规则和体系，各国应自觉遵守世界贸易组织规则，保证世界经济的稳定、和谐发展。为避免可能的经济制裁，中国近年多次提出供应链安全问题，致力于解决卡脖子技术，努力提升自身技术实力和国际话语权，提高经济制裁的抗衡能力。

第三节 跨国经营伦理问题的应对措施

一、积极应对文化冲突问题，同东道国共同发展

文化的多样性造成了文化的冲突和很多伦理困境，在一个多元化的社会中，虽然不一定在每一件事情上都能达成共识，但在一些最基本的诸如公平、正义原则上，则应达成一致见解，促成文化和价值的融合。文化冲突问题是国际经营中特别重要的问题，要引起跨国公司的足够重视，跨国公司要做好跨文化管理工作，正确处理好文化冲突问题，实现跨国公司与东道国经济的共同发展。

二、主动承担全球责任，发挥行业表率作用

对沃尔玛、耐克、苹果这样的超级跨国公司，人们往往要求它们承担起更多的社会责任。跨国公司不仅需要遵从本国的法律，还应当在东道国的法律、文化和社会规范下承担其责任。由于跨国公司往往拥有庞大的业务体系，在产业链条中具有绝对的优势，其供应链管理政策直接影响到本土供应商的行为，过于苛刻的供应链策略，容易导致一些所谓的血汗工厂。跨国公司在追求利润最大化的同时，要自觉地践行企业的伦理规范，遵守东道国相关标准与法规，不仅要对公司股东负责，对利益相关者负责，而且要对企业所处的本土社会和环境负责，与跨国公司供应链的所有企业共同投资劳工、安全与健康、工作场所、环境保护等方面，承担全球责任。在劳资关系、消费者保护、公司治理、反对商业贿赂和腐败行为、信息披露、尊重人权等方面主动作出表率。

三、同跨国公司公平合作竞争，在学习借鉴中成长

跨国公司的出现使得企业间的竞争上升到更高水平的竞争。经济全球化发展新时期的竞争从过去的"弱肉强食、你死我活"，发展到"合作竞争、互利共赢"，竞争目标则从过去的"唯利是图"转变为"和谐发展"。我国企业应当积极与跨国公司开展合作与竞争，学习先进的管理经验，加速我国企业的国际化进程。

四、强化外部监督，规范市场环境

当前，很多跨国公司在华出现的一些非伦理行为，有一部分原因在于中国的法律法规不完善，给其可乘之机。因此，在招商引资过程中应该规范操作，绝不能因跨国公司某些方面

的优势而盲目引进。完善监管跨国公司的法律法规,加大执法力度,对跨国公司的不法行为绝不姑息,规范市场环境。

同时,还要增强消费者的维权意识,帮助消费者在维权道路上取得成功。发挥社会舆论、新闻媒体等外部监督机制的作用,对跨国公司出现的非伦理行为予以坚决还击,促使其减少非伦理行为。

本章小结

本章探讨了文化差异以及伦理相对论对伦理行为的影响,阐述了跨国公司在华经营的典型伦理问题,如腐败与贿赂问题、市场歧视与资源与品牌掠夺问题、员工歧视问题、逃税问题以及人权问题,针对跨国公司的非伦理行为,提出解决跨国经营伦理问题的应对措施。

复习思考题

1. 如何规范跨国公司在华的经营行为?
2. 如何看待跨国公司对华的市场歧视问题?
3. 中国企业应如何应对跨国公司的竞争?

第十二章 企业社会责任

 学习要点

- 社会责任的定义及代表观点
- 社会责任的发展阶段
- 企业社会责任的模型
- 企业社会责任标准
- 企业社会责任报告

第一节 企业社会责任观的演进

一、社会责任的定义

美国学者霍华德·鲍恩于1953年发表了《商人的社会责任》一书,提出"商人有义务按照社会所期望的目标和价值,来制定政策、进行决策或采取某些行动",这本书具有里程碑式的意义,因为它开启了对企业社会责任这一问题的争端,被认为是现代公司社会责任的奠基之作,鲍恩也因此被誉为"企业社会责任之父"。

欧盟(EU)认为企业社会责任是指企业在自愿的基础上,将对社会和环境的关注融入其商业运作以及企业与其利益相关方的相互关系中。世界银行把企业社会责任定义为企业与关键利益相关者的关系、价值观、遵纪守法以及尊重人、社会和环境相关的政策和实践的集合,使企业为改善利益相关者的生活质量而贡献于可持续发展的一种承诺。国际标准化组织(ISO)的社会责任定义是:组织对其活动给社会和环境的影响承担责任的行为,这些行为要符合社会利益和可持续发展,以道德行为为基础,符合适用法律和政府间的契约。社会责任国际(SAI)对社会责任的表述是,企业社会责任区别于商业责任,它是指企业除了对股东负责,即创造财富之外,还应对社会承担责任,一般包括遵守商业道德、保护劳工权利、保护环境、发展慈善事业、捐赠公益事业、保护弱势群体等。

二、社会责任的代表观点

以亚当·斯密为代表的古典经济理论认为,企业唯一的目标就是在法律允许的范围内追求利润最大化。如果企业尽可能高效率地使用资源以提供社会需要的产品和服务,并以消费者愿意支付的价格进行销售,企业就尽到了自己的社会责任。

在19世纪,人们对待企业的社会责任是持消极态度的。这种消极的企业社会责任观还与当时盛行的社会达尔文主义密切相关。社会达尔文主义主张弱肉强食、适者生存是社会生活的基本法则,因此,慈善捐款实际上是支持那些在人类竞争中的失败者,违背了优胜劣汰的自然法则。在这种思潮的影响下,许多企业不仅不主动地承担社会责任,而且对那些与企业有密切关系的供应商、分销商、员工极尽盘剥,以求尽快变成社会竞争的强者。

在早期消极的企业社会责任观的影响下,企业认为它与其利益相关者之间是一种赤裸裸的市场竞争关系,不必要顾及利益相关者的非经济性的利益要求。当时的法律明确规定了企业管理者如何使用企业资金,认为企业没有权利去做其业务范围之外的事,否则,就是"过度活跃",即使有慈善捐款,也是出于企业主个人的行为,而非企业行为。

20世纪30年代,企业社会责任作为一个学术问题和管理实践才日益受到重视。随着企业带来的社会问题不断涌现,劳工运动此起彼伏,公众对企业的不满情绪开始出现,批评者们开始指责社会达尔文主义的冷漠与残酷,并意识到企业必须对相关群体承担应有的责任,企业应该对社会付出足够的关怀。1931年,贝利发表《作为信托权力的公司权力》一文,认为管理者只是公司股东的受托人,而股东的利益总是在其他对公司有要求权的人的利益之上。对此,哈佛大学法学院多德教授率先提出公司应具有服务社会和追求利润的双重目标,他在《公司管理者是谁的受托人》一文中表示,绝不认为公司存在的唯一目的是为股东创造利润,他强调法律之所以允许和鼓励经济活动,不是因为它是其所有者利润的来源,而是因为它能服务于社会。贝利和多德之间的讨论实际上是关于公司的社会责任问题,即公司和作为其受托人的管理者是只要承担对股东的责任,还是要承担对公司中所有利益相关者的责任。

在企业是否应负有社会责任这一问题上,一直存在争议。莱维特和弗里德曼是最著名的企业社会责任论的反对者。1962年,米尔顿·弗里德曼把企业的社会责任定义为增加利润,他认为,在自由经济下财产完全私有,如果公司进行捐赠,股东就无法按照自己的意愿去花钱,公司只有在追逐更多利润的过程中才会增加整个社会利益。西奥多·莱维特则直接提出把企业与政治相关联是非常危险的,企业将逐步演变为具有支配地位的经济、政治和社会权力中心。莱维特认为社会问题只应当由政府来解决,弗里德曼与莱维特信奉"自利"与"自由"是保障经济活力的根本,而企业社会责任恰恰阻碍了这一点。企业只要遵守法律的约束就足够了,任何超越法律的道德要求都是与企业目标根本背离的。

随着经济和社会的发展，倡导和支持企业社会责任的学者逐渐增多，即使是那些最坚定的利己主义者，也意识到企业必须考虑其他利益相关者的需求。在这种情况下，企业社会责任观逐渐成为主流观点，后来弗里德曼本人也指出，企业利润最大化可以与企业社会责任和谐共存。到 20 世纪 90 年代，绝大部分学者达成了共识：企业社会责任并不必然导致经济利益受损。企业社会责任的理论和实践已经从单纯地强调企业自身的生产守则拓展到兼顾各个利益相关者的利益，并形成了较为完善的社会责任认证体系，从法规和制度方面来督促和评估企业社会责任的行为和标准，比如，中国政府已经要求所有中央企业必须定期披露社会责任的报告，让公众了解和监督国有企业的社会责任状况。

三、中西方企业社会责任的发展

（一）美国企业社会责任的实践

美国是企业社会责任概念的发源地。20 世纪初期，美国就已经出现企业社会责任的萌芽，随着经济、社会的发展，美国企业在世界经济和社会中占据愈加重要的地位，也承担了越来越多的社会责任。

1. 第一阶段（20 世纪初至 60 年代）：企业社会责任产生阶段

19 世纪末 20 世纪初，随着工业革命的完成，资本主义国家进入垄断阶段，美国出现了企业合并、经济集中的情况，这种不受约束的自由经济模式，促使经济力量日益集中地控制在少数人手里，从而导致了美国经济和社会的重大变革，并引发了种种严重问题。企业为了谋取高额垄断利润，对待工人残酷无情，引发了轰轰烈烈的社会运动，涉及劳工、控制铁路运价及服务、新闻领域等。

一些美国大公司的恶劣行径引发了美国社会的不满和政府对企业态度的变化，同时，一些组织和个人开始呼吁企业承担社会责任，强调企业作为社会的一分子承担社会责任的合理性，以改变企业在公众心目中每况愈下的地位。20 世纪早期的美国企业已经不再对其社会责任抱冷漠的态度，它们开始主动捐款，资助社区活动和红十字会事业，帮助当地政府的义务教育和公共健康制度。

20 世纪五六十年代，随着更多的公司认识到权力即责任，企业社会责任转向对企业的慈善捐款和深化社会责任职能的方面。在这一时期，美国企业界逐渐形成一个观点，即认为企业在为股东创造利润的同时，也应当通过捐助或承担社会项目来回报社会和公众。美国企业已经认识到，企业的慈善捐赠从长远来看有利于公司的运营，改善公司环境，提高公司的形象，也有助于公司目标的实现。企业的捐赠行为也获得法律上的认可。到 1960 年，美国已有 46 个州通过了《公司法》，允许企业从事慈善活动。企业开始真正重视与其有密切关系的各种利益相关方的利益要求，成立了工会组织，建立了专门的组织机构来处理供应商、分销商、贷款人、特殊团体、社区的意见和建议。同时，许多大公司还设立了慈善基金，积极从事社会责任活动。

2. 第二阶段（20 世纪 60—80 年代）：企业社会责任发展阶段

在 20 世纪 60 年代，尽管美国社会对于企业是否应该承担社会责任这一问题还没有达成共识,但在实践中,企业履行社会责任的步伐仍在加大,范围也越来越广泛,涉及消费者权益保护、环境保护、关注利益相关者福利等内容。

(1) 消费者运动。随着自身维权意识的提高,消费者开始采取实质性的行为维护自身的权益,消费者运动的规模进一步扩大。美国政府支持消费者的维权运动,美国联邦政府和州政府都设立了消费者保护机构。在政府、消费者和市场等外部环境的压力下,美国公司的经营理念发生了很大改变,更加关注顾客需求,在为顾客提供高质量产品的同时,也注意提供更加优良的服务;在获取利润的同时,也注重履行更多的社会责任。1989年,美国成立了第一个全国性的消费者组织——美国消费者同盟。

(2) 环保运动。20世纪六七十年代,美国环保运动的规模、大众参与程度以及政府干预力度都达到了空前的水平,它对美国环境保护的影响也是空前的。这场运动是美国历史上的自然保护运动和资源保护运动的发展和继承,美国环保运动的直接起因是人们对资源日益匮乏的担心和对环境污染的恐惧。这场运动首先由生态科学家和知识界人士发起,继而扩展到美国公众和政府各阶层人士。

在民间环保运动的强大压力下,美国政府开始把环保作为政府工作的重心之一,并加大了环境立法和执法的力度。除了继续保护森林、土地和荒野等自然资源外,美国环保工作开始转向治理工业污染,特别是空气污染、水污染和化学污染。20世纪六七十年代是美国环境立法最为集中的时期,出台的相关法律有数十部,这些法案构成了一个比较完善的环保体系,环保工作由此被纳入法制化轨道。

(3) 关注利益相关者。随着企业并购、破产等事件的频繁出现,美国兴起了"恶意并购"的浪潮。这种"恶意并购"的短期获利行为与企业可持续发展的目标是相违背的,影响了企业的长期发展,并且带来了很多社会问题,这使人们开始关注企业的利益相关者。美国很多州制定了保护公司利益相关者权利的法律,到20世纪90年代末已经有29个州制定了相关的法律法规。同时,美国联邦政府也颁布了法律保障员工的培训权利,以提高员工的劳动能力和劳动质量。

3. 第三阶段(20世纪90年代至今):企业社会责任完善阶段

20世纪90年代初期,美国劳工及人权组织针对成衣业和制鞋业发动了"反血汗工厂运动",利用"血汗工厂"生产产品的美国服装业制造商李维斯被媒体曝光后,为挽救其公众形象,制定了第一份公司生产守则。在劳工组织、人权组织及消费者的压力下,许多知名公司也相继制定了自己的生产守则。

进入21世纪,接连不断的企业丑闻引起了公众对企业社会责任的反思,这次企业社会责任运动的核心主要集中在诚信等方面。作为对安然、世通等公司财务欺诈事件的反应,2002年,美国国会通过了《萨班斯-奥克斯利法案》,该法案体现了美国立法对商业活动中要秉持信任、独立、责任和正直精神的要求。

美国社会监督机构加大了对企业社会责任的审计力度,旨在全面、广泛地了解和掌握企业履行社会责任的情况,督促企业开展有关工作,保护企业各利益相关者的利益。同时,越来越多的美国公司主动发布企业社会责任报告,接受社会的监督。

(二) 欧洲企业社会责任的实践

欧洲自20世纪70年代中期开始关注企业社会责任问题,到20世纪90年代,欧盟已经将推动企业社会责任当作一项重要的工作。2000年3月,欧盟明确了两个目标:一是加强企业社会责任宣传,推动各方认识企业社会责任;二是提高政府的透明度。欧盟强调,企业社会责任的要求来自市场和社会,其社会性超乎法律法规。欧盟的作用是协调各国政府加强法律法规的实施,提高政府的透明度,并在各国之间实行信息共享。2001年,欧盟委员会向欧洲议会提交了"欧洲企业社会责任框架绿皮书",并于2002年建立了由社会各阶层代表参加的多方社会论坛,就企业社会责任在欧洲范围内建立对话和信息交流机制。目前,欧盟所有国家都制定了企业社会责任战略,并得到了各国企业界、利益相关方、非政府组织等多方面的支持。

2006年3月,欧盟通过企业社会责任政策声明,把企业社会责任列入经济增长和就业发展战略的核心,作为营造友好的欧洲商业环境的重要组成部分。声明指出,欧盟委员会将进一步关注企业社会责任领域,承诺与其他政府合作,密切关注和推进企业社会责任的国际指引,如联合国的《全球契约》、经济合作与发展组织(OECD)的《跨国公司行为准则》、国际劳工组织的《关于跨国公司和社会政策的三方原则宣言》等。欧盟还在布鲁塞尔发起欧洲企业社会责任联盟,把企业社会责任作为改善欧洲竞争力的双赢商机,有关草案已经出台。目前,欧洲议会正在就规范欧洲跨国公司在发展中国家业务活动的社会标准、实行企业环保和社会行为报告制度的可行性进行协商。

英国政府在1998年支持成立了"道德贸易计划",集合商界、劳工和非政府组织,共同讨论公司供应链中工作条件问题的标准和监控方法,2000年,英国政府任命了专门负责企业社会责任的内阁部长,并于2001年要求所有业绩突出的公司公布环境报告,同时,英国政府还通过了《企业运作与财务审查法案》,要求企业发布社会责任报告。

(三) 日本企业社会责任的实践

日本企业界长期以来深受东方儒家思想的影响,很早就将社会责任作为现代企业生存密不可分的一个基本特征。日本对企业社会责任的认定是广义的,只要是对社会可持续发展有贡献行为,都是企业社会责任的重要内容,如节能降耗、降污减排、资源和产品的再生利用、劳动环境、人才培训、社会福利等。与欧美不同,日本的社会团体、工会都很弱小,政府和公众对企业的责任压力很小,因此,日本企业履行社会责任的动机是一种内生行为。

1. 企业责任产生阶段

2003年是日本企业社会责任元年。在此之前,日本企业的社会责任实践主要集中在社会贡献和环境管理两个方面,其中尤以环境管理为主。2003年,社会责任实践开始迅速普及,当年就有100多家大企业建立了社会责任推进部门,建立社会责任部门的企业占调查样本的1/3。企业高管开始积极推行社会责任管理的主要驱动原因是日本企业频繁发生重大丑闻,如东京电力故意隐瞒核电站安全隐患、三井物产竞标时贿赂外国官员、日立发电设备存在重大质量问题、雪印公司销售过期乳制品等。这些丑闻影响了企业声誉和消费者信任,重挫相关公司的股价。

2. 企业社会责任启蒙普及阶段

2003—2006年是日本企业社会责任的启蒙普及期,日本企业主要做了组建机构、挖掘企业特色的 CSR 内涵、建章立制和培训宣导等工作。

(1) 建立了完善的社会责任推动体系。日本企业的社会责任推进体系一般是"CSR 推进委员会+CSR 推进部"的架构。社会责任推进委员会是一个社会责任的高层管理和协调机构,一般由总裁负责,成员包括各副总和业务部长,此外,还在各业务群组和辅助支持部都配备了社会责任兼任人员,一个部门设置 1 名社会责任推进负责人和 1 名社会责任推进联络人。每个月社会责任部都要召开 CSR 推进担当者会议,讨论 CSR 如何与各业务、各部门的具体工作相结合,以及如何有效地推广社会责任工作。

(2) 挖掘企业特色的 CSR 内涵,形成企业特色的责任观。企业社会责任定义比较抽象和宽泛,为使员工更好地理解和贯彻企业社会责任,日本企业开始挖掘企业文化中的责任观,形成符合企业战略、业务和文化特色的社会责任观,重新整理企业的使命、愿景和价值观,强化社会责任的内容。这些观点简单明了,指向明确,便于传播,与各自企业的文化、业务和发展方向相一致,容易引起利益相关方的共鸣,很好地实现了社会责任概念落地的目标。

(3) 建章立制。日本企业出台了很多的社会责任政策,除了 CSR 总体政策以外,还分别出台了社会贡献政策、环境政策、员工行为守则、供应链责任采购守则等,使社会责任能切实地与企业日常经营相结合。

(4) 全员社会责任培训。日本企业认为,社会责任的核心在于人的理念,因此,宣导、培训、提升雇员的社会责任理念是企业社会责任推进工作的重点。此外,企业还有合规培训周、社会责任月度讲座、社会责任轮训等项目,各种高密度、互动性、创新性的责任培训实现了公司全员、全方位、全过程的覆盖。企业社会责任理念几乎达到了人人知晓的程度。

3. 企业社会责任深化发展阶段

自 2007 年开始,日本企业社会责任运动进入了深化发展期。

(1) 社会责任与企业战略相结合。在社会责任早期发展阶段,企业一般将社会责任视为企业风险管理的组成部分,甚至有很多企业将社会责任单纯地视为合规管理,但这种防守型定位不利于企业社会责任的健康发展,而且很多社会责任项目未能给企业带来任何好处,只是增加企业成本,对企业长期发展非常不利。这一阶段日本企业开始对 CSR 重新定位,将社会责任与企业战略紧密结合,使社会责任自身实现可持续发展。

(2) 社会责任与具体工作相结合。企业开始要求各部门和业务群组在新的年度工作计划中要体现出相应的社会责任内容,日本企业各个部门开始更多地从社会责任角度思考改进本职工作,这些责任实践行为显著提升了员工士气,增强了企业的凝聚力。

(3) 尝试利益相关方参与机制。利益相关方参与是企业社会责任治理机构的最高形态,也是企业社会责任实践持续开展下去的制度保障。在 2005 年,日本开始引入了类似西方的社会责任对话机制,邀请外部社会责任专家、大学教授、环境组织和社会团体代表与企业高管对话,就企业社会责任报告和社会责任工作提出意见和建议。但是,这个阶段利益相关方参与的层次还很低,而且主要目的是为了提高企业社会责任报告的可信度。

(4) 探索建立社会责任的考核体系。如果社会责任不落实到定量考核层面,最后就会虚化。日本专家普遍认为企业社会责任发展的最佳状态就是全员、全过程、全方位地融入企业管理，融入员工的DNA之中，对社会责任的考核应当落实到个人层面。

第二节　企业社会责任的模型

一、阿奇·卡罗尔的企业社会责任金字塔

阿奇·卡罗尔1979年提出企业社会责任金字塔（见图12.1），企业社会责任包含社会对经济组织经济上的、法律上的、伦理上的和慈善上的期望。在卡罗尔的解释中，这四种责任并非同等重要，而是自下而上地分成若干层次。

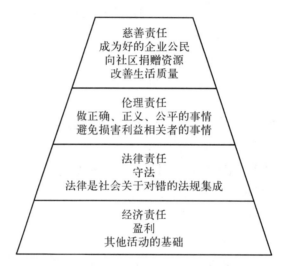

图12.1　企业社会责任金字塔模型

（一）经济责任

经济责任是在竞争激烈的商业世界中企业需要履行的最为基本的社会责任。商业组织必须增加价值、创造利润，才能使企业的利益相关者受益。那些在经营或财务上不成功的企业会被淘汰，任何其他可能承担的责任就会变得毫无意义。

（二）法律责任

作为社会的组成部分，社会赋予并支持企业承担生产性任务，为社会提供产品和服务的权利，同时也要求企业在法律框架内实现经济目标。因此，企业必须遵守法律法规，以符合政府和法律所期望的方式进行运作，履行它们对社会利益相关者的所有法律义务，提供符合法律要求的商品和服务，这些是企业经营运作的最低标准。

（三）伦理责任

社会期待企业能以符合社会习俗和道德规范的方式开展工作，尊重消费者、雇员、业主、社区等利益相关者，且主动采纳或制定企业道德规范，守住企业诚信，达到高于法律法规范

畴的标准。

（四）慈善责任

社会通常还对企业寄予了一些没有或无法明确表达的期望，是否承担或应承担什么样的责任，完全由个人或企业自行判断和选择，这是一类完全自愿的行为，如慈善捐赠。

卡罗尔认为社会责任是有先后次序及重要性的，即形成金字塔结构，创造良好的经济效益、履行法律责任是企业社会责任金字塔的基础，也是社会对企业运营的基本要求，可是这些并不能满足社会对企业的所有期望，更不是企业需履行的全部社会责任。企业应该提供合格产品和服务以获取利润（满足经济责任的要求），遵守法律法规（满足法律责任的要求），遵守道德正确的行为准则（尽伦理责任），积极为社会福祉作出贡献（慈善责任）。在卡罗尔的企业社会责任金字塔模型之下，经济责任与法律责任是社会对企业的要求，道德责任是社会对企业的期望，慈善责任则是一种美好愿景。

二、三重底线模型

1997年，英国学者约翰·埃尔金顿提出三重底线（Triple Bottom Line）概念，三重底线的原则是指企业发展过程中经济责任、环境责任和社会责任平衡的重要路径，三重底线的概念明确了一个企业持续发展的实现不能只想着如何实现盈利的最大化，而是始终坚持企业盈利、社会责任、环境责任三者的统一，其创新之处在于将企业的社会绩效、环境绩效与财务绩效评价融合在一起。三重底线模型认为，企业各种责任的重要性不存在先后顺序，这一模型要求企业对社会公众所关心的社会、环境和经济问题作出适当的回应，强调经济、社会和环境的均衡发展。

三、利益相关者模型

这是一种基于利益相关者观点而提出的企业社会责任论，利益相关者模型强调企业必须关注那些受企业政策和活动影响的利益方及其需求。1965年，伊戈尔·安索夫在其《公司战略》一书中首次提出利益相关者理论。他认为要制定理想的企业目标，就必须综合平衡考虑企业的诸多利益者之间相互冲突的索取权，他们可能包括管理人员、工人、股东、供应商和顾客。1984年，美国弗吉尼亚大学教授爱德华·弗里曼在其《战略管理：利益相关者理论》一书中将利益相关者分为股东、雇员、消费者、供应者、社会和政府六种类型，认为企业与这些利益相关者之间存在特定的契约关系，并因此对他们负有相应的责任。1995年，英国学者克拉克森根据利益相关者与企业之间联系的紧密程度将利益相关者分为一级利益相关者和二级利益相关者，前者是指与企业经营密切相关的群体，包括股东、投资机构、员工、供应商和消费者等，后者则是指不直接介入企业事务的相关群体，包括媒体、社会团体等。

狭义的社会责任观点，仅将与企业盈利目标直接相关的群体视为利益相关者，如股东、客户、消费者、供应商、雇员、合作企业以及政府等。在广义的社会责任观点看来，除了股东、投资者、顾客、雇员等传统意义上的利益相关者外，当地社团、第三方机构（如环保组织、动物福利保护组织）、贸易团体以及生态环境、子孙后代等，均被视为利益相关者。从利益相关者理论的研究和发展过程可以看出，利益相关者的覆盖范围越来越大，反映了社会对企业承担责任的要求。在战略决策的过程中，各个与企业利害相关的团体的利益总是相互矛盾的，不可能有一个能使每一方都满意的战略。因此，一个高层管理者应该知道哪些团体的利益是要特别重视的。

基于利益相关者理论，卡罗尔提出了利益相关者社会责任矩阵，他认为不同的利益相关者有不同的利益诉求，企业需要对不同的利益相关者承担不同的责任。例如，对股东需要承担经济责任，对顾客需要承担法律责任和伦理责任等。图12.2展示了顺丰对企业利益相关者的关注、沟通方式以及维系措施。

利益相关方	主要关注点	沟通方式	回应措施
政府/监管机构	遵纪守法 依法纳税 支持经济发展	信息披露 专题汇报 统计报表	依法合规经营 预防重大安全事故 提升当地就业率 积极推进产业扶贫
投资者	经济价值创造 公司治理 合规与风险管理 责任管理	信息披露 股东会议 路演活动 实地考察	建立完善科学的决策及监督机制 加强风险管控 做好信息披露 组织参与针对不同类型股东的活动
董事、监事及高管	公司治理 合规风险 经营可持续	定期董事会会议	定期汇报 依法合规经营 加强风险管控
员工	多元化与人权保护 员工敬业度 员工关爱 培训与发展 健康与安全管理	员工代表大会 丰声平台 员工满意度调查 座谈、沟通等活动	依法保障员工各项权利 积极开展各类培训 完善人才晋升与薪酬机制 加强职业健康与安全管理 推行多样化的员工福利
社区居民/公益慈善组织	慈善与志愿服务 助力社区发展	建立沟通机制 实地考察调研 志愿者沟通	开展各类公益活动 加强产业扶贫工作 鼓励员工参加志愿服务
客户	产品服务优化 安全寄递与运输 数据安全 隐私保护	快递服务满意度调查 建立客户沟通及投诉渠道	提供高效、可靠、迅捷的物流服务 完善客户理赔流程 构建安全生态圈
价值链伙伴	可持续供应链 公平、公正、公开采购	签订协议合同 开展供应商培训	开展阳光采购 杜绝商业贿赂
行业协会组织	加强交流与合作 行业标准制定	开展峰会活动 组织技术交流	参加行业交流活动 牵头标准制定
媒体/公众	信息公开 与媒体互动	信息披露 建立沟通机制	通过网站等官方平台积极沟通 提供对外宣传资料

图12.2 顺丰的利益相关者模型

四、同心圆模型

1971年,美国经济发展委员会在其发布的《商事公司社会责任》中,将企业社会责任划分为三个同心圆,其后,戴维斯等人也对同心圆模型进行了详细的解释。企业社会责任同心圆分别代表企业在三个层次上的责任:与企业传统经济角色相匹配的责任以及由此产生的社会和伦理责任(比如基于诚实信任、公平正义等基本原则,企业需要对其员工、客户及其他利益相关者承担相应责任)。第二个同心圆是在第一个同心圆基础上的向外延展,是企业经济活动与社会热点问题的结合(比如生态问题、环境质量问题、消费主义等),在这个层次上,企业被期待负担起基本责任之外的更多责任;最外面的同心圆则代表企业有责任帮助解决综合性的社会问题(如贫困问题、健康问题等),并推动社会发展。相较于卡罗尔的层次模型,同心圆模型对企业提出了更多的社会义务和责任。

第三节　企业社会责任标准

伴随着商业实践和社会环境的发展与成熟,特别是经济全球化的深化,企业社会责任的要求和内容越来越具体、越来越全面。因此,建立一系列企业社会责任的规范、标准和管理体系势在必行,相关国际组织提出了一系列有关企业社会责任的倡议和原则,它们为企业承担和履行社会责任提供了明确的导向和指南。

一、SA8000 标准

《社会责任标准 8000》(Social Accountability 8000),简称 SA8000 标准,是全球首个道德规范国际标准。该标准由总部设在美国的社会责任国际组织根据《国际劳工公约》、联合国《儿童权利公约》以及《世界人权宣言》制定,它是一个全球性的、可供认证的、用于解决工作场所诸多问题的审核和保证的管理标准。该标准适用于世界各地的任何行业的不同规模的公司,同时也适用于公共机构。

SA8000 标准的宗旨是"赋予市场经济以人道主义",主要内容包括童工、强迫性劳工、健康与安全、组织工会的自由与集体谈判的权利、歧视、惩戒性措施、工作时间、工资、管理体系等九个方面,如 SA8000 标准要求通过有道德的订单采购活动改善全球工人的工作条件,最终确保工人的工作公平而体面。

该标准不仅可以减少国外客户对供应商的审核,节省费用,使得企业运作更大程度地符合当地法规要求,建立国际公信力,而且能使消费者对产品建立正面情感,使合作伙伴对本企业建立长期信心。因此,该标准颁布后,很快在国际社会尤其是发达国家获得了广泛的关注和支持。

目前,全球大的采购集团非常青睐有 SA8000 标准认证企业的产品,这迫使很多企业投入大量人力、物力和财力去申请和维护这一认证体系。中国自加入 WTO 后,在劳工问题上面临着前所未有的巨大压力，国际买家不仅仅关注企业在质量控制、环境保护和职业安全卫生方面的表现，也开始对企业在社会责任和劳工标准方面提出越来越高的要求。从2004年5月1日起，欧美国家强制实施SA8000标准。此后，中国越来越多的企业也加入认证的行列，成为公认的认证较为密集的国家之一。

SA8000标准既是市场发展的外在要求，也是社会文明进步的内在体现。在经济全球化的今天，企业不能单纯地依靠工人的低工资来降低成本，不能再通过损害工人的权益来追求利润。SA8000标准通过市场的力量迫使企业确定全新的价值观，集聚伦理资本，切实尊重和保护人权，体现"以人为本"的发展目标。

二、联合国《全球契约》

1999年1月，在瑞士达沃斯世界经济论坛年会上，科菲·安南正式提出《全球契约》计划，并于2000年7月在联合国总部正式启动。安南向全世界企业领导者呼吁，遵守相同价值的标准，实施一整套必要的社会规则，《全球契约》使得各企业与联合国各机构、国际劳工组织、非政府组织以及其他有关各方结成合作伙伴关系，建立一个更加广泛和平等的世界市场。

《全球契约》不具有法律效力，但要求加入企业接受、支持并实施在人权、劳工标准、环境保护和反腐败方面的一套核心价值观和原则，并在其业务领域积极倡导。这些核心价值观和原则就是著名的《全球契约》十项原则。这为企业成为对社会负责的公司，为企业参与经济全球化条件下的国际事务提供了一个机会。参与《全球契约》获得的好处包括以下六个方面：(1)体现作为负责任的公民的表率；(2)与有共识的公司及组织交流经验，相互学习；(3)与其他公司、政府组织、劳工组织、非政府组织以及国际组织建立合作关系；(4)与联合国各机构，包括国际劳工组织、联合国人权事务高级专员办公室、联合国环境计划署、联合国发展计划署等建立合作伙伴关系；(5)通过实施一系列负责的管理计划与措施，将公司发展视野扩大到社会范畴，从而使商业机会最大化；(6)参与旨在寻找解决世界重大问题的方法的对话。

《全球契约》一经推出，就得到了很多国家和国际工会组织的坚决支持，而且获得了企业界和国际雇主组织的积极响应。一些大型跨国集团公司开始行动起来，倡导承担社会责任，与工会组织签订实施以基本劳工标准为核心内容的全面协议，开展社会认证活动。全球超万家企业正式成为联合国全球契约组织成员，从而成为一个名副其实的全球企业社会责任组织。

三、ISO26000社会责任指南

国际标准化组织（International Standard Organization，ISO）从2001年开始着手进行社会责任国际标准的可行性研究和论证。2004年6月最终决定开发适用于包括政府在内的所有社会组织的社会责任国际标准化组织指南标准，由54个国家和24个国际组织参与制定，编号为ISO26000，是在ISO9000和ISO14000之后制定的最新标准体系。ISO26000广泛的利益相关方参与确保了指南的合理性和权威性，同时，ISO26000具有独特的开发流程，平衡了发展中国家和发达国家的关系,发展中国家确实广泛参与了ISO26000的制定过程。

ISO26000的开发经历了一个复杂而漫长的历程,大致可分为准备、草拟和发布三个阶段。2005年9月,在泰国曼谷举行的社会责任标准第二次会议是整个标准开发的一个重要转折点。此次会议确定了ISO26000标准的最终草案完成时间至发布前的工作安排,确定了制定标准的机构和主要内容,使标准的开发进入了实质性阶段。2006年5月,在葡萄牙首都里斯本社会责任标准第三次会议上,拟订了该标准的第一稿。2007年1月,在澳大利亚悉尼社会责任标准第四次会议上,确定了该标准的核心内容。2010年11月1日,国际标准化组织在瑞士日内瓦国际会议中心举办了主题为"共担责任,实现可持续发展"的ISO26000社会责任指南标准发布仪式,该标准正式出台。

ISO26000社会责任指南就社会责任原则、认识社会责任和利益相关方参与、社会责任核心主题和议题,以及如何将社会责任行为融入组织等提供指导,标准中描述的重点是社会责任七项原则和七个核心主题,旨在对私营部门、公共部门和非营利部门等所有类型的组织有所裨益,尽管指南中并不是每个部分都同等适用于所有类型的组织,但每个核心主题与所有组织都是相关的。

ISO26000的总则中强调,ISO26000只是社会责任指南,不是管理体系,不能用于第三方认证,不能作为规定和合同使用,从而和质量管理体系标准(如ISO9001)以及环境管理体系标准(如ISO14000)显著不同。该指南用SR代替了CSR,从而使得ISO26000适用于所有类型的组织,包括公有的、私有的、发达国家的、发展中国家的和转型国家的各种组织,但是不包含履行国家职能,行使立法、执行和司法权力,为实现公共利益而制定公共政策,或代表国家履行国际义务的政府组织。

ISO26000提供了社会责任融入组织的可操作性建议和工具。该指南的一个重要章节探讨了社会责任融入组织的方法,并给出了具体的可操作性建议,指南的附录中也给出了自愿性的倡议和社会责任工具,从而使组织的社会责任意愿转变为行动。ISO26000和多个组织建立合作关系,推广了社会责任相关的实践。ISO和国际劳工组织(ILO)、联合国全球契约办公室(UNGCO)、经济合作与发展组织(OECD)都签署了谅解备忘录,和全球报告倡议组织(GRI)、社会责任国际(SAI)等组织也建立了广泛而深入的联系,确保这些组织能参与到指南的开发过程中,从而使得指南不是替换,而是补充和发展了国际上存在的原则和先例。ISO26000总则中指出,应用指南时,明智的组织应该考虑社会、环境、法律、文化、政治及组织的多样性,在和国际规范保持一致的前提下,也要考虑不同经济环境的差异性。

总体而言,ISO26000是国际标准化组织在广泛联合了包括联合国相关机构、全球报告倡议组织等在内的国际相关权威机构的前提下,充分发挥各成员国的技术和经验优势制定开发的一个内容体系全面的国际社会责任指南,它兼顾了发达国家与发展中国家的实际情况与需要,并广泛听取和吸纳了各国专家的意见与建议。正如指南所言,它既能为初涉社会责任的组织所使用,也能为较有实施经验的组织所使用。该指南为准备践行社会责任的组织提供了指导规范,使践行社会责任有了真正实施的指导,并且不同类型的组织可以寻求不同的指导方法,因而该指南将在更大范围、更高层次的意义上推动全球企业社会责任运动的

发展,并将获得各类组织的响应与采纳。

第四节 企业社会责任报告

一、编制企业社会责任报告的误区

谢良安(2008)在《如何编制企业社会责任报告》一文中提出企业社会责任报告容易出现三大误区。

(一)认识上的误区

一是公司对社会责任的涵盖范围认识不足。例如,在社会责任报告中对股东利益只字不提,或者将社会责任等同于社会捐赠、企业办福利。二是未能界定社会责任报告的主体和时间范围。例如,将员工的捐赠行为、大股东的社会公益活动同样视为公司的社会责任活动予以报告。三是将社会责任报告视为公司宣传作秀的工具,公司产品获奖、社会赞誉、政府表彰在报告中铺天盖地,而披露的社会责任实践活动寥寥无几。

(二)内容上的误区

一是内容不完整,有的报告对股东、员工、环境、社区、客户等的信息描述不全面、不完整,只展示正面信息,而对负面信息只字不提;对社会责任实践方面的亮点做重点披露,而对不足之处不说明原因,也不提出改进的办法。二是报告缺少真实性。以环保为例,有的社会责任报告隐瞒超标排污实情。三是有的公司原文照搬相关部门发布的报告内容,没有传递公司在履行社会责任方面的具体措施。四是堆砌枯燥的文字、数据,对具体项目的实施将给环境、社会和经济方面带来的影响不进行分析。

(三)形式上的误区

有些报告只讲形式而缺乏实质性的内容,或形式重于实质。有些报告仅仅描述公司对社会责任的认识、原则和口号,大讲"应该如何",而没有披露公司"实际是如何做的",没有描述企业在经济、法律、道德等社会责任中所扮演的角色。有的上市公司的社会责任报告对关键的定性信息表述得不够清晰,不够详尽,定量数据没有注明数据来源,没有提供第三方证明,也不加以说明。

二、企业社会责任报告的撰写

(一)组建报告撰写小组

企业社会责任报告带有综合性,涉及公司的各个方面,需要一个跨部门的工作小组进行团队协作完成。因此,当公司决定要发布企业社会责任报告时,第一件事就是组建报告撰写工作小组,由他们全面负责报告的组织决策、撰写、设计和发布工作。报告小组的组建要遵循三个原则:(1)报告小组成员的关键领导参与原则,没有公司高层管理人员的直接支持和领导,不但不能写出符合公司实际的高质量报告,也很难保证报告的效果;(2)报告小组成员的跨部门原则,一个跨部门的报告小组能够保证报告的均衡性和内容的完整性;(3)报告小组成员的跨利益相关方原则,有条件的企业如果能够将公司的一些关键利益相关方邀请到报告小组中来,无疑会增加报告的针对性,发挥报告的利益相关方参与的作用。

例如,顺丰集团设立四级可持续发展管理架构,为可持续发展的目标和策略制定、定期评估以及相关风险的管理奠定了稳固的基础。2022年,顺丰集团的董事会战略委员会新增可持续发展监管职责,负责监督和管理公司可持续发展事宜,将环境、社会和公司治理专业管理工作提升至公司治理层。

(二)企业社会责任报告的内容

社会责任报告的编制可以参照一些相关标准,如联合国全球契约、SA8000、ISO26000等,报告在内容上可较多地关注绿色环保、慈善、员工福利、社会发展、创新等不同方面,其重点通常与企业拟塑造和突出的形象密切相关。社会责任报告可以参照三重底线结构,从创造经济、社会和环境价值的角度来描述公司业绩。中国社会科学院在2009年推出了《CASS-CSR编制指南》,将CSR报告的主体分为四个部分:责任管理、市场绩效、社会绩效和环境绩效。

例如,广发证券识别了包括政府及监管机构、投资者、员工、客户、供应商及合作伙伴、环境和社区等群体在内的利益相关方,并确认了社会责任管治架构反贪污、价值成长合规经营、客户服务与沟通社会责任管治架构、绿色金融客户满意度、员工健康与安全、疫情支援和温室气体排放等自然灾害防控共18个实质性议题作为公司社会责任管理工作优先领域,并在2021年企业的社会责任报告中进行了重点披露。

编制好企业社会责任报告以后,应先进行内部评估,同时征求外部利益相关方的意见,再经由第三方审验后发布社会责任报告,从而提高企业社会责任报告的可信度,对那些将社会责任上升到公司战略高度的企业而言,社会责任报告不仅是对企业责任活动的事后总结,更是一种战略性指导,通过实施企业社会责任战略,能够为企业带来更多的商业价值。

案例12-1　顺丰发布2022年度可持续发展报告

顺丰控股股份有限公司(以下简称顺丰)发布《顺丰控股2022年度可持续发展报告》,披露公司2022年度在ESG领域所展开的各项工作和取得的成果。国际公认的第三方测试、检验和认证机构SGS受顺丰委托,对其ESG报告进行独立验证,并颁发ESG报告验证声明。

1. 管治绩效

本年度顺丰从业人员《反腐败承诺书》的签署率为94.6%,较2021年提升1.7%。

全年未发生与不当竞争及反垄断相关的法律诉讼事件,未发生匿名举报者隐私泄露事件。

本年度开展风控周例会24场,共生成56项决议,其中4场会议、5项决议涉及ESG相关议题,覆盖人员安全、生产安全等ESG议题。

2. 环境绩效

(1) 碳目标达成情况

本年度温室气体排放强度为 47.6 t CO_2e/百万营收,较 2021 年降低 2.1%;单票快件碳足迹为 824.5 g CO_2e/件,较 2021 年降低 4.2%。

(2) 绿色产业园

顺丰在义乌、合肥、中国香港等 9 个产业园发展光伏发电项目,本年度可再生能源发电量为 984.3 万千瓦时,减少温室气体排放 6 792 吨。

(3) 绿色运输

本年度新增新能源车辆运力 4 911 辆。截至 2022 年年底,累计投放新能源车辆超过 26 000 辆。本年度顺丰通过截弯取直技术节约航空燃油量 1 234 吨,通过二次放行技术节约航空燃油量 707 吨。本年度通过绿色运输举措减少温室气体排放 30.4 万吨。

(4) 顺丰森林

本年度顺丰志愿者在河北省石家庄市种植碳中和林 214 亩,种植侧柏、山桃、山杏树苗 33 628 棵。截至 2022 年年底,累计种植 369.7 亩,共 50 828 棵碳中和林,未来生长过程中至少可以吸收大气中的二氧化碳 2 430 吨。

(5) 环境管理体系认证

顺丰在速运、医药运输、供应链服务等多个业务模块获得 ISO14001 环境管理体系认证,顺丰航空获得 ISO50001 能源管理体系认证。

(6) 绿色包装

顺丰积极践行包装减量化、再利用、可循环、可降解。2022 年,通过轻量化、减量化等绿色包装技术,减少原纸使用约 4.7 万吨,减少塑料使用约 15 万吨。

顺丰自主研发的全降解包装袋"丰小袋",生物分解率达 90% 以上,本年度在北京、广州等地累计投放超过 6 251 万个。本年度通过绿色包装举措减少温室气体排放 50.6 万吨。

3. 社会绩效

(1) 平等与多元化

本年度女性从业人员占比为 14.7%。本年度顺丰为退役军人提供了超过 9 400 个就业岗位,较 2021 年提升 130%;为 200 名残障人士提供就业岗位,较 2021 年上升 52%。

(2) 民主管理

顺丰工会组织共 130 个,本年度工会诉求解决率为 97.1%,工会满意度为 91.9%。本年度集体谈判协议覆盖率为 49%。

(3) 公益慈善

本年度顺丰公益基金会全年公益总支出 11 740 万元。22 个志愿者协会共组织开展公益活动148场次,7 226人次参与活动,志愿服务时长为1 206 286小时。

(4) 乡村振兴

顺丰助力农产品上行服务网络已覆盖全国2 800多个县(区)级城市,共计服务4 000余个生鲜品种,本年度运送特色农产品362万吨,预计助力农户创收超千亿元。

4. 服务绩效

本年度共受理消费者申诉37 050件,其中,有效申诉351件,有效申诉率为0.03 PPM,申诉处理率为100%。本年度研发投入总金额为35.3亿元。截至2022年年底,顺丰已获得及申报中的专利4 452项,软件著作权2 490个,其中,发明专利数量占专利总量的64%,本年度新增专利数量221个。

案例来源:http://vip.stock.finance.sina.com.cn/corp/view/vCB_AllBulletinDetail.php?stockid=002352&id=8922505.

第五节 中国企业的社会责任表现

一、中国企业社会责任发展的进程

"穷则独善其身,富则兼济天下""天下兴亡,匹夫有责"等传统文化富含了社会责任的理念,但企业社会责任这一概念基本上是20世纪90年代后才开始在中国进入人们的视野。1992年,里约热内卢举行联合国环境与发展峰会后,中国是第一个发布国家级的可持续发展战略的国家。加入世界贸易组织(WTO)对中国企业的社会责任建设是一个重要的外部推动力量,在这之后修订的《公司法》明确规定公司要承担社会责任。2008年,国务院国有资产监督管理委员会发布《关于中央企业履行社会责任的指导意见》。××××年,上海证券交易所发布了《关于加强上市公司社会责任承担工作暨发布〈上海证券交易所上市公司环境信息披露指引〉的通知》。

伴随着经济全球化的进展,越来越多的中国企业"走出去",为达到国际标准或符合他国法律规定,民营企业在规避环境污染、劳工冲突、食品安全等社会问题方面也在作出努力。中国企业不断提高对社会责任的认识,优秀的企业社会责任案例不断涌现,越来越多的企业积极披露各类社会责任信息。在A股市场,2007年仅26家上市公司发布企业社会责任报告;到2022年,这个数量增加到1 422家。

二、中国企业社会责任的表现

国有企业在中国企业社会责任实践中表现出独有的特征。在中国企业社会责任的发展轨迹中,国有企业在企业社会责任方针上的重大转变往往源于经济体制改革下对企业本质认知的改变,在"企业办社会"阶段,国有企业过度履行企业社会责任,承担了本应由社会化经营主体或公共机构承担的各种社会服务职能,包括职工住宅、承办教育机构、医疗机构等。随着社会主义市场经济的逐步发展,国企与民企开始注重创造经济价值,实现利润最大化的经济责任。

根据2022年《财富》世界500强名单,中国有86家国企上榜,平均营业收入为923亿美元,营业利润为39.5亿美元,总资产为4153亿美元,净资产为508亿美元,原来被弱化的经济职责得到了较好的强化,国有企业也必须在社会责任方面起良好的表率和带头作用。

国有企业占有相当多的社会资源与垄断权力,其社会责任更为复杂,社会在多个方面对国有企业表现出期望,如提供就业机会、保护环境、发展低碳经济、推动社会公益事业发展等。资源消耗型企业中有许多国有企业,这类企业是通过占有、使用稀缺资源而形成其利润来源,在运营过程中,它们也不可避免地对所处环境造成各种各样的负面影响,而且这些影响很可能是长期的甚至是不可逆的。例如,石油行业、煤炭行业、电力行业、采掘业等,这些行业在给社会提供发展的基本动力之外,所影响的利益相关者也是非常广泛的,不仅对社会属性(人类)的利益相关者,对非社会属性(如自然环境、生态系统等)的利益相关者也有巨大的影响。因此,对这些企业在有关环境、安全以及社会补偿方面履行社会责任的要求相较于其他行业更高一些。

根据《中国企业社会责任报告白皮书(2018)》,中国头部企业在2018年共计投入CSR活动近2500项,可分为8个类别:环境保护、精准扶贫、关爱弱势群体、社区公益、海外公益、助学助教、文化体育、抗震救灾,其中,主要聚焦在环境保护与精准扶贫两个领域,合计比例超过70%。例如,阿里巴巴公益基金会旨在促进人与社会、人与自然的可持续发展方向,展开了以水环境保护为主题的"清源行动";中国海油公益基金会重点关注海洋生态环境保护方向,组织开展了一系列海洋生物多样性保护研究项目和活动;国强公益基金会则聚焦兴学助教和扶贫济困方向,出资创办了全国唯一全免费的大专院校——广东碧桂园职业学院等。

中国光彩事业主要是由民营企业家联名倡议发起的一项开发式扶贫的社会事业。它以"自觉自愿,量力而行,互惠互利,义利兼顾"为原则,面向"老、少、边、穷"地区和中西部地区,以项目投资为中心,开发资源、兴办企业、培训人才、发展贸易,并通过包括捐赠在内的多种方式促进贫困地区的经济发展和教育、卫生、文化等社会事业的进步。截至2020年年底,中国光彩事业促进会共牵头举办35次光彩行,吸引1.23万人次民营企业家参加,落地项目1483个,实际投资额7959.07亿元。

在国家政策的推动下,越来越多的企业开始规范企业履行社会责任的行为,但目前还存在诸多问题。

(一)企业信息披露的自主意识仍不足

企业社会责任理念在我国发展与实践的时间并不长,中国企业在社会责任方面还有很大的进步空间,中国企业社会责任的发展路径不同于西方国家,中国企业社会责任的飞速发展很大程度上得益于国家政策下的引导与强制制度。为了促进企业的可持续发展,政策的加持和政府的推动是必要的,以促进企业高质量发展,实现最佳的社会效益目标。

(二) 监管体系尚不完善

一些企业社会责任的实践活动表现差甚至无任何表现,但却会虚假宣传伪社会责任行为,在监管体系尚不完善的当下,这种败德行为的成本往往很低,只需通过发布口号、象征性作秀等即可获得政府的政策扶持、消费者的信赖,导致企业的社会责任行为浮于表面。

(三) 消费者责任履行尚有欠缺

消费者作为最重要的利益相关者之一,其权益是否得到应有的保护也反映了企业的履职情况。消费者权益是指在市场经济条件下,消费者通过合理的价格购买商品后依法享有的权益,包括安全保障权、自主选择权、监督批评权、维护尊严和民族习惯权等。目前,企业侵犯消费者权益的事件屡屡发生,企业没有认真地履行维护消费者权益的责任,以保证商品和服务的安全、提供真实信息、不作虚假宣传、保护消费者个人信息等。

三、中国企业慈善的表现

随着人们对企业社会责任关注度的不断提升,企业慈善的重要性得到凸显,企业承担慈善责任是对社会大众、消费者、特殊群体、竞争者等利益相关者的期望、要求的一种回应。企业承担慈善责任的内容主要体现在:对弱势群体的救助;在重大灾害时的捐助;重大疾病防治的资助;对贫困大学生的赞助等。企业参与慈善事业,能够弥补政府能力的有限,体现了一种人道主义精神。企业承担慈善责任,有利于提升企业自身形象,增强企业内部凝聚力,增加企业的无形资产,从而提升企业在市场中的竞争力。因此,企业参与慈善活动,是自身长远发展的必然选择。

慈善思想在中国虽然源远流长,但慈善作为一种事业在中国则起步较晚。近年来,我国慈善事业取得了很大成绩,得到了长足发展。但中国的企业慈善还存在一些问题,慈善机制和企业的慈善文化不够完善。

中国企业的捐赠理念为"回报社会、造福桑梓",没有将企业慈善活动与企业的发展战略和商业利益联系起来,也没有形成规范化、制度化的运作机制。慈善活动在很大程度上取决于企业领导人的良心,没有将慈善活动与企业的发展结合起来。这就使得我国企业的慈善捐助基础十分脆弱和不稳定,使慈善事业缺少长久的驱动力。另外,在捐赠的运作机制上,中国很多时候企业慈善榜与企业家个人慈善榜是一样的,企业的捐赠就等于是企业领导的捐赠,企业本身并没有专门的慈善计划和意识。

而且中国企业参与慈善的主要形式还限于各类捐赠行为,捐赠的形式以资金为主。国外的跨国企业的捐赠方式则多种多样,技术、设备、产品和资金等捐赠方式并行。财物的捐赠是慈善活动的重要方式,但参与各类公益活动,宣扬慈善理念,贡献企业的时间和智慧,同样是慈善的重要表现形式。

针对我国企业慈善活动中存在的问题,我们要营造一个良好的社会氛围,加强企业、公众的慈善责任意识,完善相关的法律法规,健全慈善组织,推动企业积极参与慈善事业。同时,企业自身要加强管理,加快发展,提高承担慈善责任的能力。通过各方的共同努力。一定能够把我国的慈善事业推向一个新的高度。

案例12-2　万科捐款

2008年5月12日,四川汶川发生特大地震。作为房地产企业中的明星公司,万科在第一时间决定向灾区捐款200万元。2008年5月15日,万科董事长王石在博客发表文章称:"我认为万科捐出的200万元是合适的。这不仅是董事会授权的最大单项捐款数额,即使授权大过这个金额,我仍认为200万元是个适当的数额。"王石还写道:"中国是个灾害频发的国家,赈灾慈善活动是常态,企业的捐赠活动应该可持续,而不应成为负担。万科在集团内部的慈善募捐活动中有条提示:每次募捐,普通员工的捐款以10元为限。其意就是不要让慈善成为负担。"

一石激起千层浪,此言一出,直接把万科卷入了"捐赠门"事件。王石的言论已衍生出社会对整个万科公司乃至万科团队的质疑。在舆论倒向一边之后,王石最终做出了妥协。先是用直接参与灾区重建的实际行动表达了自己的歉意,然后万科决定向灾区提供1亿元的重建捐款。至此,万科"捐赠门"事件告一段落。

王石代表万科向灾区捐款,是职务行为而非个人行为,因此,应受到企业治理原则的约束。万科捐出的200万元没有超越"董事会授权的最大单项捐款数额",完全符合规范运作的要求。但是,符合企业规范是否就意味着可以置国情、社情、舆情于不顾?姑且不论万科这200万元是否合适,在公众的认知范畴中,"能力越大责任越大"是普遍真理。尽管创造利润是企业最主要的使命,但企业作为社会结构的有机组成部分,同样需要承担社会责任。企业的社会责任要求企业必须超越把利润作为唯一目标的传统理念。

一味地强调公司制度的论调不值得同情,社会责任论也不应沦为道德绑架的武器,否则,慈善就被认定为有钱人做的事,而实际上,这是一种责任的推卸,也是一种对有钱人和慈善事业的扭曲理解。

案例来源:http://finance.sina.com.cn/roll/2016-08-08/doc-ifxuszpp3093505.shtml.

第六节　驱动企业承担社会责任的动力

一、企业履行社会责任的内在动力

企业履行社会责任,是诸多内外因素共同作用的结果。企业内外部的动力和压力,推动越来越多的企业加入企业社会责任的实践中。

（一）获取竞争优势

有社会责任感的企业往往在产品和服务上更能满足用户和消费者的需求,并且符合他们的价值观。例如,采用绿色环保设计、绿色制造等都能提高产品和服务使用者的消费效用,使企业获得高于竞争对手的优势地位。与此同时,履行企业社会责任还可以给企业带来较高的商誉,转化为企业的竞争优势,并最终提升企业的营利能力。

（二）领导者

企业社会责任的履行往往源自企业高层和领导者的意识,一个社会责任导向的高层领导,在其组织运作体系的各个方面都比较倾向于以一种合乎伦理要求和社会期待的方式从事运营活动。

（三）企业员工

主动承担社会责任的企业可以增强雇员的荣誉感,从而使其产生良好的工作绩效,已经有越来越多的企业开始以社会责任的光环吸引高质量员工加入企业。企业员工既是社会责任实践的推动者和实践者,也可以从中获益。好的雇主能为员工提供更优秀的薪酬福利和成长发展,更尊重员工,提供免费午餐、疗养计划、托儿服务等。

（四）公共关系

企业社会责任直接与企业的商誉和形象联系在一起,很多投资者关注所投资企业的社会责任形象,他们更愿意投资于那些具有良好道德形象的公司,消费者和其他利益相关者通常也更愿意与这样的公司打交道。

二、企业履行社会责任的外在动力

（一）吸引投资

投资者不仅考虑投资的经济回报,还考虑投资对象在社会责任和其他社会活动中的表现,推动企业及其管理者更加关注社会责任。

（二）非政府组织与行业组织

非政府组织在诸如环境、资源、生态福利、人权及劳工权利保护等各方面对企业的社会责任实践具有重要影响,行业组织在推动企业社会责任实践方面也有相当大的影响力。

（三）其他利益相关者

供应商等商业合作伙伴、消费者、所在社区等,都影响企业社会责任的实践,当这些利益相关者本身对社会责任给予高度重视时,就会形成较大的外部压力,进而迫使企业主动履行其社会责任。

（四）公众监督意识

随着公民意识的觉醒,公众意见对企业社会责任履行能够产生重大的影响。早在20世纪初,一部美国小说《屠场》引发了社会公众对食品安全和卫生问题的强烈反响,直接推动了1906年美国《纯净食品及药物管理法》的通过。公众意见对企业施加影响的渠道之一是奖赏那些具有良好社会表现的企业。公众作为消费者,可以通过购买其产品或服务来施加影响,例如,公众可能更愿意购买那些做得好的企业的产品或服务,从而促使企业做出符合公众期待的行为。

（五）政府规制

政府在企业社会责任实践中既可以起到积极推动作用，也可以是一种阻碍因素。很多跨国公司在其母国和在东道主国的表现有天壤之别，重要的原因就在于制度环境的差异。政府参与企业社会责任实践主要通过市场机制或直接干预而实现。美国的企业社会责任实践主要体现为自愿性责任，政府以引导和服务为主，发挥企业自身的作用。欧洲国家企业社会实践的主要动力来自政府、公会、劳工团体、社会公众等外部压力，其社会责任实践更偏重于环境、劳工权利以及可持续发展。另外，一些国家的市场机制在社会责任实践方面发挥的作用相对较弱，政府的作用显得更为突出。以中国的节能减排活动为例，从目标设定到企业实践，都是由政府主导的。强制性的减排目标引导企业必须通过技术创新或加大环境投资的力度，达到政府规定的目标，从而迫使企业履行其环境责任。

政府对企业社会责任的支持规范了企业社会责任行为，政府可以对企业社会责任活动予以奖励，提倡企业社会责任观，推动利益相关者之间的合作，必要的时候也可以制定相关法律，创造良好的法制环境，强制企业履行社会责任。

一个有伦理感的企业不能仅仅关注利润的最大化，还要承担社会责任，充分考虑利益相关者的利益，这已日益成为评价企业绩效和企业伦理的重要尺度。大量企业样本的统计分析表明，企业的社会表现与企业的财务绩效之间存在正向相关性。"好"的社会表现将带来好的财务表现，企业在承担社会责任的同时，也能够带来利润和企业不断成长，社会责任在"利他"的同时实现"利己"目标，包括市场、品牌、商誉、利润等。企业在认识到良好社会表现能够带来更多收益时，才会更加认真地对待其责任，社会责任已经不仅是"应该做什么"的问题，而是如何通过实施社会责任战略获得长期竞争优势的问题。企业应该将社会责任与企业战略、组织结构、企业文化和经营实践相结合，推动企业社会责任实践的发展。

本章小结

本章首先介绍了社会责任的定义、代表观点以及发展演进阶段，深入探究了企业社会责任研究的模型，包括社会责任金字塔、三重底线模型、利益相关者模型、同心圆模型，接着分析了企业社会责任标准，包括 SA8000 标准、联合国《全球契约》、ISO26000 社会责任指南，然后提出企业社会责任报告的编制原则和内容，最后介绍了中国企业的社会责任表现以及驱动企业履行社会责任的因素。

复习思考题

1. 简述社会责任的定义。
2. 简述社会责任金字塔、三重底线模型、利益相关者模型和同心圆模型。
3. 论述中国企业社会责任的实现现状。

参考文献

[1] [美]安德鲁·C. 威克斯,R. 爱德华·弗里曼,帕特里夏·H. 沃哈尼,克里斯汀·E. 马丁. 商业伦理学管理方法[M]. 马凌远,张云娜,王锦红,译. 清华大学出版社,2015.

[2] 郭朝阳,胡金龙,陈一锋. 企业员工培训中伦理问题的探究[J]. 黑龙江人力资源和社会保障,2021(06):83-85.

[3] 黄祎. 广告伦理失范的原因和治理路径分析[J]. 新闻研究导刊,2018,9(18):231-232.

[4] 纪良纲. 商业伦理学(第2版)[M]. 中国人民大学出版社,2011.

[5] 焦若静,牛海鹏. 新常态下如何实现环境保护的纳什均衡[J]. 中国环境管理,2016,8(01):68-72.

[6] 解本远. 美德、社会繁荣与企业社会责任——反思美德论的企业社会责任观[J]. 中国人民大学学报,2018,32(05):104-110.

[7] [美]劳拉·P. 哈特曼,约瑟夫·德斯贾丁斯,[加]克里斯·麦克唐纳德. 企业伦理学(原书第3版)[M]. 苏勇,郑琴琴,顾倩妮,译. 机械工业出版社,2015.

[8] 李萍. 从牟利至上到共同发展——中国企业跨国经营的伦理审视[J]. 伦理学研究,2016(02):46-50.

[9] 李玮,刘建军. 现代商业伦理[M]. 清华大学出版社,2017.

[10] 刘爱军,钟尉等. 商业伦理学[M]. 机械工业出版社,2021.

[11] [美]曼纽尔·G. 贝拉斯克斯. 商业伦理:概念与案例(第7版)[M]. 刘刚,程熙镕,译. 中国人民大学出版社,2013.

[12] [美]曼纽尔·韦拉斯贝斯,张霄. 商业伦理学中的道德推理:观念、理论与方法[J]. 江海学刊,2018(02):44-51.

[13] [美]O. C. 费雷尔,约翰·弗雷德里克,琳达·费雷尔. 企业伦理学:诚信道德、职业操守与案例(第10版)[M]. 李文浩,卢超群,等译. 中国人民大学出版社,2016.

[14] [美]普拉维恩·帕博迪埃,约翰·卡伦. 商务伦理学[M]. 周岩,译. 复旦大学出版社,2018.

[15] 王慧,孙慧,肖涵月,辛龙. 转移还是转型?环境政策不确定性与污染密集型企业环保决策[J]. 生态经济,2022,38(09):203-211.

[16] 吴红梅,刘洪. 西方伦理决策研究述评[J]. 外国经济与管理,2006(12):48-55.

[17] 武坤泽. 商业伦理视角下的消费者数据保护问题研究[J]. 商场现代化,2021(23):20-22.

[18] 谢良安. 如何编制企业社会责任报告[J]. 财政监督,2008(06):16-17.

[19] 叶陈刚,谢泽敏,连远强. 商业伦理(第2版)[M]. 东北财经大学出版社,2020.

[20] 于惊涛,肖贵蓉. 商业伦理:理论与案例(第2版)[M]. 清华大学出版社,2016.

[21] 赵斌.企业伦理与社会责任[M].机械工业出版社,2011.

[22] 周祖城.企业伦理学(第4版)[M].清华大学出版社,2020.

[23] 朱德贵,朱莉琼玉.新时代中国商业伦理精神[M].社会科学文献出版社,2019.

[24] Barkemeyer Ralf, Samara Georges, Markovic Stefan, Jamali Dima. Publishing Big Data Research in Business Ethics, the Environment and Responsibility: Advice for Authors[J]. Business Ethics, the Environment & Responsibility, 2023, 32(1): 1-3.

[25] Cabrera-Luján Samuel Leroy, Sánchez-Lima David Josías, Guevara-Flores Segundo Alberto, Millones-Liza Dany Yudet, García-Salirrosas Elizabeth Emperatriz, Villar-Guevara Miluska. Impact of Corporate Social Responsibility, Business Ethics and Corporate Reputation on the Retention of Users of Third-Sector Institutions[J]. Sustainability, 2023, 15(3): 1781.

[26] Geng Lin, Cui Xiaozhong, Nazir Rabia, Binh An Nguyen. How Do CSR and Perceived Ethics Enhance Corporate Reputation and Product Innovativeness?[J]. Economic Research-Ekonomska Istraživanja, 2022, 35(1): 5131-5149.

[27] Ma Chen, Latif Yasir. How to Improve Employee Psychological Well-Being? CSR as a Sustainable Way[J]. Sustainability, 2022, 14(21): 13920.

图书在版编目(CIP)数据

商业伦理学/刘欣,张广存主编. —上海:复旦大学出版社,2024.1(2024.9重印)
新零售系列教材
ISBN 978-7-309-16907-2

Ⅰ.①商… Ⅱ.①刘…②张… Ⅲ.①商业道德-高等学校-教材 Ⅳ.①F718

中国国家版本馆 CIP 数据核字(2023)第 125209 号

商业伦理学
SHANGYE LUNLIXUE
刘　欣　张广存　主编
责任编辑/鲍雯妍

复旦大学出版社有限公司出版发行
上海市国权路 579 号　邮编:200433
网址:fupnet@fudanpress.com　http://www.fudanpress.com
门市零售:86-21-65102580　　团体订购:86-21-65104505
出版部电话:86-21-65642845
杭州日报报业集团盛元印务有限公司

开本 787 毫米×1092 毫米　1/16　印张 14.25　字数 320 千字
2024 年 9 月第 1 版第 2 次印刷

ISBN 978-7-309-16907-2/F・2987
定价:45.00 元

如有印装质量问题,请向复旦大学出版社有限公司出版部调换。
版权所有　　侵权必究